献礼百年校庆 ⊙ "薪传"书系
Celebrating the Centennial Anniversary of Nanchang University

传播理论
延展与应用

王亿本 ⊙ 编著

知识产权出版社
全国百佳图书出版单位
—北京—

图书在版编目（CIP）数据

传播理论：延展与应用 / 王亿本编著 .—北京：知识产权出版社，2021.12
ISBN 978-7-5130-7904-4

Ⅰ.①传… Ⅱ.①王… Ⅲ.①传播学—研究 Ⅳ.①G206.2

中国版本图书馆 CIP 数据核字（2021）第 241535 号

责任编辑：陈晶晶　　　　　　　　　　　　责任校对：谷　洋
封面设计：刘　伟　　　　　　　　　　　　责任印制：孙婷婷

传播理论：延展与应用

王亿本　编著

出版发行：知识产权出版社有限责任公司	网　　址：http://www.ipph.cn
社　　址：北京市海淀区气象路 50 号院	邮　　编：100081
责编电话：010-82000860 转 8391	责编邮箱：shiny-chjj@163.com
发行电话：010-82000860 转 8101/8102	发行传真：010-82000893/82005070/82000270
印　　刷：北京虎彩文化传播有限公司	经　　销：各大网上书店、新华书店及相关专业书店
开　　本：720mm×1000mm　1/16	印　　张：14.75
版　　次：2021 年 12 月第 1 版	印　　次：2021 年 12 月第 1 次印刷
字　　数：240 千字	定　　价：69.00 元
ISBN 978-7-5130-7904-4	

出版权专有　侵权必究
如有印装质量问题，本社负责调换。

目 录

第一章 理论与传播理论 ………………………………… 1
- 一、学习内容的优化 ……………………………………… 1
- 二、学习方法的探索 ……………………………………… 2
- 三、学习目的的探索 ……………………………………… 2
- 四、理论的本质特征 ……………………………………… 3
- 五、理论的构成要素 ……………………………………… 4
- 六、理论的理想模式 ……………………………………… 4
- 七、理论的评价标准 ……………………………………… 5
- 八、传播理论的前沿 ……………………………………… 6

第二章 经验学派 ………………………………………… 8
- 一、两级传播理论 ………………………………………… 8
- 二、意见领袖理论 ………………………………………… 13
- 三、创新扩散理论 ………………………………………… 20
- 四、议程设置理论 ………………………………………… 26
- 五、知沟假说 ……………………………………………… 32
- 六、选择性理论 …………………………………………… 38

七、使用与满足理论 ……………………………………… 42
　　八、涵化理论 …………………………………………… 47
　　九、沉默的螺旋理论 …………………………………… 52
　　十、第三者效果理论 …………………………………… 56
　　十一、把关人理论 ……………………………………… 59

第三章　批判学派 …………………………………………… 63
　　一、文化工业理论 ……………………………………… 63
　　二、单向度的人理论 …………………………………… 68
　　三、机械复制理论 ……………………………………… 74
　　四、公共领域理论 ……………………………………… 79
　　五、编码/解码理论 …………………………………… 86
　　六、大众文化理论 ……………………………………… 91
　　七、受众商品论 ………………………………………… 98
　　八、文化帝国主义理论 ………………………………… 105
　　九、文化霸权理论 ……………………………………… 110
　　十、传播符号学理论 …………………………………… 114
　　十一、女性主义媒介批评理论 ………………………… 119
　　十二、消费社会理论 …………………………………… 123
　　十三、话语理论 ………………………………………… 128
　　十四、场域理论 ………………………………………… 132
　　十五、刻板印象理论 …………………………………… 136
　　十六、框架理论 ………………………………………… 139
　　十七、媒介失控论 ……………………………………… 143
　　十八、电子乌托邦理论 ………………………………… 147
　　十九、媒介依赖理论 …………………………………… 149

第四章 媒介环境学派 ································· 157

一、媒介环境学 ································· 157

二、媒介偏倚理论 ······························· 162

三、人体延伸论 ································· 167

四、媒介即讯息 ································· 173

五、冷热媒介论 ································· 179

六、地球村理论 ································· 182

七、媒介情境论 ································· 186

八、仪式化传播理论 ····························· 193

九、口语文化和书面文化 ························· 196

十、补救性媒介理论 ····························· 203

十一、媒介进化的人性化趋势 ····················· 211

十二、媒介演进三阶段（玩具—镜子—艺术）理论 ····· 218

十三、传播的游戏理论 ··························· 220

后 记 ··· 226

第一章 理论与传播理论

传媒化生存语境下，传播与我们的生活、工作和学习息息相关。传播活动也是我们生活中最重要的活动之一。如何有效处理复杂的传播活动，有效鉴别或实施传播活动，需要系统学习传播理论。斯蒂芬·李特约翰认为："传播理论可以拓展我们的视野，为我们扫清认识过程中的障碍，帮助我们超越思维定势，并且提高我们的适应能力，变得更加灵活。"[1] 但是，传播理论学习通常会面临诸多困难，如专著、教材众多带来了理论体系过于庞杂，相关概念太多难以厘清，理论学习与传播实践或研究活动严重脱节等。本书尝试从如下角度应对这些困局。

一、学习内容的优化

传播理论学习内容方面有值得探索的地方。

第一，传播理论学习面临专著众多、理论难懂的困境。随着媒介技术的进步，传播实践瞬息万变，传播理论研究也在不断地丰富理论体系。近年来，中国新闻传播学界翻译了一大批西方传播理论专著，很大程度上丰富了中国传播学的理论养分。但是，传播理论体系庞杂，侧重点不同，也给学习者们带来了一定的困惑。本书力图简化相关传播理论的发展历程，简明扼要地概括其核心内涵。

第二，传播理论与中国当下传播实践的发展和学术研究存在脱节现象。一方面，传播理论是西方传播实践的提炼和总结，是西方社会的产物，并不完全适合中国的传播环境；另一方面，很多经典传播理论针对传统媒介传播实践的规律性提炼，不适合新媒体环境下的传播实践。有鉴于此，与时俱进地解读经典传播理论，结合新媒体的环境以及中国的传播语境进行创新解读

---

[1] 李特约翰. 人类传播理论 [M]. 史安斌, 译. 北京：清华大学出版社, 2004：15.

更有利于中国传播学的发展。同时，本书紧跟传播实践发展的步伐，进一步丰富了包括新闻叙事学、话语理论、传播符号学研究理论、媒介技术学派相关理论在内的传播理论知识体系。

二、学习方法的探索

学生在传播理论的学习方法方面也存在一些困惑，制约传播学学习的效果。比如，理论学习容易脱离实践，导致理论学习不能有效地与传播学研究和传播实践对接，只知道记忆传播理论，却不知道如何运用传播理论指导学术研究。鉴于此，本书保留基本理论讲解，并引导学生进行学术性阅读，讨论经典文献思路。结合经典传播理论遴选经典论文，帮助学生认识传播学研究的最新进展。引导学生阅读最新传播学专著，补充最新传播学研究理论。

学习传播理论不是培养记忆大师，而是培养具有思考能力的传播学者。本书通过遴选一些经典新闻传播类研究文章，从学术性阅读开始，引导学生在阅读中找出学术著作的研究起点（理论起点或现实起点）、基本观点、研究方法、逻辑思路、落脚点和不足，并作为课堂讨论的重要内容，实现从学术阅读到课堂翻转的自然过渡。在此基础上，将学术著作的每一部分和学术论文撰写的现实缘起、文献综述、理论视角、主要观点、研究方法、写作结构、结语等相对应，训练学生的学术思维和习惯。

三、学习目的的探索

如果说学习方法是解决"怎么学"的问题，那么学习目的是解决"为什么"学的问题。学生只有通过大量的学术阅读才能了解本专业的学科传统和已有理论；只有通过阅读才能明确本专业的研究动态和学术前沿；也只有通过阅读才能找到自己的研究兴趣点。因此，一定程度上，阅读量的大小决定了眼界的宽度，阅读的方法决定了阅读的效率和效果。

胡翼青教授根据阅读目的将阅读分为三种：工具性阅读、素养性阅读和学术性阅读。他还强调："阅读时要记住知识是最不重要的，读出研究者的立场和语境是最重要的。知识是最不重要的，看书首先要看这本书的逻辑，从什么起点出发，为什么选择这个起点而不是相反的起点，为什么得到这样的终点，在这个因果推论过程中，作者是否存在以偏概全或者不当推理，背

后的意识形态、社会语境是什么。"❶

学术性阅读剖析一篇文章写作的起点、观点、论证、落脚点等问题，通过阅读学术经典看到作者的思路和整个思考的过程，即论文写作的过程，从模仿到创作是一种比较有效的学术训练方式。

首先，学术论文写作要解决必要性的问题。一个是现实性需求，也就是学术性阅读中的现实起点；另一个是理论起点，也就是根据对该主题研究的文献综述，指出这个问题解决到什么程度，哪些地方还有继续研究的必要。

其次，阅读文章的观点。写作中的观点就是研究假设，也就是对某一个问题的基本判断是什么。有了观点，就要思考用什么样的方法说清楚，这就涉及研究方法的问题。

以"学术性阅读"作为实现路径，即从理论视角、理论前提、研究方法、逻辑思路、主要观点、落脚点、不足之处等方面进行反思性阅读，评析典型学术论文，熟悉经典理论和主要研究方法，培养学生的学术素养。

四、理论的本质特征

学习传播理论之前，要先弄清楚什么是理论。"理论是指所有关于某一具体现象的、经过组织的一系列概念和阐释。"❷ 所以，理论都是抽象的，是经过建构的产物。探索理论规律包括以下三个步骤❸。

第一步是提出问题。就实践中存在的问题进行梳理，整理出研究的核心问题。将现实生活中的问题转化为学术问题，为第二步做准备。

第二步是观察现象。包括直接观察现象、过程或观察人，或者通过访谈、实验等方式观察研究问题，也包括间接观察相关文献。其目的就是找到问题的答案。

第三步是建构理论。研究者结合第二步的观察结果，通过界定、描述和解释现象，做出判断，最终形成理论。

---

❶ 胡翼青.南京大学新闻传播学院教授胡翼青：学术阅读的境界——在南京大学新闻传播学院2015级硕士生开学典礼上的演讲[EB/OL].（2021-12-01）[2015-09-21]. http ://media.people.com.cn/n/2015/0921/c120837-27611759.html.

❷ 李特约翰.人类传播理论[M].史安斌，译.北京：清华大学出版社，2004：22.

❸ 同❷：11.

科学研究需要有问题意识，提出问题也就明确了研究的目标，即走出关键的第一步。继而就需要有科学的研究方法，针对所提问题进行规范的探索研究，也就是"观察"的过程。最后，总结"观察"所得规律，形成研究结果，也就是形成理论。

案例：意见领袖理论的形成

1940年美国总统大选期间，拉扎斯菲尔德等人围绕大众传播竞选宣传的效果问题，对伊里县选民进行调查，发现大多数人在竞选前就已经做出投票决定，只有极少数人受竞选宣传的影响。但并不是直接听从了大众传媒的宣传或劝服，而是受亲戚、朋友、团体的转述。通过问卷调查、深度访谈以及实地观察等研究发现，有一部分选民更有意愿接触媒体，也更有机会接触媒体信息，并且他们有比较广泛的人际交往，也比较愿意向其他人分享自己获得的信息。拉扎斯菲尔德等人称这一部分选民为"意见领袖"，并在他的著作《人民的选择》中进行详细阐释，提出意见领袖理论。即：经过问题的提出，再通过观察或调查，描述和解释现象，并做出归纳总结，最终形成理论。

五、理论的构成要素

研究认为，"理论最基本的元素是它的概念和门类"[1]。就是针对研究问题进行观察，再按照所观察到的特征来把事物归为不同的概念和门类。

概念是事物属性的总结性表述。相反，一个概念的抽象层次较低，其涵盖面也就较小，则其特征就较为明确。比如"受众"抽象程度较高，涵盖男女老幼，不同媒介的受众，如果是"电视受众"则抽象程度相对较低，而其涵盖范围就比较小了，其特征也就更为明确。

六、理论的理想模式

斯蒂芬·李特约翰在《人类传播理论》中认为，以实验为主的自然科学

---

[1] 李特约翰.人类传播理论[M].史安斌，译.北京：清华大学出版社，2004：23.

取向对于社会科学影响巨大,其通常步骤是:第一步提出问题,第二步形成假设,第三步检验假设,第四步形成理论。这也称为假设-归纳法,具体过程如图1所示。

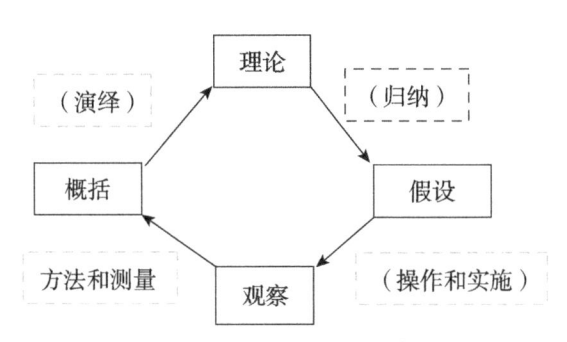

图1 科学的经典理论[1]

理论建构是一项长期而复杂的过程,是研究者不断探索,提出经得起实践检验的、值得思考的观点的过程。而且应该用被学术界认可的方式呈现出来,也就是用学术化语言表达研究的理论观点。

七、理论的评价标准

理论形成之后,我们需要对于特定理论进行比较和评价。虽然没有一种理论是完美无缺的,每一个理论可能都存在不同程度的局限性,但是理想状态的理论还是需要一定的评价标准的。斯蒂芬·李特约翰总结出如下标准。[2]

第一,理论应具有包容性。理论是对于一类现象进行解释,如果解释能够超越具体事物和现象,涵盖较大范围的事物或现象,则具有理论化的高度,也即具有一定的包容性。其解释的范围越大,则表明其包容性越强。当然,也存在一种情况,虽然它们涉及的事物范围较窄,但是对于这些事物的解释却适用于许多具体情况。

如艾克曼在40年研究生涯中,研究过新几内亚岛部落民族、精神病人、间谍、连环杀手甚至职业杀手的表情,提出了表情研究领域的奠基石理论,

---

[1] 李特约翰.人类传播理论[M].史安斌,译.北京:清华大学出版社,2004:25.
[2] 同[1]:36.

"不同文化的面部表情都有共通性"。其40年的研究涉及世界各种人种，目的就是增加其研究理论的包容性，力图探索符合更广泛人种的非言语传播规律。

第二，理论应具有适用性。可以理解为特定理论的使用范围，比如西方传播理论在中国传播环境下是否具有解释力，传统经典传播理论在新媒体环境下是否具有解释力等。传播理论的后续研究在一定程度上就是丰富传统经典传播理论在新媒介环境下的适用性。

第三，理论应具有启发性。一定的理论应该具有对于概括对象理解的启发意义。如麦克卢汉的"冷热媒介理论"可以启发研究者对于不同媒介特征的思考。学习传播理论不是记忆理论本身的概念，而是依靠相关理论更深入认知相关传播现象，以不同的理论视角审视新的传播实践，也即传播理论的启发性才是学习传播理论的关键价值，而不是记忆概念本身。

第四，理论应具有合理性。即理论概括与概括对象的实际规律一致，符合事物发展一般规律的理论更具有合理性。

第五，理论应具有简洁性。即理论在逻辑上应该简明扼要。在不损害理论解释力的情况下，简洁的理论更好。

第六，理论应具有开放性。即理论应该承认自身的不完整性，具有新的可能性，能够与其他理论进行对话，不断补充、完善自我，以适应新的环境。如经典传播理论在新媒体环境下就需要开放性态度，及时进行补充。

八、传播理论的前沿

学习传播理论可能会面临这样的困惑：传统的传播理论与新媒体环境存在一定程度上的不适应性，需要传播理论研究者紧随媒介发展步伐，及时补充完善既有传播理论。同时，结合传播实践创新传播理论，以应对媒介发展需要，由此产生一大批传播学前沿理论。把握传播理论的学术前沿应紧扣前沿理论的特征[1]：

（1）前沿理论提供了新颖的洞见；

（2）前沿理论富于趣味与吸引力；

---

[1] 李特约翰.人类传播理论[M].史安斌，译.北京：清华大学出版社，2004：17.

（3）前沿理论具有不断演进的开放空间；

（4）前沿理论始终保持解释力；

（5）前沿理论属于前后传承的结果。

学习传播理论不是低水平地重复几个理论，形成传播学研究的内卷化现象，而是需要关注传播理论研究的学术前沿，以较为新颖的理论作为工具指引我们对传播现象进行创新认知。

第二章 经验学派

传播学经验学派（Empirical School）的思想发轫于20世纪初期，成熟于20世纪四五十年代。传播学经验学派是在心理学、社会学、政治学等相关学科基础上围绕传播现象进行研究而产生的学科，是多种学科杂糅之后的产物，借鉴相关学科的基础理论和主要研究方法，最终建构自己的理论体系和学科价值。传播学的经验学派主要是从经验事实出发，采用定量研究方法，侧重于传播效果研究，关注传播过程的结构与功能、传播的目标实现情况等。

传播学经验学派尤指以美国学者为代表的主流传播学，代表人物有拉斯韦尔（H. D. Lasswell）、拉扎斯菲尔德（P. Lazarsfeld）、霍夫兰（C. Hovland）、施拉姆（W. Schramm）等。具有实用主义的研究目的和多元主义的社会观等特征。其局限性在于，回避宏观的社会问题，多关注微观社会现象。

一、两级传播理论

（一）理论溯源

首先，意外的发现与批判中的建构。1940年，传播学者保罗·拉扎斯菲尔德等人在俄亥俄州伊里县进行了一次关于选民在总统大选时如何做决定的调查——伊里调查。拉扎斯菲尔德等人本想利用这次机会为"魔弹论"提供更多的证明素材，却意外地发现，实际上人们做决定时受大众媒介的直接影响很小，反倒是受到的个人影响更加有效。他们推测大众传播内容并不是直接流向一般受众，而是经过"中间人"再到一般受众，因而提出了"两级传播"的概念。关于"两级传播理论"假设的表述最早出现在1944年拉扎斯菲尔德和贝雷尔森、H.高德特合著的《人民的选择》（*The People's Choice*）

中。❶两级传播理论是20世纪40年代媒介效果研究中的一个重要发现——在媒介与大众之间存在着中介变量。这一理论有三大发现：一是发现了受众；二是发现了传播过程中的"两级传播流"；三是发现了大众传播效果的有限性。所以，"两级传播"理论是一个意外发现，是在批判"魔弹论"的情况下建构"两级传播"理论的内涵。

其次，"两级传播"理论解释力逐步完善。拉扎斯菲尔德及其同事们提出"两级传播"的概念以后，却没有进一步深入研究。此后，多位学者证实和改进了这一理论观点。1945年，迪凯特调查结果再一次否定了大众媒介对个人决定具有强大影响的"强效果论"。1955年，拉扎斯菲尔德与伊莱休·卡茨在《个人的影响》中对两级理论传播模式做了更为详尽的论述。❷1968年，拉扎斯菲尔德在《人民的选择》第三版序言中，对两级传播的概念又做了修改："我们意指大众传媒往往通过两个过程向受众传递信息。意见领袖读报或听广播后，会将过滤后的小量观点和信息，传递给那些不太活跃的人群。"❸后来，卡茨等人研究发现受传过程不只是两个阶段。社会学家罗杰斯在考察农村创新事物的普及过程时，把大众传播区分为"信息流"和"影响流"，将"两级传播"扩展为"N级传播"。拉扎斯菲尔德对"两级传播"的定义做了多次改动，被广泛引用的定义是："'观念'常常先从广播或印刷品流向意见领袖，然后再流向人群中那些不大活跃的部分（第二级传播）。"❹媒介信息先传递给意见领袖，再传递给受影响的追随者。

最后，"两级传播"理论始终强调个人的影响力。"两级传播"理论的概念不断变化，但始终强调"个人影响"，其研究重点也是以受众群为主体的个人影响。而准确理解该理论首先要区分"信息流"和"影响流"。该定义中"信息"被改成"观念"，说明在媒介与大众之间存在着中介变量。伊莱休·卡茨概括了《人民的选择》中的三个发现：（1）个人影响的作用；

---

❶ 拉扎斯菲尔德.人民的选择[M].唐茜，译.北京：中国人民大学出版社，2012：128.
❷ 博伊德-巴雷特，纽博尔德.媒介研究的进路[M].汪凯，刘晓红，译.北京：新华出版社，2004：155.
❸ 罗杰斯.传播学史[M].殷晓蓉，译.上海：上海译文出版社，2005：132-133.
❹ 同❷。

（2）个人影响的流动路线；（3）观点领袖与大众传媒。❶这些发现揭示了个人影响产生的过程是媒介与大众之间重要的中介变量。

（二）理论延展

两级传播理论诞生以来一直争议不断，如伊莱休·卡茨表示："由于这项研究的设计最初没有预料到人际关系的重要性，在这项研究的资料中，关于两级流动传播的内容记载得最不周全。"❷沃纳·赛佛林（Werner J. Severin）说："对两级流动传播模式的批评主要在于其最初的解释不够充分。"❸因此，1944年"两级传播理论"的定义并不完善。陈雪奇认为："最初的定义只是简单地把两级传播作为一个信息流动的过程，意见领袖的作用也只是充当了信息'转播'的角色，看不出个人在媒介与受众之间所产生的影响。"❹关于两级传播理论的后续研究主要体现在如下方面：

第一，由信息的传播到观念的传播。拉扎斯菲尔德在《个人的影响》中将两级传播作为信息流动的过程，改成观念流动的过程。这一观点影响很大且广泛引用，包括施拉姆、麦奎尔和温德尔在《大众传播模式论》（*Communication Models for the Study of Mass Communication*）中非常认同这一概念。后来还对意见领袖做了进一步研究，发现意见领袖是多层次的，还补充了意见领袖与大众媒介的关系，以及意见领袖的特点等。社会学家罗杰斯也对两级传播理论进行了修正，把大众传播分为"信息流"和"影响流"，而影响的传播则是"N级"（多级）的。

第二，针对"两级"的争议。两级传播忽略了信息其实也可以由大众媒介直接流向社会公众，而不经过意见领袖，也就不存在两级传播；同时，占有信息优势的"特殊受众"如果没有"再传播"信息，同样不存在两级传播；另外，现实中的传播可能不止两级，可能是多级。因此，两级传播理论

---

❶ 常昌富.大众传播学：影响研究范式［M］.李依倩，译.北京：中国社会科学出版社，2000：36.

❷ 同❶：27.

❸ 赛佛林.传播理论：起源、方法与应用［M］.郭镇之等，译.4版.北京：华夏出版社，2000：233.

❹ 陈雪奇.两级传播理论支点解析［J］.厦门大学学报（哲学社会科学版），2013（5）：142-148.

解释力不强，到底是一级、两级、还是多级，存在多种可能性。

第三，有关意见领袖的认知差异。意见领袖和其受影响者处于同一团体，他们更多地是彼此之间分享信息，意见领袖和非意见领袖之间的界限模糊。该理论把大众传播中的意见领袖和普通受众截然分为主动与被动、活跃与呆板、领导与追随两类人，把复杂问题简单化。实际上很难分清谁是意见领袖；且意见领袖的地位并不稳定。该理论过分夸大了意见领袖的作用，其实就是存在不同人群之间的相互传递信息的过程。

第四，关于信源的争议。两级传播理论暗示大众媒介是意见领袖唯一的信息来源，但现实中的信息来源是多种多样的。同时，两级传播中的信息不对称，体现在意见领袖与一般受众以及意见领袖与大众媒体之间。意见领袖需充分传播大众媒介的信息，按照大众媒介本身的意义同向解读。

第五，新媒体环境下两级传播理论的适应性。近年来，随着社交媒体（Social Media）的迅猛发展，也有学者认为，"意见领袖"趋于大众化以及两级传播理论趋于崩塌。❶ 但网络空间的"意见领袖"覆盖范围更广，影响力更大。传播技术变迁，而两级传播的格局没变，个人对于传播过程仍然有影响力。所以，两级传播理论尽管存在众多批评，但仍有其存在的意义。正如丹尼斯·麦奎尔（Denis Mcquail）所说："人际影响模式显然是一个重要的思想，以帮助我们认清大众传播至今仍然存在的许多限制或替代方式。"❷ 网络空间存在大众传播和网络人际传播，其"意见领袖"具有独有特征，相关研究比较多，总体上不同于传统媒体的"意见领袖"。

（三）案例解析：两级传播理论框架下的旅游营销传播效果研究 ❸

现代旅游活动的社会文化属性决定了旅游营销也是一个传播过程，旅游信息传播的目的是期待消费者做出购买反应。但是，依照两级传播理论思想，旅游营销为促进消费者做出购买反应而进行的有组织的线性营销传播所

---

❶ 周大勇，王秀艳. 互联网信息背景下经典传播理论的弱化与新变 [J]. 图书馆学研究，2016（4）：93-97.

❷ 麦奎尔，温德尔. 大众传播模式论 [M]. 祝建华，译. 上海：上海译文出版社，2008：59.

❸ 案例分析对象：陈雪奇. 两级传播理论框架下的旅游营销传播效果研究 [J]. 西南民族大学学报（人文社会科学版），2014（12）：173-177.

起的作用不大，消费者的观念和决定常常受到其他中介因素的影响，然而传统营销学却忽视了对这些因素的研究。因此，要提高旅游营销传播的效果，首先应该弄清楚其中介因素以及这些因素如何影响消费者的决策，这也是本案例文章的研究起点。

本案例文章主要采取比较研究法，将营销传播的决策顺序及反馈与传播过程进行比较，分析旅游营销传播与两级传播的相似点，并着重分析两级传播中意见领袖、初级群体、人际传播三个主要中介因素是如何影响旅游营销传播效果的。

第一，本案例文章开篇提出营销传播过程中的中介关系，紧接着引出旅游营销传播中的五要素，并重点分析了"对谁说"（To Whom）这一关键因素。旅游营销中"对谁说"包括"把关人"和"消费者"。将"把关人"视为中介因素，反驳了旅游营销大众传播中的"魔弹论"，得出旅游营销的两个传播过程：第一个过程是营销者对消费者进行的信息传递；第二个过程是由"把关人"对消费者实施影响和劝服的过程。

第二，本案例文章指出从旅游消费者的角度看，"媒介接触"和"预存立场"是两个重要的中介因素，从旅游营销者角度看，"媒介差异"和"内容差异"是两个重要的中介因素。科普勒也指出消费者做出决策时会受到"他人影响"和"意外因素"的干扰，这说明营销刺激物很难对消费者产生直接劝服作用，也就形成了旅游营销传播的第二级（即两级流动的"影响流"传播）。

第三，本案例文章得出"意见领袖"是营销者和消费者之间最重要的中介变量，先分析旅游营销中意见领袖身份认证的三要素，并分析旅游消费者与他有密切关系的人形成的"初级群体"，是旅游营销影响力产生的意义空间，为意见领袖成功劝服消费者营造了一个良好的环境。而"人际传播"则是意见领袖对旅游消费者决策产生影响成为可能的主要传播方式，进而分析"意见领袖"如何将"信息流"转换成"影响流"，从而改变了消费者的决策。

第四，本案例文章再次点明旅游营销传播其实也是一个两级传播过程，这里的意见领袖把信息流转换成影响流，影响消费者的旅游决策。

本案例文章的落脚点是从两级流动传播理论视角剖析旅游营销传播过

程以及营销者与消费者之间的中介因素,并认为意见领袖是最重要的中介因素,补充了旅游营销中关于中介因素的内容。两级传播理论质疑"魔弹论",强调个人的影响,开启了有限效果研究时代。不足之处在于,其夸大了个人影响,但一直都重视传播中存在的中介因素。进入网络传播时代,有两级传播现象消失之声,而本篇文章将两级传播理论延伸至旅游营销传播中,提出了旅游营销中存在中介因素,还进一步延伸了两级传播理论的适用范围,两级传播理论仍然适用于传播中,而且不仅仅局限于纯粹的消息传播,还可以进一步探索在其他相关传播领域的适应性。

(四)科研训练

参考下面的文章,结合两级传播理论分析该理论在新媒体环境下的新变化,或以两级传播理论视角分析相关传播现象。

[1] 陈雪奇.两级传播理论框架下的旅游营销传播效果研究[J].西南民族大学学报,2014(12):173-177.

[2] 陈雪奇.两级传播理论支点解析[J].厦门大学学报,2013(5):142-148.

[3] 尤永,吕瑞超,林堃.网络传播对"两级流动传播"理论的影响[J].今传媒,2010(1):84-85.

[4] 王霞."两级传播"理论的三大发现[J].传媒论坛,2018(12):25-26,29.

二、意见领袖理论

(一)理论溯源

"意见领袖"(Opinion Leaders)最早是一个社会学概念,又称为"舆论领袖"。20世纪20年代,李普曼(Lippmann)在《舆论学》中认为,"公众'脑海中的图景'的构建与'真实世界'之间连接,仅靠公众的亲身实践是不够的,在构建认知世界的过程中必然要接触的中介,既包括大众媒介,也包括被信任的对大众媒介信息进行解读的领袖人物"❶。强调大众媒介和"意

---

❶ LIPPMANN W. Public opinion[M]. New York:Macmillan Company,1929:43-47.

见领袖"共同帮助普通群众认知世界。

拉扎斯菲尔德在《人民的选择》一书中正式将"意见领袖"作为一个学术概念。拉扎斯菲尔德、贝雷尔森等人在美国俄亥俄州伊里县开展调查发现,"人们在做出投票决定的过程中,经常会受到周围亲人或朋友的影响,这种影响远远高于大众媒体宣传对他们的影响,这些亲人和朋友起到了意见领袖的作用"❶,人际传播的影响力开始引起关注。

拉扎斯菲尔德在《人民的选择》第三版序言中写道:"意见领袖是一些看起来对议题持有兴趣并且擅长表达的选民,他们不仅能给出政治性的建议,甚至还竭力改变其他人的想法。这些意见领袖存在于所有职业群体中,他们绝非都是富有者或最优秀的人。"❷因而,拉扎斯菲尔德指出,"在每个领域和每个公共问题上,都会有某些人最关心这些问题并且对之谈论得最多,我们把他们称为'意见领袖'"❸。意见领袖是伊里调查中的意外发现,是对传统传播过程的创新发现。

第一,拓展意见领袖的分布领域。因之前的研究对象和研究样本存在明显的局限性,对文化、经济等领域信息传播的规律未能涉及。因此,卡茨和拉扎斯菲尔德之后展开了迪凯特调查,进一步调查意见领袖如何发挥人际影响力。他们在公共事务、市场购物、时尚和看电影等方面得到验证。此外,"个人的影响是他们做决定的主要因素,在不少领域内人与人之间的影响链相当长"❹。

第二,明确意见领袖的判断标准。在经过迪凯特具体的调查之后,伊莱休·卡茨进一步概括了认证意见领袖的三个要素:(1)某些价值观的体现(这个人是谁);(2)能力(他知道些什么);(3)战略性的社会位置(他认识谁)。❺在某一领域内如何去区分意见领袖及其追随者的身份呢?罗杰斯总

---

❶ 施拉姆,波特.传播学概论[M].何道宽,译.2版.北京:中国人民大学出版社,2010:122.

❷ 拉扎斯菲尔德.人民的选择[M].唐茜,译.3版.北京:中国人民大学出版社,2012:序言.

❸ 同❷:44.

❹ 朱洁.中西方"意见领袖"理论研究综述[J].当代传播,2010(6):34-37.

❺ 常昌富,李依倩.大众传播学:影响研究范式[M].关世杰,等译.北京:中国社会科学出版社,2000:39.

结了四种有效的测量"意见领袖"的方法:"关键人物访谈法、观察法、自我报告法和社会网络测量法。"❶1967年,赖特(Wright CR)和坎托(Cantor M.)研究了两级传播中意见领袖意见寻求和问题规避的问题,弥补了意见领袖理论的不足。他指出,意见寻求和意见规避是关于一个特定主题的人际传播流的互斥角色,而意见领袖是联系二者的角色。❷

1970年,密歇根大学调查研究中心的金道恩(Kingdom J. W.)沿用拉扎斯菲尔德等人的自我报告法对1966年的总统大选进行了调查,发现了"意见领袖可以分为主动型、被动型和交谈型三种"。❸1982年,布雷克(Black J. S.)进一步补充和发展了拉扎斯菲尔德的两级传播理论,指出部分选民并非受到意见领袖的影响,只是对大众媒体的影响反应稍慢而已。打破了两级传播理论下的"大众媒体—意见领袖—普通受众"的信息传播模式。❹2004年,罗林斯(Rallings)强调:"在舆论传播过程中,意见领袖的观点并非一成不变,在舆论压力下,其观点和立场会发生一定的变化。"❺

第三,丰富意见领袖的核心内涵。郭庆光教授认为,"意见领袖"即"在传播学中,活跃在人际传播网络中,经常为他人提供信息、观点或建议,并对他人施加个人影响的人物"。❻费斯克教授认为,"意见领袖"是"在将媒介讯息传给社会群体的过程中,那些扮演某种有影响力的中介角色者"。❼这两个定义的区别在于:郭庆光教授的定义基于人际传播,而费斯克教授的

---

❶ ROGERS E M, CARTANO D G.Methods of measuring opinion leadership[J]. The public opinion quarterly, 1962(26): 435-441.

❷ WRIGHT C R, CANTOR M. The opinion seeker and avoider: steps beyond the opinion leader concept[J].The pacific sociological review, 1967, 10(1): 33-43.

❸ KINGDOM J W. Opinion leaders in the electorate[J].The public opinion quarterly, 1970, 34(2): 256-261.

❹ JOAN S. BLACK. Opinion leaders: is anyone following?[J].The public opinion quarterly, 1982, 46(20): 169-176.

❺ RALLINGS, COLIN. Elections and public opinion: leaders under pressure[J]. Parliamentary affairs, 2004, 57(2): 380-395.

❻ 郭庆光.传播学教程[M].2版.北京:中国人民大学出版社,2011:189.

❼ 费斯克,等.关键概念:传播与文化研究辞典[M].李彬,译注.北京:新华出版社,2004:192.

定义侧重大众传播。他们在大众传播效果的形成过程中起着重要的中介或过滤作用，由他们将信息扩散给受众，形成信息传递的两级传播。

第四，提炼意见领袖的主要特征。意见领袖的特征：（1）意见领袖与被影响者一般处于平等关系，而非上下级关系；（2）意见领袖均匀地分布于社会上任何群体和阶层中；（3）意见领袖的影响力可以分为"单一型"和"综合型"，现代都市社会以"单一型"为主；（4）意见领袖社交范围广，拥有的信息渠道多，对大众传播的接触频率高、接触量大；（5）意见领袖常常关注那些身边的事件和新闻，并适时发表自己的观点。❶

第五，归纳意见领袖的功能。意见领袖在大众传播效果形成过程中的作用主要有四个。（1）加工和解释的作用。意见领袖的首要作用是对先行接收到的大量信息进行添枝加叶，客观复述，裁剪回避等加工与解释，而后以人际传播的方式传达给其他受众或追随者。（2）扩散和传播的作用。大众传播的讯息不是全部都能直达受众，有时候需要意见领袖把讯息扩散和传播给他们周围最普遍的大众。（3）支配和引导受众的作用。意见领袖影响其追随者的态度和行为。（4）协调或干扰的作用。意见领袖协调其赞成的观点并会干扰其不赞成的观点。

（二）理论延展

施拉姆和波特对意见领袖持批判态度，并指出"许多信息直接抵达受众，不必通过意见领袖；意见领袖之上还有意见领袖；意见领袖可能只作用于了解情况和做出决断的阶段；存在多种多样、层次不同的意见领袖"❷。施拉姆等用多级流程、系统流程来描述信息传播流。因此，意见领袖理论夸大了人际传播的影响，弱化了大众传播的影响。

第一，超越单一传播阶段，确定意见领袖的标准。郑金雄根据不同传播时期的特点，总结评判意见领袖的标准："原始口语传播时代，部落英雄抗击自然灾害或捕猎的经验成为人们学习传播的知识。因此，体力是评判意

---

❶ 方曼.重大突发公共事件中的新浪微博大V行为研究［D］.南京：南京大学，2014.
❷ 施拉姆，波特.传播学概论［M］.何道宽，译.2版.北京：中国人民大学出版社，2010：123–125.

领袖的一项标准；文字传播初时，政府、官吏、贵族接触文字信息的便利和特权最终成为意见领袖，权力是意见领袖的标准；印刷传播时代，行业或领域的权威性是意见领袖的标准。"❶

第二，超越政治传播，探索多领域意见领袖特征。不过，张宇强说："意见领袖的提出是基于政治传播视角，对人际传播规律的重要突破，但因其最初的研究对象和研究样本存在明显的局限性，对文化、经济等领域信息传播的规律未能涉及等。后续学者对此展开一系列的研究，不断对其进行纠正或补充新内容，意见领袖一直处于不断的发展和完善的状态。"❷涂凌波认为："只在网络热点事件、公共事务、社会运动中谈网络意见领袖，将意见领袖的概念局限于政治传播领域，忽视了意见领袖理论的开阔维度，尤其是社交媒体上的人际影响与信息传播。"❸也有研究认为："意见领袖产生于大众媒体不发达的时代，信息从媒体到大众的扩散要经过'两级传播'，意见领袖凭借在媒介接触和信息来源方面的优势，获得追随者的信任，从而在舆论形成中起到重要的作用。随着大众媒体的普及，以韦斯特利、特罗达尔等为代表的学者认为大部分社会新闻直接由媒体向大众传播开来，在公共舆论的行程中，意见通常是互换的，与其说给予不如说是分享，因此意见领袖的作用在削弱。"❹互联网时代的传播结构更是突破了大众传播时代的传统范式。因此，对网络意见领袖的分析也需要突破传统的意见领袖范式。

第三，超越传统媒体，审视网络意见领袖特征。涂凌波认为："过分突出网络意见领袖在信息传播流中发挥的作用，实际上忽略了互联网对传统传播模式的颠覆。互联网信息传播不能简化为'媒体—意见领袖—受众'这样的单向流程，也不能简单地区分意见领袖和追随者，更不能简单地判断意见

---

❶ 郑金雄.公共事件传播中意见领袖角色分析[J].中国政法大学学报，2014（3）：17-23，158.

❷ 张宇强，李义菲，吴晔.社交媒体时代"意见领袖"再思考[J].北京邮电大学学报（社会科版），2016，18（6）：14-18.

❸ 涂凌波.草根、公知与网红：中国网络意见领袖二十年变迁阐释[J].当代传播，2016（5）：84-88.

❹ 谢新洲，安静.网络意见领袖的多维视角分析[J].新闻与写作，2013（9）：39-42.

领袖和网民之间的影响关系。"[1]正如芬顿所言,"社交媒体是一种受交流引导的媒介形式,而不是受信息驱动的媒介形式,它突出互动和参与的心理动机和个人动机,公众消费媒介内容的政治色彩则退居其次"[2]。但网络时代意见领袖并未消失,谢新洲认为,"虽然网络带来'去中心化'和开放性的传播模式,一度使人们怀疑网络中意见领袖的存在。但是,网络本身的信息生产与传播特点使得意见领袖具有新特征,他们的构成更加多元,距离网民越来越近,影响范围越来越广,互联网极大地丰富了传统意见领袖的内涵与构成"[3]。谢新洲等研究表明,在意见领袖形成中,道德素质和行为态度决定其是否成为网络意见领袖;外在因子("公众人物""社会地位""与网民身份对等"等一些社会性评价的内容)影响追随者数量,但不决定网络意见领袖的影响力;受教育水平等因素对是否成为网络意见领袖无决定性影响。[4]

网络意见领袖与传统意见领袖有很多共同特征:"他们都渗透在社会的各个阶层,也都需要有追随者,他们需要用实际行动来证明自己的能力,从而获得他人的认可。"[5]此外,网络意见领袖又有着自身的特点,主要有以下几个方面。(1)网络意见领袖具有专一性与不稳定性。与传统意见领袖不同,网络意见领袖通常专攻特定领域,更加细分,专业性强。同时,也具有不稳定性特征,符合网民的需求,则成为意见领袖,而一旦与网民的意见向左,则很快就被网民所抛弃。(2)传统意见领袖通过网络加强其影响力。部分传统意见领袖本身具有一定影响力。借助网络增强其影响力,继续在网络空间拓展影响对象。(3)社会重大突发事件催生涉及事件的"草根"用户,由于其社会关注度高,而临时不经意间成为网络意见领袖。(4)人们对于网络意见领袖的认识更加理性。网友会对意见领袖的言论进行验证,而非不加选择地相信。网友选择自己信任的观点进行二次传播。

---

[1] 涂凌波.草根、公知与网红:中国网络意见领袖二十年变迁阐释[J].当代传播,2016(5):84-88.

[2] 柯兰,芬顿,弗里德曼.互联网的误读[M].何道宽,译.北京:中国人民大学出版,2014:144.

[3] 谢新洲,安静.网络意见领袖的多维视角分析[J].新闻与写作,2013(9):39-42.

[4] 同[3]。

[5] 同[3]。

张宇强指出，网络意见领袖的种类也发生了变化，出现了"中介化"意见领袖，职业化、群体化的意见领袖以及关键意见领袖。❶ 李彪也指出网络时代的意见领袖发生了一些变化：内涵和外延都得到了延展；社会影响力进一步强化；越来越具有媒体的属性，同时还具备多种属性；群落化、集聚化等趋势加强；话语权力结构具有集权性、等级化等新特点；已初具公共知识分子属性，并呈现出跨界性的特点。❷

新媒体的出现，在改变了人际传播定义的基础上对意见领袖概念本身带来了冲击。媒介转型也带来"意见领袖"内涵及特征的改变。但是，意见领袖对我们的影响却始终存在。

（三）案例解析：网络传播中意见领袖的行为机制 ❸

互联网去中心化的扁平传播结构，使得意见领袖呈"微中心化"的特征。网络传播中的意见领袖不仅是传受者之间的信息中介，而且会在更为复杂的社会生态中展开互动。网络意见领袖的行为遵循什么样的逻辑，成为本研究的现实起点。

本案例文章从微观、中观、宏观三个层面分析了意见领袖的行为机制。作为行为主体的网络意见领袖：角色与表演。社会网络结构中的意见领袖：互动与关系。传播政治经济学视角下的网络意见领袖。

第一，分析网络传播中的意见领袖不再仅充当大众媒介与受众之间的信息桥梁。由此，作者提出以下疑问：意见领袖如何在互联网场域中进行自我表达与传播互动？他们的行为遵循什么样的逻辑？引出研究问题。

第二，网络意见领袖总是倾向于选择符合"领袖特质"的行为来集中展示理想化的形象。意见领袖与普通受众之间依然存在着难以逾越的"社会距离"，并通过神秘化表演得以维持。网络意见领袖的自我表演作为一个多方互动的过程，受制于互联网独特的传播格局及互动关系。

---

❶ 张宇强，李义菲，吴晔. 社交媒体时代"意见领袖"再思考 [J]. 北京邮电大学学报（社会科版），2016，18（6）：14-18.

❷ 李彪. 微博意见领袖群体"肖像素描"——以40个微博事件中的意见领袖为例 [J]. 新闻记者，2012（9）：19-25.

❸ 蔡骐，曹慧丹. 网络传播中意见领袖的行为机制 [J]. 现代传播（中国传媒大学学报），2014（12）：112-116.

第三，分析社会网络结构中的意见领袖与其他行动者经由信息互动而产生连接，交织组成一个复杂的关系网络，演绎出多元化的互动关系。

第四，分析意见领袖在个人主体性与社会结构性力量的双重作用下展开信息生产与传播活动，并受制于政治与经济力量。

本案例文章将意见领袖的行为机制放置在三个不同的层面上进行详细的分析，为我们提出新问题：网络环境的变化带来网络意见领袖特征的变化。深入研究网络意见领袖的特征对于网络传播活动具有重要价值。

（四）科研训练

参考下面的文章，结合意见领袖理论的内涵，分析该理论在新媒体环境下的新变化，或探索网络意见领袖影响力的形成机制等问题，或分析不同平台（微信、微博、快手等）意见领袖的特点。

[1] 张宇强，李义菲，吴晔. 社交媒体时代"意见领袖"再思考 [J]. 北京邮电大学学报（社会科版），2016（6）：14-18.

[2] 李彪. 微博意见领袖群体"肖像素描"——以40个微博事件中的意见领袖为例 [J]. 新闻记者，2012（9）：19-25.

[3] 谢新洲，安静. 网络意见领袖的多维视角分析 [J]. 新闻与写作，2013（9）：39-42.

[4] 涂凌波. 草根、公知与网红：中国网络意见领袖二十年变迁阐释 [J]. 当代传播，2016（5）：84-88.

[5] 蔡骐，曹慧丹. 何种意见？何种领袖？——对网络意见领袖的几点思考 [J]. 新闻记者，2014（8）：21-25.

[6] 李波. 网络舆情中微博意见领袖的培养和引导 [J]. 新闻大学，2015（1）：145-149.

[7] 董玉芝. 自媒体时代微博意见领袖的舆论效应及其引导 [J]. 中州学刊，2014（4）：173-176.

三、创新扩散理论

（一）理论溯源

创新扩散理论（Diffusion of Innovation Theory）是从研究传播媒介、农业

推广和新药普及等开始的。1943年美国的瑞安（Ryan）和格罗斯（Gross）对艾奥瓦州杂交玉米推广研究开始萌生相关学术思想。1962年，埃弗雷特·M.罗杰斯（Everett M. Rogers）在《创新的扩散》（*Diffusion of Innovations*）一书中集中阐述了这一理论。罗杰斯在书中提出了创新扩散时间形态"S"形曲线（S-shaped Curve）理论，提出"创新的决定过程是个人或其他个体做出决定的一种精神活动，这个过程包括获知、说服、决定、实施和确认五个阶段"[1]。

1973年，罗杰斯和休梅克又共同提出了"创新扩散模式"，罗杰斯把创新定义为："一种被个人或者其他采纳单位视为新颖的观念、实践或事物。"[2] 罗杰斯从国家发展的角度，探索创新产品在社会上扩散的过程及其影响因素，他"把扩散与社会变革的过程联系起来，这一过程包括发明、扩散（或者说传播）和后果。这样的变革既可以出现在组织内部，又可以通过与外来的'变革中介'的接触而发生"[3]。罗杰斯还强调，扩散研究的主要目的是要找出办法缩短扩散的过程，以便能够让创新成果以最快的速度、最直接的方式、显著的程度起作用，这样才能更好地推动社会发展和进步。但是，现实生活中这种效果并不常见。

从20世纪60年代开始，创新扩散的研究范围不断扩大，逐渐扩展到技术预测与市场学。其中巴斯（Bass）在1969年提出的创新产品首次购买扩散模型（即Bass模型），奠定了创新扩散模型的研究基础。巴斯认为，创新扩散受两种因素影响，"一种是来自大众传媒（如广告等）的外部影响；另一种是人与人之间口头交流所带来的模仿或内部影响"[4]。

---

[1] 段鹏.创新扩散理论的实证研究——关于在中国贫困农村地区推广新知识与新技术的实地调查[J].现代传播（中国传媒大学学报），2006（3）：49-53，98.

[2] 塞弗林，坦卡德.传播理论——起源、方法与应用[M].郭镇之，等译.北京：华夏出版社，2000：235.

[3] 斯蒂芬.李特约翰.人类传播理论[M].7版.史安斌，译.北京：清华大学出版社，2004：365.

[4] BASS F M. A new product growth for model consumer durable[J].Management Science，1969，50（12）：215-227.

摩尔（Moore）等基于罗杰斯的广义创新扩散研究提出狭义的创新扩散理论——创新特征认知理论，认为"创新扩散速度的影响因素有8个，分别为相对优势、兼容性、可观察性、可试验性、自发性、形象、易用性和结果可说明性"❶。

罗杰斯认为，创新扩散模式有四个构成要素：创新、传播途径、时间和社会系统。❷（1）创新。罗杰斯认为所有新奇的理念、实践或实物都可称为创新。（2）传播途径。创新扩散过程实际上是一个多级传播过程，主要的传播方式包括大众传播和人际传播。罗杰斯等认为，大众传播与人际传播的结合，是能够将创新带给人们并劝服人们利用此项创新的最有效的途径。（3）时间。罗杰斯认为，人们在做出接受创新的决策的时间进程上，明显有五个阶段：知晓、劝服、决策、实施、证实。（4）社会系统。"创新扩散的过程必定是在一个社会系统内展开的。在社会系统中，罗杰斯将创新的接受者分为五类：创新者、早期采用者、早期大众、晚期大众和落后者。"❸在罗杰斯看来，早期采用者就是愿意率先使用新技术、新产品等新事物并甘愿为之承担风险的那部分人。然后，意见领袖们再向其影响的对象进行传播。❹因此，对于创新的扩散特别有影响力的有两类人物：一类是变革推动者，他们能够说服其服务对象接受创新；另一类是社会系统中能够影响他人的观念和态度的意见领袖。

（二）理论延展

罗杰斯建立了一整套描述新技术普及推广的过程，在很多领域都有启发意义。2006年，米德（Meade）等发表《创新扩散模型的25年文献述评与研究展望》一文，回顾了25年来创新扩散理论相关研究成果，证实了创新扩散模型及预测的持续重要性。还以传染病扩散模式为基础修改了现有模型

---

❶ MOORE G C.BENBASAT I. Development of an instrument to measure the perceptions of adopting an information technology innovation[J]. Information systems research, 1991, 2（3）: 192-221.

❷ ROGERS E M. Diffusion of innovation [M]. New York: The Free Press, 1995: 24-31.

❸ 同❷。

❹ 同❷。

以提高其灵活性,将研究模型推向更广泛的国家和领域。❶当然,"创新扩散"理论也存在局限性。

第一,"创新扩散"理论更多的是从个人决策的角度,忽略了社群中组织采纳者的影响,并且缺乏反馈机制。米德指出,创新扩散模型的主要应用领域是耐用消费品和电信技术❷,适用范围相对有限。创新扩散模式"着重研究个体的社会特征和个性特征及大众传播媒介和人际传播对采纳决策过程的影响,缺乏有关社会系统对扩散过程影响的研究"❸。创新扩散理论也表明,"由于社会结构等特点的不同,新事物或新观念在不同国家的扩散会表现出不同的模式与水平"❹;同时,创新扩散模式"忽视了新事物可能带来的负面影响以及对拒绝或中断采纳行为的考察"❺;罗杰斯的创新扩散模式是一种自上而下的线性传播方式,外部或上级变革力量通过整合多方资源,对创新扩散进行具体安排。然而在现实的操作层面,创新往往来自各方力量:有受众的自我创新,有外部高层的变革创新,有内外部的共同参与。张秋认为该模式需要增加各个环节之间的反馈互动。❻

第二,新媒体环境下,"创新扩散"理论的解释力受到影响。张秋认为,创新扩散理论在新媒体语境下也出现了"瓶颈"。"电子媒介的出现使得整个社会'重新村落化',地域的界限在消解,整个世界逐渐变成一个'地球村'。自上而下的'广播'模式逐渐被多方互动的'网播'模式取代,在这一过程中,创新扩散这一特殊的传播形式必然会受到影响,创新扩散理论也需要在新媒体语境下得到重新审视。"❼罗杰斯的创新扩散理论认为,大众媒

---

❶ MEADE N, ISLAM T. Modeling and forecasting the diffusion of innovation a 25 year review [J].International journal of forecasting, 2006, 22 (3): 519-545.

❷ 同❶。

❸ ROGERS E M. Diffusion of innovation [M]. New York: The Free Press, 1983.

❹ 朱恒源,刘广,吴贵生.城乡二元结构对产品扩散的影响研究:以彩电采用为例 [J].管理世界,2006 (4):66-72.

❺ VAN DEN BAN A W, HAWKINS H S. Agricultural extension[M]. London: Longman Scientific and Technical.1988.

❻ 张秋.新媒体语境下创新扩散理论的不适应与发展 [J].青年记者,2016 (24):43-44.

❼ 同❻。

体和人际关系是两个重要的传播渠道,然而随着传播技术的不断更新,新媒体成为创新扩散的又一重要渠道。"传播速度方面,新媒体打破了信息传播的时空限制,传播效率大大增强;传播内容方面,新媒体借助数字化技术,实现信息的海量传播,内容丰富、形式多样;传播路径方面,信息接收者和信息发布者两种角色随意转换,有别于传统媒体的单向传播,新媒体是一种双向互动式的传播模式。"❶

(三)案例解析:创新扩散理论视域下的网络模仿探究 ❷

罗杰斯提出影响创新扩散的五大因素是:相对优势、相容性、复杂性、可观察性、可试用性。网络模仿是一种文化符号领域的"创新扩散"现象,其"创新"的关键在于发现、凸显和娱乐化地表达了"源文本"的特性,"模仿"并非被动的采纳,而是接力式的文本和意义再创造,其扩散受到技术门槛、参与门槛及语境化程度等因素的影响。网络模仿现象最初表现为一种群体性小众文化,具有爆发性,消退周期短,创新和模仿文本的文化"合法性""兼容性"复杂,并可观察到舆论的反应,其发展方向可能被修正。在冲突性情境中,攻击性的恶搞模仿会遭遇舆论压力、危机公关等阻力。

创新扩散理论为研究网络模仿现象提供了有效的视角和理论框架。本案例文章通过对典型案例的分析性比较,探讨以下三个基本问题:网络模仿现象中创新的特征;网络模仿行为的特征、模仿行为扩散的规模及其影响因素;网络模仿现象发生、发展及消退的规律性或模式。

从性质上讲,网络模仿现象是一种文化符号领域的"创新扩散"现象,其中的创新、模仿行为及其扩散具有独特性。网络模仿现象中的创新并非新科技、新产品或新思想的发明,而是一种符号和意义表达层面的创意,旨在表达某种趣味和意义。模仿并非被动的采纳,而是倾向于"嵌入"个性的接力式意义表达。因此,对网络模仿现象的研究,需要适当修正先前较为成熟的理论框架和分析维度。

---

❶ 晏诗洁.自媒体与传统媒体新闻传播的互补性研究[D].湘潭:湘潭大学,2014.
❷ 郝永华,彭爱萍.创新扩散理论视域下的网络模仿探究[J].现代传播(中国传媒大学学报),2016(7):142-146.

在网络模仿现象中，创新文本创造了某种情境或氛围，志趣相投的小众化参与者融入这种情境和氛围之中，并分享自己的模仿作品，形成一种娱乐化、群体化的情绪和情感共鸣。在大众传媒介入之后，网络模仿现象成为公共文化事件，但技术和参与门槛导致网络模仿难以成为大众化行为。同时，网络模仿现象将遭遇文化兼容性、合法性问题。

总体上看，网络模仿文本诉诸的重要文化价值和娱乐化本身使其具有了合法性，而无需名人、明星使其合法化。虽然文化和政治环境在总体上较为宽松，但在冲突性情境中，部分模仿文本仍引发了舆论的尖锐批评。

（四）科研训练

参考下面的文章，分析"创新扩散理论"的环节、构成要素、影响扩散的因素等在新媒体时代发生了哪些变迁，或结合创新扩散理论分析具体新事物扩散过程的特性（如一款新软件的使用）。

[1] 郝永华，彭爱萍. 创新扩散理论视域下的网络模仿探究——基于五个典型案例的分析性比较 [J]. 现代传播（中国传媒大学学报），2016（38）：142-146.

[2] 匡文波，童文杰. 个人信息安全与隐私保护的实证研究——基于创新扩散理论的大数据应用视角 [J]. 武汉大学学报（人文科学版），2016（69）：104-114.

[3] 张秋. 新媒体语境下创新扩散理论的不适应与发展 [J]. 青年记者，2016（24）：43-44.

[4] 郝晓鸣，赵靳秋. 从农村互联网的推广看创新扩散理论的适用性 [J]. 现代传播（中国传媒大学学报），2007（6）：102-104.

[5] 孙冰，毛鸿影，康敏. 创新扩散研究的演化路径和热点领域分析——基于科学知识图谱视角 [J]. 现代情报，2018（6）：144-156.

[6] 王京山，曾绚琪. 从创新扩散理论看电子图书发展的影响因素 [J]. 图书馆理论与实践，2006（6）：49-50，53.

[7] 段哲哲，周义程. 创新扩散时间形态的S形曲线研究——要义、由来、成因与未来研究方向 [J]. 科技进步与对策，2018，35（8）：155-160.

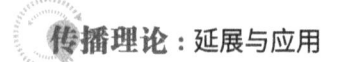

四、议程设置理论

（一）理论溯源

第一，研究起点。1968年，美国北卡罗来纳州立大学传播学者马克斯韦尔·麦库姆斯（Maxwell McCombs）和唐纳德·肖（Donald Shaw）在美国大选前夕进行了一项小规模的受众调查，调查发现大众媒介议题的显著性程度对公众议程具有重要的影响。由于这项研究是在北卡罗来纳州立大学所在的小镇进行的，因此，成为传播学史上著名的"教堂山镇研究"（Chapel Hill Study），被公认为议程设置理论的起源。

1972年，麦库姆斯和肖在此项研究的基础上在《舆论季刊》共同发表了论文《大众媒体的议程设置功能》，标志着这个概念和理论框架的正式形成❶，学界开始认可大众媒体能够对公众议程和舆论产生决定性的影响。该理论颠覆了"有限影响论"在媒介效果研究中的主导地位，使得媒介的"强大影响论"从一个全新的角度获得了复兴。

第二，议程设置理论的基本观点。（1）大众传播往往不能决定人们对某一事件或意见的具体看法，但可以通过提供给信息和安排相关的议题来有效地左右人们关注哪些事实和意见及他们谈论的先后顺序；（2）大众传媒对事物和意见的强调程度与受众的重视程度成正比；（3）媒介的接触频率决定着媒介议程和公众议程的匹配程度；（4）该理论不仅关注媒介强调哪些议题，而且关注这些议题是如何表达的。

第三，议程设置理论的特点：（1）传播效果分为认知、态度和行动三个层面，而"议程设置"假说着眼于这个过程的最初阶段，也就是认知层面上的效果；（2）它所考察的是大众传播综合的、宏观的社会效果；（3）它暗示了这样的一种媒介观，即传播媒介是从事"环境再构成作业"的机构，传播媒介对外部世界的报道不是"镜子"式的反映，而是一种有目的的取舍选择活动。❷

---

❶ MCCOMBS M E, SHAW D L. The agenda-setting function of mass media[J]. Public opinion quarterly, 1972, 36（2）：176-187.

❷ 陈超. 议程设置理论的全面解读 [D]. 开封：河南大学，2003.

第四,议程设置理论的研究分期。史安斌教授将有关议程设置研究历程概括为三个阶段❶:

第一阶段:从李普曼到"教堂山镇研究"。1922年,李普曼在《舆论学》中将开篇章节命名为"现实世界与我们的想象",并通过一个与世隔绝的小岛的故事证明了公众对外部世界的认知大多来源于大众媒介的报道。❷李普曼指出,由于社会规模的扩大,"现实世界"和"我们头脑中的图景"开始出现分离,公众亲身体验以获得的认知开始日益被大众传媒塑造的媒介环境所取代,将其称为"拟态环境"。史安斌认为:"当时李普曼虽然没有通过实证手段验证这一理论,但他所描述的情形与议程设置理论不谋而合。"❸

美国社会学家罗伯特·帕克(Robert Park)认为,"新闻能够促使公众关注并回应某些议题,因而抑制了对其他议题的关注"❹。而与议程设置论研究最有直接关系的是科恩(Cohen,1963)在《新闻与外交政策》中将大众传媒与公众认知的关系概括为:"新闻媒体在告诉人们怎么想这一方面可能并不成功,但在告诉人们想什么的方面却异常成功。"❺这句话被认为是对议程设置理论最精要的概括。

之后,麦库姆斯和肖才进行了"教堂山镇研究",通过实证方法确证了这一现象的存在。研究发现:"选民对包括外交、经济、社会福利等议题的关注程度与他们所接触的媒体对这些议题的关注度高度相关。换言之,这些议题在选民心目中的重要性与其在新闻中的显著性几乎完全一致。"❻

第二阶段:属性议程设置。朗氏夫妇(Lang & Lang)通过对水门事件

---

❶ 史安斌,王沛楠.议程设置理论与研究50年:溯源·演进·前景[J].新闻与传播研究,2017,24(10):13-28,127.

❷ 李普曼.舆论学[M].林珊,译.北京:华夏出版社,1989:1.

❸ 同❶。

❹ PARK R E.News as a form of knowledge:a chapter in the sociology of knowledge[J]. American journal of sociology,1940,45(5):669-686.

❺ COHEN B C. The press and foreign policy[M]. Princeton:Princeton University Press, 1963:13.

❻ MCCOMBS M E & SHAW D L.The agenda-setting function of mass media[J].Public opinion quarterly.1972,36(2):176-187.

中媒体与公众的意见进行分析，认为议题的形成是媒体、公众和政府三方相互"竞合"的结果，他们将其称为议题建构理论。❶麦库姆斯和肖还通过研究个体与社会组织的关系，提出"议题融合"理论，力图通过社会团体作为中介消除不同个体与社群之间的分歧，以实现社会整合的目的。❷

从1972年出版的《美国政治议题的兴起》开始，麦库姆斯等人开始关注大众媒体对议题属性造成的影响。山托·艾英加（Shanto Iyengar）和唐纳德·金德（Donald R. Kinder）研究发现，"电视报道对某个议题所设置的不同框架（framing）会对公众理解这一议题的价值倾向产生影响"❸。

世纪之交，议程设置的理论建构获得了突破性的进展。1997年，麦库姆斯和肖在一篇研究西班牙选举的论文中提出了"属性议程设置"（Attribute Agenda Setting）理论，有关议题属性影响力的研究使议程设置理论的应用范畴得到进一步扩展。❹大众媒体对于选民的影响比较深远，"大众媒体不仅影响了选民对客体的注意程度，也影响到他们对议题属性的判断"❺。从这个角度来看，大众媒体不仅能告诉公众"想什么"，也能成功地告诉公众"怎么想"。这一结论被认为是议程设置理论的第二层次——属性议程设置。

史安斌认为："传统议程设置理论的重点落在传播效果研究的初始阶段——赢得关注，而属性议程设置理论则关注传播效果研究的终端——形成认知。按照属性议程设置理论的思路来看，大众传媒在影响公共舆论的内容

---

❶ LANG G E, LANG K. Watergate : an exploration of the agenda–building process[M]// WILHOIT G C, DE Bock H. Mass communication review yearbook. New York : SAGE Publications, 1981 : 447–468.

❷ SHAW D L, MCCOMBS M, WEAVER D H, et al. Individuals, groups, and agenda melding : a theory of social dissonance[J]. International journal of public opinion research, 1999, 11（1）: 2–24.

❸ IYENGAR, S, KINDER D R. News that matters : television and american opinion[M].Chicago : University of Chicago Press, 1987 : 5–12.

❹ MCCOMBS, M. et al. Candidate images in spanish elections : second–levelaAgenda–setting effects[J].Journalism & mass communication quarterly, 1997, 74（4）: 703–717.

❺ TAKESHITA T, MIKAMI S. How did mass media influence the voters' choice in the 1993 general election in Japan?—a study of agenda–setting[J]. Keio communication review, 1995（17）: 27–41.

（议题）、形塑公共议题的价值取向方面扮演了更为重要的角色。"❶也就是说，由引发关注到引导认知的转变。

第三阶段：网络议程设置。麦库姆斯和他的中国弟子郭蕾博士提出了议程设置理论的第三层次——"网络议程设置"（Networked Agenda Setting，简称 NAS 理论），试图以此解释新闻业在这样一个基于媒介融合和社交媒体而变得日益"网络化"的时代，议程设置理论是如何继续发挥其效用的。❷

网络议程设置理论的核心观点是："影响公众的不是单个的议题或者属性，而是一系列议题所组成的认知网络；新闻媒体不仅告诉我们'想什么'或者'怎么想'，同时还决定了我们如何将不同的信息碎片联系起来，从而构建出对社会现实的认知和判断。"❸

（二）理论延展

麦库姆斯和肖的议程设置理论使媒介的"强大影响论"从一个全新的角度获得了复兴，"他们还通过将媒介议程的内容分析与公共议程的调查结合起来，从而第一次使议程设置理论有了一种经验主义的检验途径和论述方法"❹。将议程设置的假设真正纳入经验主义的框架范围内进行论述和检验，进而拓展了内容分析、媒介模式、受众研究等其他领域的探讨。

当然，议程设置理论一直是一个有争议、受到质疑的命题。殷晓蓉归纳了针对议程设置理论的主要争论点❺。

---

❶ 史安斌，王沛楠. 议程设置理论与研究 50 年：溯源·演进·前景 [J]. 新闻与传播研究，2017，24（10）：13-28，127.

❷ GUO L, MCCOMBS M. Networked agenda setting : a third level of media effects[C]. Boston : the ICA annual conference, 2011 ; Guo L & Mc Combs M.Toward the third level of agenda setting theory : a networked agenda setting model[C]. St Louis : The AEJMC annual conference, 2011.

❸ GUO L.A theoretical explication of the network agenda setting model : current status and future direction[M]// GUO L, MCCOMBS M E. The power of information networks : new directions for agenda setting. London : Routledge, 2015.

❹ 殷晓蓉. 议程设置理论的产生、发展和内在矛盾——美国传播学效果研究的一个重要视野 [J]. 厦门大学学报（哲学社会科学版），1999（2）：108-113.

❺ 同❹。

首先，学者对于议程设置理论只重视媒介的告知和安排议程的作用，而将行为效果排除在外的做法产生了怀疑和争议。最早的议程设置研究侧重于媒介如何安排问题的重要性与公众如何安排问题的重要性之间的联系。这种重视研究信息的告知，而忽视随后的行为效果的做法受到批评。

其次，学者们对因一系列中介因素的引入导致的对议程设置理论的所谓"不确定"的怀疑和争议。麦库姆斯和肖在证实议程设置假设时，引入社会类别、媒介使用的变化方式和接触媒介的频率等诸多中介因素，来说明媒介提出的议程和公众对问题重要性的认识不是简单的吻合。有人据此认为麦库姆斯等人的研究未能"证实"议程设置的理论。[1]

丹尼斯、麦奎尔认为，该理论尚存在不确定性源于尚有未解决的基本问题：（1）我们到底是应该寻找媒介对受众个体议程的直接影响，还是希望议程设置通过人际影响而发生作用；（2）"靠直接传播给公众来决定个人议题"与"靠影响政治家和决策者来决定一个机构的议题"，这两者之间是不是存在重要的差别；（3）议程设置到底起源于媒介，还是起源于公众成员及他们的需求，或者起源于充当媒介信源的机构精英人物，这一问题仍然存在不确定因素。[2] 传播学家丹尼斯在评论麦库姆斯等人时也强调，"可以确定的是，议程设置是媒介效果研究的一片肥沃的土地，这次研究的结果正在触发出新的问题"[3]。

随着新媒体的发展，传统大众媒介与网络媒介并存的情况下，出现了"网络议程设置"，"议程设置功能"呈现出了新的特点。对此，甘露指出，"议程设置理论的提出是建立在传统媒体环境的基础上，然而在互联网上，信息的发布与传播权泛化，信息收受高度自主，网络时空无限，'议程设置'理论的传统基础已经被一一打破"[4]。彭兰认为，网络的以下特点决定了它具有议程设置的功能：第一，议程设置理论假设认为，人们对某些议题的关注

---

[1] 殷晓蓉.议程设置理论的产生、发展和内在矛盾——美国传播学效果研究的一个重要视野[J].厦门大学学报（哲学社会科学版），1999（2）：108-113.

[2] 麦奎尔，温德.大众传播模式论[M].祝建华，武伟，译.上海：上海译文出版社，1987：86.

[3] 丹尼斯.媒介社会[M].哥伦比亚：布朗出版公司，1978：13.

[4] 甘露.浅析网络议程设置的特色[J].国际新闻界，2003（4）：36-39.

程度，主要来源于这些议题被报道的频率与强度。网络信息能快速传播使网络可以轻易提高对某些事件的报道频率与强度；第二，在网络中，大众传播与人际传播是相互交织的，而在议程设置方面，人际传播对大众传播是一个有力的补充；第三，利用互动技术，报道对象与受众可以建立直接联系。因此，当事人的影响会更直接地传递给受众，这对于提高一个事件的受关注程度非常有利。❶

甘露概括了网络议程设置的三个新特色：第一，网络为社会形成议题提供了一个显性的、可操作的平台。包括议题的设置权下放，设置者泛化，受众关注的焦点也可以成为传统媒体报道的议题，以及网络能及时反映来自受众的意见和事实性信息，便利了受众对议题发展方向的左右。第二，网络作为新型的议题设置媒介，议题内容多元化发展，表现为'雅俗共赏'；议题衍生能力强，一个议题最后发展为多个议题；传统媒体与网络媒体的互动正在成为我们这个时代媒介议程设置的新特点和新趋势。第三，新技术的特点也给议程设置带来新的机遇与挑战，如出现了报道缺乏深度、议题更换频繁、新闻真实性难以界定的问题。❷

（三）案例解析：网络议程设置的实证研究——以提升网络舆论引导力为视阈❸

网络舆论引导的现状还缺乏实证研究。本案例文章主要采用案例分析法，从网络舆论引导现实情况出发，借助影响网络舆论引导的关键理论——媒体的议程设置首先确定了实证研究的理论基础，再对研究样本的选择、网站新闻议程及网民新闻议程确定的过程进行分析，并针对议程设置问题做出了两大假设并将其细化为6个小假设，然后结合采集到的数据，经过专业软件分析后，认为网络媒体与网民之间具有议程设置的效果，网络媒体之间也具有议程设置的效果。具体而言，各个网络媒体所具有的议程设置能力又有所不同，有网站主页设计和网站所强调的议题不同两个层面的原因。

---

❶ 彭兰.网络传播概论[M].北京：中国人民大学出版社，2001：341.
❷ 甘露.浅析网络议程设置的特色[J].国际新闻界，2003（4）：36-39.
❸ 蒋忠波，邓若伊.网络议程设置的实证研究——以提升网络舆论引导力为视阈[J].新闻与传播研究，2011，18（3）：100-105，113.

本案例文章认为，中国主要的网络媒体之间具有较高程度的议程相关性。官方主流新闻网站对于商业门户网站具有较强的议程设置能力。最后，本案例文章补充了网站之间设置能力不同的两层原因及相应的策略。本案例文章作者认为，在保证官方主流新闻网站对于商业门户网站具有较强的议程设置能力的条件下，需加强商业门户网站和官方主流新闻网站的建设，并保持和强化官方主流新闻网站对于商业门户网站的影响力是网络环境下提升网络舆论引导力的有效方式。

针对网站因主页设计增强网站的舆论引导能力，需简化网站主页设计，明确重点，放弃贪多求全的设计模式。针对因网站所强调的议题不同而导致设置能力不足，需紧紧抓住社会热点问题，研究网民心理，在议程设置上达成与网民的同构，从而增强舆论引导能力。

（四）科研训练

参考下面的文章，探讨议程设置理论在网络传播环境下嬗变产生的新特点及产生的新问题及应对策略。

［1］彭兰.网络传播概论［M］.北京：中国人民大学出版社，2001.

［2］史安斌，王沛楠.议程设置理论与研究50年：溯源·演进·前景［J］.新闻与传播研究，2017，24（10）：13-28，127.

［3］史安斌，王沛楠.传播权利的转移与互联网公共领域的"再封建化"——脸谱网进军新闻业的思考［J］.新闻记者，2017（1）：20-27.

［4］胡润斌.议程设置"大变局"——传统媒体与新媒体"双议程设置"博弈及其应对［J］.青年记者，2012（21）：29-30.

［5］甘露.浅析网络议程设置的特色［J］.国际新闻界，2003（4）：36-39.

［6］殷晓蓉.议程设置理论的产生、发展和内在矛盾——美国传播学效果研究的一个重要视野［J］.厦门大学学报（哲学社会科学版），1999（2）：108-113.

五、知沟假说

（一）理论溯源

一般认为，大众传播媒介的普及可以改善知识传播和教育的条件，有利于社会成员综合素质的提高，最终缩小各阶层社会经济地位的差距，弥合社会分化。美国明尼苏达大学的蒂奇诺、多诺霍和奥里恩三位学者（又称"明尼苏达小组"）却对这一传统观念提出了质疑，并于1970年发表《大众传播流动和知识差别的增长》一文，正式提出知沟假说，即"随着大众媒介进入到一个社会系统的信息不断增加，社会经济地位较高的群体会比社会经济地位较低的群体以更快的速度获取这些信息，于是在这些群体之间的知沟将会扩大而不是减小"❶。

在"知沟"假说提出之前，有许多关于知识差距与社会结构相关性的实证研究。丁未总结了早期的相关研究，主要有1947年，海曼和希斯利调查发现，社会上有一部分人长期得不到信息，他们称之为信息的"慢性无知"（Chronic Know Nothings）现象；20世纪50年代初在美国辛辛那提长达6个月关于联合国的宣传活动中，斯达和休斯发现，受教育程度高的人远比低的人容易获得所宣传的信息。他们从受众的文化程度、兴趣和媒介接触等方面进行了探讨，指出对宣传活动一无所知者往往正是宣传计划的目标受众。❷

1966年，科尔曼通过对美国3000多所学校、约65万学生和7万教师的相关数据分析得出结论："84%的黑人学生成绩低于白人学生的中等水平，其原因与学校无关，而与学生本身的家庭和社会阶级背景有关。"在"知沟"研究中，被作为经典案例的是20世纪60年代美国制作的儿童节目《芝麻街》。其目的在于通过电视帮助贫困家庭的学龄前儿童。但相关的传播效果调查却一再表明，尽管该节目对贫富儿童都产生了良好的教育效果，但富裕儿童对节目的接触和学到的知识更多，反而加剧了原有的社会不平等。

明尼苏达小组运用美国舆论研究所在1949—1965年收集的数据进行了分析，验证了在时间趋势上"知沟"的存在。另外，他们还从反面来论证"知沟"假设，即当某一话题大众媒介的报道量减少时，"知沟"会不会缩小。他们采用了1959年Samuelson对某一报纸发行罢工的社区与邻近一个报纸发行正常的社区关于报道目前正在发生的公共事件所做的对比分析。他们

---

❶ TICHENOR P J, DONOHUE G A, OLIEN CN. Mass media flow and differential growth in knowledge[J]. Public opinion quarterly, 1970, 34（2）: 159-170.

❷ 丁未. 大众传播的社会结构与知识差异——明尼苏达小组早期知沟假设研究[J]. 新闻大学, 2001（3）: 32-36.

证明，在报纸发行罢工的社区，不同社会经济地位群体之间的"知沟"要小于另一社区。

"知沟"假说提出以来，引起了国内外许多学者的兴趣，他们分别就公共事务、政治选举和健康问题进行一系列研究。美国学者罗杰斯进一步提出了"传播效果鸿沟"（Communication Effects Gap）理论；日本学者儿岛和人、德国学者帮伐利（Bonfaelli）、中国台湾学者王石番、中国大陆学者郭庆光等人均从不同侧面拓展了"知沟"理论的研究，并指出这是"社会发展和信息化建设中的一个重要而迫切的问题"❶。在已有的研究成果中，研究的差异导致关于"知沟"的研究结论不一，例如"知沟"缩小，"反沟""上限效果"与"知沟"假设不符，但大部分研究结果都证明了"知沟"的存在。❷

（二）理论延展

第一，宏观社会结构角度研究"知沟"理论。"知沟"假说不断受到质疑与挑战，相继发现了一些与假设不相符的现象。1975年，蒂奇诺研究小组经过重新思考，发表了《大众媒介和"知沟"：对假设的再思考》，提出了四种社会系统变量影响"知沟"存在及变化，即议题性质、冲突程度、社区结构（社区的多元化或同质化程度）和媒介报道模式（信息报道频率和重复度）。蒂奇诺研究小组从宏观的社会结构的角度来研究"知沟"理论，但是缺乏对个人微观层面的考虑，例如个人的态度和动机。

第二，微观层面补充和修正"知沟"假设。艾特玛（Ettema）和克莱恩（Kline）在个人微观层面对"知沟"假设进行了补充和修正。他们从受众的角度总结了"知沟"扩大理论的三大因素：传播技能差异、渠道可得性差异和动机差异。❸另外，他们提出了与"知沟"相反的命题，即"上限效果"假说：人对特定知识的追求并不是无止境的，达到某一"上限"（饱和点）后，知识量的增加就会减速乃至停止下来。

---

❶ 郭庆光.传播学教程［M］.北京：中国人民大学出版社，1999：234.

❷ GAZIANO C. Forecast 2000：widening knowledge gaps［J］.Journalism and mass communication，1997，74（2）：237-264.

❸ ETTEMA J S, KLINE F G. Deficits, differences and ceilings：contingent conditions for understanding knowledge gap［J］.Communication research，1977，4（2），179-202.

第三，"知沟"假说的现实价值。丁未通过在上海和兰州两地的实证调查，证实了在当前中国社会结构严重分化的环境下，媒介效果中存在"知沟"现象。❶李凤萍和喻国明认为，"它将一种理论层面的想法变成了实证上可测的假设，并由可获得的数据加以验证，这本身具有的跨理论和实践意义，使得大众传播领域学者不断投身到该假说的检验与研究当中，显示出旺盛的学术生命力"❷。

第四，新媒体环境下"知沟"假说的新解读。随着新媒体时代的发展，"知沟"从传统媒体延伸至新媒体，国际电信联盟（ITU）、经合组织（OECD）、英国《时代教育专刊》等组织和不少学者均以"数字鸿沟"来命名这种由新兴信息技术接入、使用不均衡所造成的信息资源和知识水平两极分化的现象❸，从而导致"知沟"产生的五因素也发生了变化。随着新媒体时代的发展，知沟理论也发生了一些变化。李晓静指出，"伴随媒体技术的快速发展，由大众传播所导致的知识沟逐渐转向在新媒体技术扩散中所产生的信息沟（Information Gap），即信息技术富有者与贫困者之间存在的不平等"❹。卡茨曼则针对信息传播技术提出了"信息沟"理论，认为新传播技术的采用将带来整个社会信息流通量和信息接触量的增大，但新技术的采用所带来的利益并非对所有社会成员都是均等的，那些既有的富裕阶层通过早期采用和熟练使用先进媒介而比其他人更拥有信息优势，从而使得原有的"知沟"进一步扩大。

第五，新媒体环境下"知沟"的影响因素。丁未和张国良总结网络时代影响数字鸿沟的因素有以下四个方面❺：A（access）指互联网接入与使用渠

---

❶ 张国良，丁未.中国大众传播媒介与"知沟"现象初探——以上海和兰州为例[J].新闻记者，2002（11）：37-39.

❷ 李凤萍，喻国明.个体动机对知沟的调节机制与效应——基于北京、合肥健康与癌症信息调研数据的实证研究[J].新闻界，2018（9）：48-54.

❸ WARSCHAUER M. Technology and social inclusion：rethinking the digital divide[M].Cambridge, MA：MIT Press, 2004.

❹ 李晓静.知沟视域中农村基础教育信息化的现状与建议——基于河南修武中国完小的质化研究[J].中国电化教育，2017（12）：53-58，74.

❺ 丁未，张国良.网络传播中的"知沟"现象研究[J].现代传播（中国传媒大学学报），2001（6）：11-16.

道。互联网不仅需要信息基础设施，而且对终端用户来说，互联网接入价格由硬件/软件、提供接入费用及电话服务费三者组成。因此，社会经济差异是产生数字鸿沟的一大主导因素；B（basic skills）指数字化时代需要掌握的信息素养。群体间信息素养的差异往往造成互联网利用能力方面的鸿沟；C（content）指网上内容。在网络空间，谁主导信息内容和网络信息产品，这些内容与产品又以哪些群体的利益和爱好为取向，最终决定了这些群体与其他群体之间的鸿沟；D（desire）指个人上网的动机、兴趣。不同的"使用与满足"类型，决定了互联网用户在获取信息和利用信息方面的鸿沟。

张艺瑜分析了新媒体环境下的"知识鸿沟"，认为中国地域之间、城乡之间、社会阶层之间及代际层面存在的"知沟"问题，如中国东南地区与西北地区之间就存在严重的"知沟"问题。同时指出："经济条件较好的人更早接触网络设备，获取更多信息，而经济条件较差的人接触并直接运用网络较晚，获取的信息和知识少之又少；受教育程度高的人能够更快地学会运用网络，从而通过网络较快获取知识和信息；理解能力的差异也会造成'知沟'。此外，人们之间媒介兴趣爱好的差异都会造成'知识鸿沟'。因此，在新媒体环境下，人们之间的'知识鸿沟'并未缩小，而是呈扩大之势。"[1]

第六，"知沟"理论仍有不足。知沟理论引发的思考和探索凸显相关学术研究的理论价值和实践价值。但是，知沟理论发展至今仍然有其不足之处。徐雪高总结出目前关于"知沟"假说的几点不足："一是在大众传播媒介的选择上，多数选取报纸和电视，很少涉及广播和互联网，对报纸等印刷体媒介扩大了不同社会经济地位群体之间的'知沟'基本形成一致的看法，对电视的作用还存在争论；二是在信息传播渠道上，主要考虑的是大众传播渠道，很少考虑组织传播和人际传播渠道；三是在受众的选择上，很少以某一群体为研究对象，特别是农民群体；四是关于中国的'知沟'问题，只有丁未等少数学者进行过实证研究。"[2]由此可见，在研究对象、研究方法等方

---

[1] 张艺瑜.新媒体环境下"知沟"的具体表现及其合拢对策[J].新媒体研究，2019，5（5）：99-101.

[2] 徐雪高，马九杰.农村各阶层"知沟"的影响因素分析——基于福建永安市的农户调查数据[J].中国农村观察，2007（2）：53-61，81.

面,"知沟"假说的相关研究仍然存在局限性。

(三)案例解析:知沟谬误❶

本案例文章具有明显的问题意识,"知识沟"假设忽略了媒介与知识获取关系的复杂性和个体性,及其在互联网媒介环境中的适用性问题,由此展开探索性研究。

新媒介对整个社会的信息获取、知识构建都产生系统性变化。本案例文章分析了"知沟"在新媒体环境下部分假设的不合理性,认为个体在媒介系统中的内容接触、使用、行动完全受制于社会经济地位,同时又过于乐观地估计了媒体报道对个体知识积累的影响。本案例文章力图呈现在移动互联网环境中,当媒介设备接触的差距、媒介使用的差距,为技术发展和代际更替逐渐有所弥合之后,个体"知识获取"存在结构性悖论。

本案例文章首先分析"知沟"理论假设在新媒介环境下的不合理之处,以及研究个人层面的自我效能感的必要性。再采用问卷调查法,发现社交网络中知识获取存在结构性悖论:受过良好的教育,接受过系统知识训练并处在优势社会经济地位的群体,在知识的不断迭代中处于焦虑状态;而原本知识训练和储备较弱的劣势社会经济地位群体,却认为自己获得了更多知识。

本案例文章采用大量篇幅来分析"知沟"理论假说的不合理性及对个人视角的忽视,通过实证研究的方式了解到知识获得的效能感并非是线性的,而受个体生命周期、家庭生命周期、工作周期的多重因素影响,在不同群体、不同阶段呈现出更为复杂和多样的表现形式。

最后,本案例文章发现人们在知识获取中存在结构性悖论:"(1)不同群体知识获取的自我效能感知存在结构性差异;(2)高文化程度群体处在知识焦虑中,而低文化程度群体则认为自己获得了知识。"❷

(四)科研训练

参考下面的文章,分析自媒体环境下"知沟"理论的新特点以及新媒介

---

❶ 李雪莲,刘德寰.知沟谬误:社交网络中知识获取的结构性悖论[J].新闻与传播研究,2018,25(12):5-20,126.

❷ 同❶。

对"知沟"的影响。

[1] 丁未,张国良.网络传播中的"知沟"现象研究[J].现代传播(中国传媒大学学报),2001(6):11-16.

[2] 李晓静.知沟视域中农村基础教育信息化的现状与建议——基于河南修武申国完小的质化研究[J].中国电化教育,2017(12):53-58,74.

[3] 李凤萍,喻国明.个体动机对知沟的调节机制与效应——基于北京、合肥健康与癌症信息调研数据的实证研究[J].新闻界,2018(9):48-54.

[4] 董晨宇.媒体、知识与社会平等——知识社会学视角中的知沟假说研究[D].北京:中国人民大学,2014.

[5] 张国良,丁未.中国大众传播媒介与"知沟"现象初探——以上海和兰州为例[J].新闻记者,2002(11):37-39.

[6] 丁未.大众传播的社会结构与知识差异——明尼苏达小组早期知沟假设研究[J].新闻大学,2001(3):32-36.

六、选择性理论

(一)理论溯源

选择性理论是由拉扎斯菲尔德和他的学生克拉伯提出的,选择性理论的发展经历了大约20年的时间。20世纪40年代早期,拉扎斯菲尔德和默顿发现一个广播节目达不到预期效果。该节目是为了促进不同国家移民之间相互理解,而听众只习惯于收听与自身母语相关的节目,所以广播节目达不到促进理解的效果,他们开始注意到人们有选择性注意现象。真正提出理论是在拉扎斯菲尔德等人进行的伊里县调查。拉扎斯菲尔德认为:"人们的既有政治倾向在很大程度上影响着他们的媒介接触行为,受众并不是不加区别地对待任何传播内容,而是更倾向于选择那些与自己既有立场、态度一致或接近的内容加以接触。"❶ 选择性接触信息凸显受众的主观能动性,选择性接触的结果更可能加强原有态度。

1955年,卡兹和拉扎斯菲尔德在《个人影响》中提出"中介因素"概念,认为制约和影响大众传播效果的"中介因素"主要有四种:选择性接触

---

❶ 郭庆光.传播学教程[M].2版.北京:中国人民大学出版社,2011:178.

机制、媒介本身的特性、讯息内容、受众本身的性质。❶

1960年，美国传播学者克拉伯在《大众传播的效果》中，从受众心理出发，将受众的选择性接触机制称为受众的选择性心理，并将之分解为选择性注意、选择性理解、选择性记忆三个具体环节。❷

选择性注意是指受众对于信息进行选择与筛选，将自己感兴趣或与自身意见相似的信息保留下来，而过滤掉不感兴趣或意见不符的信息。在传播活动中，受众总是习惯根据自己的观点、兴趣爱好、认知、习惯等来挑选信息，以此来维护和加强原有的认知结构、观点以及立场。

选择性理解是指由于受众自身立场观念的不同，对于信息的理解也会不同。受众常常根据自身固有的文化背景、动机、情绪和态度等对信息进行理解。受众对信息的选择性理解有以下三种状态：（1）受众根据自身的实际情况，对传播信息进行创造性的理解，并积极主动地去发掘和理解信息以外的意义；（2）受众依据自己的思维和认知方式，对接收到的信息进行不符合常规的歪曲理解；（3）受众因受情感刺激，或因自身认知结构等问题，将媒介信息所表达的符号世界与他所处的现实世界混淆，从而做出反应和理解。❸

选择性记忆是指人脑对所接触的信息进行有选择的记忆，受众根据自己的理解，记忆那些有意义的、符合需要的内容，而过滤掉那些无意义的、对自己不利和不需要的信息。

选择性注意、选择性理解、选择性记忆三个环节是受众抵御外部信息的三道防线，信息只有突破这三道防线才能被受众完全接受。

（二）理论延展

选择性接触理论提出以来，多位学者进一步探索思考，进行补充完善或新的理解角度。

第一，选择性接触是基于防御动机以及准确动机的探索。在对选择性接触动机和效果的研究上，赵庆华、贺国俊提出了基于选择性接触的两种动机，即防御动机和准确动机。防御动机是指人们搜寻证实信息是为了通过降

---

❶ 王秀波.选择性心理价值的传播哲学思考[D].南昌：江西师范大学，2010.
❷ 同❶。
❸ 同❶。

低认知失调，证明自己的决定是正确的。而准确动机是指以客观、公正的立场做出决定的动机。赵庆华、贺国俊还介绍了选择性接触的动机整合模式，并指出防御动机通常致使选择性接触增多。相比之下，准确动机既可使选择性接触增多，也可使选择性接触减少。❶

第二，选择性接触引发新的受众无力观。叶莲娜·也尔扎提出了基于选择性接触前提下的新受众无力观，这种基于选择性接触前提下的受众无力观往往导致不好的后果，主要有两点：一是对于整个网民群体来说，这样的机制导致了社会的分化和对立。网民常常因为观点不一致而争吵，甚至演化成现实中的约架。二是使网上的假信息增多。网上发表的言论往往不受管制，再加上成员大部分处于匿名状态，所以有的成员为了自己的目的而故意歪曲一些事实，使得网上的信息极其混乱，真实性大大降低。❷

第三，网络传播存在主动或者无动机的广泛信息接触。柳旭东等认为在网络媒体环境里，人们主动或者无动机的广泛信息接触依然存在，而且网络媒体简化了这种行为的实现，更重要的是偏轨信息接触在互联网媒体环境里可能更经常地发生。❸选择性接触现象依然存在。

第四，选择性接触机制可能导致认知偏差。彭雪华在研究时发现，在选择性接触机制之下微信对大学生认知能力的影响有以下三点：（1）微信的选择性接触导致"信息茧房效应"，影响大学生思维力和认知主动性；（2）微信的选择性接触影响注意力时间分配，分散大学生的认知注意力；（3）微信的过度使用导致"社交圈划定"，降低大学生的观察力。同时提出高校应该提高官网、官微等主流媒体的议程设置能力，积极应对微信等社交媒体对大学生认知力的削减。❹

葛明对于互联网时代选择性理论的中和性进行分析，提出选择性理论是

---

❶ 赵庆华，贺国俊.选择性接触的动机及其效果的原因解释[J].甘肃高师学报，2015，20（3）：126-129.

❷ 也尔扎提.基于选择性接触前提下的新受众无力观[J].青年记者，2016（32）：10-11.

❸ 柳旭东，李喜根，刘洋.互联网传播环境下的选择性接触与偏轨接触[J].学海，2017（2）：123-129.

❹ 彭雪华.选择性接触机制下微信对大学生认知力的影响[J].福建教育学院学报，2018，19（7）：20-22.

媒介有限效果研究范式下提出的研究理论，该理论涉及媒介与受众力量的权衡。互联网时代，媒介技术与传播环境发生了很大的改变。传统媒体式微的同时，受众对于新媒体的依赖性日益增长。社交关系的"移植"以及复杂的引擎技术使得平台在信息传播过程中拥有较大的掌控权。种种因素中和了选择性理论强化原有观点的效果。❶

（三）案例解析：基于选择性接触前提下的新受众无力观 ❷

受众研究从"魔弹论"到后来多种多样的受众观并行，除不停地在受众更有力还是媒介更有力的观点之间摇摆外，在技术层面上，也经历过报纸、广播、电视、互联网等几大媒介的产生与发展。互联网的参与性、开放性更强。在以往探究受众效果的时候，其所研究的信息都有一个共同点，即信息都由媒介自身生产。而在互联网时代，信息也可以由受众参与生产，造成媒介生产的信息与受众生产的信息一同传播的现象，如此的新现象会给受众接触媒体带来什么样的改变？

本案例文章认为互联网时代媒介生产和受众生产同时进行，应当对二者进行分开研究，受众对于媒介生产的内容可能会进行选择性接触，而对于自己生产的信息则可能产生完全不同的效果，可能强化受众的原有观点，从而产生新型的受众无力观。接着论证新型受众无力观与早期的受众无力观有三种区别。论证了新受众无力观产生的原因。最后本案例文章研究新受众无力现象的运行机制及造成的后果。

研究新受众无力观有利于更有针对性的媒介生产，提升内容关注度，媒介可以分析新受众无力观的内容，对于内容生产进行加工，让大众参与内容生产；也有利于提升受众选择的精确性，受众进行选择性接触可以有效过滤无关信息，提升信息接收的效率。

本案例文章也引发新的思考：新媒体环境下受众接触信息出现了受众无力现象，产生了不良的影响。如何减少新受众无力观带来的不良影响？如何

---

❶ 葛明.互联网时代选择性理论的中和性分析[J].新媒体研究，2019，5（3）：15-16，26.

❷ 叶莲娜·也尔扎提.基于选择性接触前提下的新受众无力观[J].青年记者，2016（32）：10-11.

治理大众媒介生产乱象，改善媒介生态圈？这些问题值得继续探索研究。

（四）科研训练

参考下面的文章，探索新媒体时代选择性接触理论下的新意义。

[1] 葛明.互联网时代选择性理论的中和性分析[J].新媒体研究，2019，5（3）：15-16，26.

[2] 彭雪华.选择性接触机制下微信对大学生认知力的影响[J].福建教育学院学报，2018，19（7）：20-22.

[3] 柳旭东，李喜根，刘洋.互联网传播环境下的选择性接触与偏轨接触[J].学海，2017（2）：123-129.

[4] 叶莲娜·也尔扎提.基于选择性接触前提下的新受众无力观[J].青年记者，2016（32）：10-11.

[5] 赵庆华，贺国俊.选择性接触的动机及其效果的原因解释[J].甘肃高师学报，2015，20（3）：126-129.

[6] 王秀波.选择性心理价值的传播哲学思考[D].南昌：江西师范大学，2010.

[7] 马秀莲.补强效果的中介因素[J].国际新闻界，1998（3）：30-35.

七、使用与满足理论

（一）理论溯源

第一，使用与满足理论初露端倪。1944年，贝雷尔森在一个名为"专家知识竞赛"的广播节目中，对11位广播爱好者进行访谈发现，人们收听动机、欣赏的角度以及获得满足的程度存在差异。他认为，有三种基本心理需求使得人们喜爱知识竞赛节目：竞争心理需求、获得新知的需求及自我评价的需求。同年，赫尔塔·赫卓格对2000多名广播"肥皂剧"的女性听众进行调查采访，以探究听众对满足的需求与获得。他发现，女性听众收听"肥皂剧"的目的是发泄情感，忘却自己的苦恼，获得处事经验的指导等。❶

---

❶ 段鹏.传播学基础：历史、框架与外延[M].1版.北京：中国传媒大学出版社，2006：231.

1949年，贝雷尔森通过研究揭示了报纸在人们日常生活中的效用：获得外界消息的信息来源、日常生活的工具、休憩的手段、获得社会威信的手段、社交的手段以及读报本身的目的化。这些研究都是从受众的个人需求出发，揭示了受众的各类心理因素等。而后，使用与满足理论一度消沉。

第二，使用与满足理论日渐成型。20世纪六七十年代，使用与满足理论再次兴起。1959年，哥伦比亚大学的卡兹在对贝雷尔森宣称"传播学研究已经死亡"这一结论做出自我阐述时首先提到使用与满足模式。之前的强大效果论研究多是从传播者的角度来研究具体的传播效果。然而，卡兹认为，现在的传播学研究应当以传播者与受众二者为中心来展开效果研究。卡兹建议，如果效果研究要拯救自己，必须将问题改成"人们用媒介来做什么"（What do people do with the media），即将研究的注意力放在受众如何"使用媒介"上。他举出贝雷尔森等人在这方面已经完成的一些研究项目来加以证明。❶

1964年，布卢姆勒和麦奎尔以使用与满足理论作为总体研究策略，对当年英国大选中政治节目的作用进行了研究，以解答以前的选举研究中提出的挑战性问题，如大众媒介的选举宣传对选民的影响效果很小等。研究发现，受众将政治节目作为自己了解政治事务的信息来源，这便对早期研究认为人们使用大众媒介主要是为了加强原有态度的结论提出了质疑。❷

第三，使用与满足理论趋于成熟。20世纪70年代，使用与满足理论重新受到学者们的重视。焦点问题包括：使用与满足的过程，受众的动机与受众的期望如何发生联系，社会环境对使用与满足的影响，等等。这个时期由媒体的使用与满足研究转向理论建构。并且，学者们开始把使用类型与社会的需求和社会心理的需求联系在一起。最为著名的是麦奎尔、布卢姆勒和布朗的研究，他们把受众看电视的动机归纳为转移和消遣、逃避或感情释放。人际关系：电视可以代替社会交往，为个人提供学习参照，并且可以用于与他人交往；个人身份：将电视中的人物和事物作为参照，探索现实，强化既

---

❶ 陈龙. 大众传播学导论[M]. 4版. 苏州：苏州大学出版社，2013：229.
❷ 段鹏. 传播学基础：历史、框架与外延[M]. 1版. 北京：中国传媒大学出版社，2006：231.

有价值观;环境守望:获得信息和新闻。❶受众使用的目的更加丰富,满足的类型也日渐多样。

第四,使用与满足理论思想精髓。使用与满足理论从受众心理动机角度出发,结合社会学和心理学相关知识,对人们使用媒介以得到满足的行为进行解释,提出受众接受媒介的社会原因和心理动机。陈龙教授总结使用与满足理论的基本观点如下。(1)心理与社会需求的满足。它探讨"需求"的社会及心理起源,因这些需求而产生出对"大众媒介或其他来源"的期望,导致不同的媒介暴露形态,而造成需求的满足及其他的结果,其中大部分可能是无意的结果。(2)透过大众媒介的消费。"使用与满足"理论使受众具有一种基本的社会互动需求,从经验中,它期望某种大众媒介的使用可以满足某些需求,这会导致人们去观看某些电视节目、阅读某些形式的杂志内容等。在某种情况下,会造成需求的满足,但是也同样可能造成对媒介的依赖和习惯的改变。❷

(二)理论延展

使用与满足理论作为传播效果研究的重要转向,开启了从受众角度出发研究传播效果的先河。然而,对于使用与满足理论的批判声音仍旧存在。帕尔姆格林认为"这种研究从根本上是缺乏理性的"。❸其他学者也批判卡兹对于使用与满足理论的研究缺乏实证基础,他的研究策略只不过是在收集资料罢了,而很少去深究受众需求产生的前提条件。卡兹本人也承认:"'使用与满足'仅仅代表了某些尝试解释:个人在其生活的环境中使用传播以满足他们的需要或达到某种目的;在研究方法上仅仅是'问问'这些个人而已。"❹由此可见规范的研究方法的重要性。随着研究的深入,使用与满足理论涉及的受众心理需求的合法性存在质疑。这些批评主要集中在以下两点。

第一,使用与满足理论所提出的受众需求是一种伪需求。这种需求是被

---

❶ 刘海龙.大众传播理论:范式与流派[M].北京:中国人民大学出版社,2008:274.
❷ 陈龙.大众传播学导论[M].4版.苏州:苏州大学出版社,2013:228.
❸ 帕尔姆格林.利用与满足的理论研究[M]//常昌富,李依倩.大众传播学:影响研究范式.关世杰,等译.北京:中国社会科学出版社,2000:235.
❹ 卡兹,布卢姆勒,古列维奇.个人对大众传播的利用[M]//博伊德-巴雷特,纽博尔德.媒介研究的进路:经典文献读本.北京:新华出版社,2004:200.

决定的，而不是受众自身来决定的，过于强调了受众的主动性。法兰克福学派的观点最为直接，就像霍克海默和阿多诺所宣称的那样，一切大众文化中所谓的个性都是伪个性，所谓的需求都是伪需求。"在文化工业中，个性就是一种幻想，这不仅仅因为生产方式已经被标准化。个人只有与普遍性完全达成一致，才能被容忍，才是没问题的。社会所依凭的每个人都带上了社会的烙印，他们看似自由，实际上却是经济和社会机制的产品。"❶

第二，使用与满足理论过分强调功能主义。在《大众传播模式论》第一版中，麦奎尔便指出了使用与满足理论的功能主义取向。"使用与满足研究主流的本质是功能主义的，即假设手段（媒介使用）和目的（满足感）之间的逻辑关系是可以被找到和测量的。"❷它简化了人与媒介之间的关系，无法反映出内容本身的作用，忽略了媒介内容的文本与文化特性❸，忽视了人作为主体的丰富性，缺乏对受众使用过程的完整把握。

同样，也有学者认为，使用与满足理论会在受众主动性被大大解放的新媒体时代进一步发展。沃纳·赛弗林在新媒体时代来临之前就曾经预测："当我们进入信息时代时，媒介使用者开始拥有越来越多的选择机会，使用与满足理论也可能有机会成为自成一体的理论。"❹ 胡翼青对此也同样持有乐观的态度，"网络给予受众以一个全新的信息环境，受众搜索信息的主动性前所未有地增强了，受众在信息传授过程中的主体性也得到了充分的张扬"❺。受众对新媒体的使用程度与满足程度都大大加强，网络媒体更具有使用与满足理论特征。

第三，新媒体使用与满足类型的变迁。首先，受众使用媒介满足其自我表达的需求。在新媒体时代，受众的主动性大大提升，传播权力的下放使得受众变为产销者。他们不再只是被动的接收信息，而是成为传播的主体。例如，在微博、博客等公共传播平台，用户可以比较方便地发表观点、分享日常生活。而在微信等私人传播领域，用户对其传播内容的主动性更强，分享

---

❶ 霍克海默，阿道尔诺.启蒙辩证法：哲学断片 [M].上海：译文出版社，2006：140.
❷ 麦奎尔，温德尔.大众传播模式论 [M].上海：译文出版社，1997：108.
❸ 同❷。
❹ 赛佛林，坦卡德.传播理论：起源、应用与方法 [M].北京：华夏出版社，2000：330.
❺ 胡翼青.论网际空间的使用满足理论 [J].江苏社会科学，2003（6）：204–208.

文章、传播多种信息。这些传播行为本身便可以满足受众自我表达的需求。其次,受众使用媒介可以满足其自我实现的需求。新媒体传播权力的特征使得受众有机会传播独到的见解,获得社会认同,积累社会资本,形成自身的品牌,产生品牌效应。最后,受众使用媒介可以满足其参与社会治理的需求。受众可以在社交平台、网站等针对特定事件发表意见,在信息不断积累的情况下形成合意。

(三)案例解析:基于使用与满足理论的微信使用行为与效果研究 ❶

微信等社交平台的快速发展迅速改变了人们的阅读、交往习惯。而使用与满足理论作为以受众为中心研究传播效果的典型理论则在这一改变中得到了丰富与发展。本案例文章选取微信使用者作为研究对象,从人际传播的角度勾勒出微信使用者的行为特征以及对其人际关系发展的影响。❷

本案例文章结合不同受众群体对微信的使用功能、满足程度等,通过对微信使用群体进行在线问卷调查,通过样本分析发现,我国微信用户群体的主要使用模式为两类:基于信息与社交需求的工具性使用和基于娱乐与消遣需求的仪式性使用。其中,基于信息与社交需求的使用模式与人们的线下社会资本以及生活满意度呈现正相关,而基于娱乐与消遣的使用模式对于社会资本无显著影响,但是却可以提高生活满意度。另外,本案例文章还发现微信用户中女性更倾向于娱乐性的仪式使用,从而生活满意度更高。❸

20世纪70年代,卡兹等人便意识到了受众接触媒介的主动性,这与当下用户主动性进一步提升不谋而合,卡兹为我们研究用户使用媒介需求提供了基础。然而,新媒体时代下,传统的传播学理论遭遇合法性危机,需要我们结合当下用户习惯、传播环境等因素的变化进一步思考。使用与满足理论的适用性以及不适用性需要更多的学者继续探索。

(四)科研训练

结合使用与满足理论,选择抖音、快手、微博等社交媒体平台作为研究

---

❶ 郭羽,伊藤直哉.基于使用与满足理论的微信使用行为与效果研究[J].新闻界,2016(8):54-57.

❷ 同❶。

❸ 同❶。

对象，探讨在新媒体时代下使用与满足理论的新特征。

［1］帅静.新媒体语境下"使用与满足"理论的发展［J］.视听，2017（9）：129-130.

［2］郭羽，伊藤直哉.基于使用与满足理论的微信使用行为与效果研究［J］.新闻界，2016（8）：54-57.

［3］宋琳琳，刘乃仲.论网络媒体的使用与满足［J］.新闻爱好者，2009（6）：50-52.

［4］胡翼青.论网际空间的使用满足理论［J］.江苏社会科学，2003（6）：204-206.

［5］陆亨.使用与满足：一个标签化的理论［J］.国际新闻界，2011（2）：13-20.

八、涵化理论

（一）理论溯源

20世纪初，电影是最主要的视听娱乐媒体。众多社会学家、心理学家等相继研究媒介对人的影响，由此诞生了佩恩基金会研究、火星人入侵地球等研究。佩恩基金会研究发现，"大部分电影内容涉及犯罪、性与爱情，儿童对电影内容记忆深刻，其态度也会受到电影的影响，甚至还对儿童的行为方式有示范作用"❶。

电视普及初期，施拉姆等学者研究了儿童对电视的使用，揭示了社会阶层、智商、社会关系对电视效果的影响。20世纪60年代，由于美国公众对电视暴力影响的关注，国家暴力起因与防治委员会在调查中对电视黄金时段节目中的暴力内容进行分析，并且将其与现实世界进行对比。在这一研究项目中，格伯纳的电视内容分析为培养分析奠定了良好的基础。❷

格伯纳的内容分析发现，1967年和1978年黄金时段的电视节目充满了暴力。同时，研究者还发现，节目中的暴力内容在形式和程度上有所差异。比如，有些暴力内容的镜头不算多。但是，出现的镜头内容都十分残酷。

---

❶ 刘海龙.大众传播理论：范式与流派［M］.北京：中国人民大学出版社，2008：242.
❷ 同❶。

因此，研究者将娱乐节目分为三种类型，分别是西部片、喜剧片、卡通片，其中尤以西部片出现的暴力内容占比最高。

1969年，格伯纳等人开始尝试针对电视对受众的影响进行研究。也就是在此次研究中，他提出了著名的"涵化理论"，并且开始探究电视与社会化进程之间的直接关系。格伯纳的理论思路是：社会结构和媒介之间存在着一种关系，文化变迁起源于科技革命后带来的讯息生产，而这种大众产品经过快速的分配后，创造了新的符号环境。而格伯纳想要发展的"文化指标"正是一套标志变迁的符号环境系统，目的在于帮助政策决策者知道有效的社会行为。[1]

格伯纳的研究时代，电视已经成为人们日常生活的一部分，人们下班后会自觉观看电视，但是并不会在意电视对自己做了什么。然而，电视中的内容会影响人们对现实世界的认知。格伯纳等人发现，在美国人口中，警察和警探在人口中的实际比例是1%。但是，因为他们在电视中出现的频率远远比在现实生活中高，这就导致59%的重度观众认为上述群体在人口中所占的比例是5%，轻度观众中持有同样看法的只有50%。这便间接证明了涵化理论——接触电视较多的人会比接触电视较少的人更容易认同电视所描绘的世界，而电视所描绘的世界又基本存在一种普遍的规律，即都在灌输社会中的主流意识形态与文化价值。[2] 由此，格伯纳的理论可以分为以下三个层次。

（1）看电视较多者会比看电视较少者更觉得世界是丑陋不堪的。格伯纳等人通过分析发现，由于电视节目中有大量的暴力内容，且暴力事件多是源于劫财劫色，所以多看电视的人对他人的不信任感与距离感也会与日俱增，并且，这种感觉与受众接触电视的时间呈正相关关系。

（2）电视所描绘的世界跟真实世界截然不同。格伯纳曾运用控制实验法对多看电视者跟少看电视者进行比较，结果表明，看电视多的观众与看电视少的观众相比，更容易根据电视呈现给他们的生活状态来做选择。在他们看来，电视所描绘的世界与现实世界存在着很大的差异，但是似乎电视中所描绘的世界更可信。[3]

---

[1] 陈龙.大众传播学导论[M].苏州：苏州大学出版社，2013：250.

[2] 同[1]：254.

[3] 同[1]：255.

（3）看电视较多者对世界的认知与电视所描绘的情形十分接近。安南堡研究小组成员摩尔根指出，在电视节目中，男女性别角色塑造一直十分传统。即，女性被局限于家庭、爱情或低层次的工作中。看电视较多的观众较容易认同传统的观念：女人在天性上对家事及照料家庭感到快乐。从而形成所谓的性别刻板印象，并对此深信不疑。❶

（二）理论延展

20世纪五六十年代之后，美国电视迅速普及，电视逐渐成为最具影响力的大众媒体。"格伯纳开创性地运用实证研究方法阐释了客观现实、媒介现实、主观现实三个现实的关系，验证了李普曼关于'媒介拟态环境'的认识论假说。涵化理论不关注具体的节目类型短期对观众的效果，而是关注电视作为整个信息系统对观众的长期影响。"❷同时，涵化理论认为媒介最主要的效果并非在改变受众，而是维持某种社会结构，使观众对世界的认知符合既有的价值规范和政治经济文化秩序。它的效果不在于使受众产生变化，而是要使受众不发生变化。❸研究认为，"它揭示了媒体与大众传播的社会属性，即媒体传播是为在社会中占统治地位的群体所代表的意识形态服务，并且对这种服务于强势团体的传播秩序提出批判"❹。

涵化理论也受到各方的批评。纽科姆指出，涵化理论对暴力内容做了过于简单化的处理，对不同的观众来说，暴力的意义是不一样的，暴力对他们的影响也是不同的，但是涵化理论却没有分析这些差异。英国学者沃勃用同样的方法研究了英国电视涵化效果，研究结果却没有支持格伯纳的结论。这些批评的根本原因在于涵化理论研究跨越了实证与批判两个范式。从形式上看，该研究采用了实证研究的方法证明自己的结论。但是，从理论内核来看，它又是一个宏观的、批判的理论，其直指整个社会的权力结构与意识形态控制，实证调查的结果与宏观结论之间的逻辑链难免脱节。❺

---

❶ 陈龙.大众传播学导论[M].苏州：苏州大学出版社，2013：256.
❷ 周红丰.涵化理论研究现状及其趋势探讨[J].新闻传播，2012（5）：20-22.
❸ 同❶：258.
❹ 刘晖.略论培养分析的矛盾性与理论修正[J].当代传播，2011（3）：59-61.
❺ 刘海龙.大众传播理论：范式与流派[M].北京：中国人民大学出版社，2008：254-255.

第一，电视时代单向涵化。我国学者也对涵化理论进行分析，并且探究涵化理论的新发展。涵化理论是电视时代的产物，认为电视在共同信念、价值观以及意识形态的培养涵化上扮演着极其重要的角色。❶但是，电视属于传统媒介，它的互动反馈机制较差，涵化的作用机制是自上而下的。新媒体的出现使得涵化理论遭遇了合法性危机。传统的涵化理论体现出一种单向度的受众观。研究认为，"大众传播媒介构造了一个秩序井然而又危机四伏的社会生活环境，在这样的环境里，普通人只能作为媒介的受众和舆情检测的对象，受控于一个意识形态和强权体系，他们植根于电视符号世界的模式得出真实世界的经验"❷。

第二，新媒体时代的双向涵化。新媒体消解了传播者与受传者之间的界限，越来越多的人成为传受结合体。新媒体时代，受众的主体性面向正在强势回归，涵化理论的培养过程也由单向向双向转变。早期涵化理论认为观众的心理变化是简单而抽象的，而新媒体重构了用户的兴趣与行为，使得用户日益分化、小众化，媒介信息整体分析技巧应该得以改善，需要更有针对性的测量标准解释不同层面的媒介信息对受众认知的影响。❸例如，当下正热的算法推荐技术便是此观点的体现。"今日头条"推出了"你关心的，才是头条"的口号，为用户打造"个人日报"。

传统的涵化理论认为只有媒介涵化受众，而于博提出了"媒介涵化受众"与"受众涵化媒介"的双涵化过程。由于网络的便捷性、实时性、交互性，受众可以亲自参与到网络虚拟环境的构建过程中，媒介内容和展现方式会根据受众需求的反馈而进行调整，所以，大数据时代是"受众决定媒介"。同时，"媒介涵化受众"与"受众涵化媒介"是一个不断循环、互相影响的自我涵化过程。❹媒体可以根据用户的喜好生产推送内容。同时，用户接收信息之后又可以通过反馈信息来影响甚至参与到媒介内容的生产过程之中，这其中是多种向度的涵化过程。大数据时代整个涵化过程就是受众本身以自

---

❶ 摩根，尚翰，龙耘. 涵化研究的两个十年——一个总体评估和元分析（上）[J]. 现代传播（中国传媒大学学报），2002（5）：14-22.
❷ 罗佳. 网络时代"涵化理论"的继承与挑战[J]. 新闻传播，2014（4）：208.
❸ 罗佳. 网络时代"涵化理论"的继承与挑战[J]. 新闻传播，2014（4）：201.
❹ 于博. 新媒体时代涵化理论的新发展[J]. 新闻研究导刊，2016，7（24）：119.

我为中心点不断被媒介涵化以及自我涵化的过程。❶

（三）案例解析：新媒体语境下涵化理论的模式转变 ❷

新媒体环境重构了传统的传播形式、传播内容、传播模式、接受方式，使得传统的经典理论遭遇了挑战。涵化理论是否能够应对新媒体的挑战，在全新的环境中仍然具有阐释力？早期的线性涵化模式发生了怎样的转变？是否会影响到涵化理论的研究视角？本案例文章通过对传统媒体与新媒体环境的对比、受众观的转变，以及社会背景的变化，分析涵化理论的变与不变。新媒体环境下涵化理论出现了明显的模式转变，这种转变不是单个研究者内省式的发明，而是众多研究者在媒体新技术的现实背景下对早期涵化理论进行的反思与重构。新模式使涵化理论更具有阐释力与宽容度，它仍然坚持电视的涵化效果，但涵化效果发生的作用方式不再是线性的、单向的、整体的，而是动态的、多元的、分化的。❸

首先，本案例文章对传统的线性涵化模式进行反思。总结出早期线性涵化模式的基本特点，即单向性、整体性、线性。从传统涵化理论的作用机制以及基本观点出发，结合当下媒介发展的新特点来论证涵化理论的三个基本前提在新媒体环境下遭遇的挑战与机遇。本案例文章探讨了电视涵化的认知模式构建。本案例文章从受众地位的转变——被动到主动，单向到双向，来探讨传播媒介对受众现实感知的影响。

最后，本案例文章探讨电视涵化的批判模式转向。本案例文章认为，涵化多元认知模式与霍尔的"编码—解码"模式有暗合之处，并在新媒体语境下实现了内涵上的突破。其一，观众主动性带来涵化效果分化，涵化向度由单向度整合变成双向度批判；其二，技术创新和媒体变革带来涵化关系深化，涵化基础在政治经济权力之上增加了技术权力控制。这两个方面的突破将批判性融入涵化理论，使其从单纯的媒介效果理论发展为综合视角的社会理论。❹

---

❶ 于博.新媒体时代涵化理论的新发展[J].新闻研究导刊，2016，7（24）：119.
❷ 石长顺，周莉.新媒体语境下涵化理论的模式转变[J].国际新闻界，2008（6）：56-59.
❸ 同❷。
❹ 同❷。

格伯纳等人在20世纪70年代便提出了涵化理论，关注电视对受众的现实感知的影响，并且具有一定的批判性。涵化理论虽然遭遇了合法性危机，但是，媒介对受众的涵化作用仍然存在。在新媒体时代，传统的传播效果理论日益受到挑战，我们不应当固守传统的经典理论的观点，应批判性地看待问题，以此来发掘我们的学术想象力，探索更新的传播规律。

（四）科研训练

结合该理论，参考下面的文章，选择更新的典型研究对象，设计一个研究思路（包括研究价值、研究假设、论证方法、写作思路等），探讨在新媒体时代下"涵化理论"的意义与发展。

[1] 刘晖. 略论培养分析的矛盾性与理论修正 [J]. 当代传播，2011（3）：61-63.

[2] 邓昕. 新媒体环境下的涵化理论检视 [J]. 今传媒，2014（4）：108-110.

九、沉默的螺旋理论

（一）理论溯源

1974年，德国传播学家、政治学家、民意调查研究所——阿伦斯巴赫研究所所长伊丽莎白·诺埃尔-诺伊曼在《重归大众传播的强力观》论文中最早提出"沉默的螺旋"这个概念。1980年其在《沉默的螺旋：舆论——我们的社会皮肤》中又进一步做了阐释。阿伦斯巴赫研究所是德国第一家民意调查研究所，至今在民意测验与舆论调查领域都处于领先地位，尤其著名的是其对于德国大选的预测。

1965年，德国进行议会重组的选举。主要竞争者为社会民主党与基督教民主联盟和基督教社会联盟的联合战线。在整个竞选过程中，两方的民意支持率一直处于持平的状态，但在最终的投票环节上，发生了"雪崩现象"——后者以绝对的优势战胜了前者。当时恰好诺伊曼是阿伦斯巴赫研究所所长，他认为虽然双方的支持率一直保持稳定状态，但是对于基督教两党联合战线获胜的估计却形成了多数意见，正是这种多数意见的压力导致了最终投票时的雪崩现象。正是针对这场竞选研究，催生了沉默的螺旋理论。

诺伊曼强调，人的天性是害怕孤立，当人们发表意见时会先评估自己的意见处于优势还是劣势。当发觉自己的意见属于"少数"或处于"劣势"时，可能为防止孤立而保持"沉默"。"劣势"一方的沉默造成"优势"一方的增势，如此循环往复，便形成一种螺旋发展过程。❶

陈力丹教授认为，由于大众媒介具有一定的权威性，传播的内容具有公开性、显著性、持续性，它们所提示的和强调的意见很容易被视为主流意见。这种认知带来一种心理上的压力或对安全感的需求，使得多数公众在公开表达意见时采用媒介上不断重复的词汇和观念，并产生判断和行为上的连锁反应。于是，大众媒介在引导舆论的过程中获得了一种控制舆论的社会机制。❷

诺伊曼提出沉默螺旋的四个假定：（1）社会使背离社会的个人产生孤独感；（2）个人经常恐惧孤独；（3）对孤独的恐惧感使得个人不断地估计社会接受的观点是什么；（4）估计的结果影响了个人在公开场合的行为，特别是公开表达观点还是隐藏起自己的观点。❸由此形成、巩固和改变公众观念。诺伊曼在以上四个假定的基础上，发展成一整套以沉默螺旋假设为核心的舆论学说。主要有以下三点：第一，个人意见的表达是一个社会心理的过程；第二，意见的表明和"沉默"的扩散是一个螺旋式的社会传播过程；第三，大众传播通过营造"意见环境"来影响和制约舆论。❹

（二）理论延展

第一，争议的焦点。诺伊曼强调，人对孤独的恐惧、对强势意见的知觉、对意见未来趋势的评估，以及公开表达个人意见的意愿强度等，是"沉默螺旋"现象产生的主要原因。但是，也有学者认为这一理论假设不够全面，问题的性质、社会文化传统和现实意识形态的特点等也是重要影响因

---

❶ NEUMANN ELISABETH NOELLE. The spiral of silence : public opinion and our social skin [J]. American journal of sociology, 1986, 91 (6)：1496–1499.

❷ 陈力丹. 沉默的螺旋理论简说 [J]. 当代传播，1999（4）：32-33.

❸ 常昌富，李依倩. 大众传播学：影响研究范式 [M]. 关世杰，等译. 北京：中国社会科学出版社，2000：140.

❹ 郭庆光. 传播学教程 [M]. 2版. 中国人民大学出版社，2011：200，201.

素。首先，问题的性质。当问题涉及公众切身利益时，即使处于劣势也会坚持发声。其次，当公众对某个问题较为了解，且处于自由发表意见的文化传统下，少数意见也会发声。最后，当公众属于某些组织严密的社团、宗族时，即使媒介的意见与该社团的宗旨相悖，公众也可能敢于坚持发表与媒介相左的意见。由此可见，媒介"制造舆论""打造舆论""造声势"等将可能受到挑战。❶

第二，新媒体环境下的理论变迁。新媒体环境下，沉默的螺旋理论还会存在吗？刘海龙教授认为，网络空间沉默螺旋的心理机制仍然存在，网络传播与现实传播具有相似性。（1）个人依然恐惧被孤立。（2）网络传播具有"公开性"的特点。（3）网络空间中依然存在群体与群体规范。（4）ID是个人主体性的载体。❷ 网络环境也给沉默的螺旋理论带来一些变化，一些学者提出了"反沉默螺旋"的概念。在网络传播时代，由于受众的主动、中坚分子和意见领袖的坚持、网络环境的自由等因素，受众在面对"强势意见"的压力下，不再沉默下去，而是勇敢地表达自己的意见。随着事件的深入发展，相同看法的人们会组成一个队伍，去影响其他人接受这个意见，从而"弱势意见"越来越强大，直至战胜"强势意见"，使得舆论发生逆转，"反沉默螺旋"就此形成。❸

新媒体环境下，针对沉默的螺旋理论，主要有两种观点：一种观点认为沉默的螺旋会减弱。沉默的螺旋形成的关键在于，人们迫于群体的压力，在感知优势意见后，选择表达相同的意见，或隐藏不同的意见，使优势意见形成强势舆论。在网络时代，普通大众拥有更多的传播渠道和能力、更开放和多样的网络空间，群体也由大群体细化为小群体，每个人都可以参与规则的制定。传统的文化受到冲击，正在被网络文化所消解和重构。网络空间的大众正在重构新的规则——网络规则消除了被孤立的可能性，不同群体之间的意见论争也变得越来越频繁，形成不同的声音。另一种观点认为沉默的螺旋会加强。任何信息的传播都离不开背后的资本、知识和权力。精英群体具有

---

❶ 陈力丹．沉默的螺旋理论简说［J］．当代传播，1999（4）：32-33.

❷ 刘海龙．沉默的螺旋是否会在互联网上消失［J］．国际新闻界，2001（5）：62-67.

❸ 关峥．邢智杰．反沉默螺旋体现与引导舆论研究［J］．传媒论坛，2019（20）：90-91.

更大的定义事实和价值的可能性。他们会将少部分人的观点通过技术性的手段包装成优势意见，普通公众要么跟随，要么沉默，由此建构新的沉默的螺旋。

（三）案例解析：当代视域下"沉默的螺旋"理论的反思❶

以往对诺伊曼"沉默的螺旋"理论的研究对于舆论理论的发展具有重要意义。尽管"沉默的螺旋"理论被舆论研究者所熟知，但它难以测试沉默效果。本案例文章主要采用了内容分析法，力争探究沉默的螺旋理论在现代社会的应用存在哪些局限性。

沉默的螺旋理论在现代社会的应用存在一定的局限性。第一，诺伊曼青年时代在纳粹党的生活经历对于她后来的理论影响很大。第二，环境的变迁。当时的生活环境与现在的生活环境存在差异性。第三，跨文化方面的问题。诺伊曼忽视了文化、地区的差异对于个人沉默效果的影响。第四，诺伊曼忽视了社会事件的类型、性质及人的个体性差异对意见表达的影响，只是将人们的意见表达行为简单地划分为意见表达和沉默。

本案例文章首先交代了核心概念和前提假设。其次，分析主流媒体的变化与沉默的螺旋理论的现实困境。本案例文章认为："沉默的螺旋理论的核心概念（诸如害怕孤立、意见气候、准感官统计、中坚分子、前卫派等）并未过时，只是其中的内涵发生了改变，注入了新的交往内容，需要根据新的交往环境进行观察、测验并加以修正。"❷后来，本案例文章分析具体的问题、理论的局限及其面对的新问题。

（四）科研训练

参考下面的文章，以典型案例为研究对象，探究反沉默螺旋的运行机制。

[1] 朱珉旭.当代视域下"沉默的螺旋"理论的反思[J].国际新闻界，2014（1）：66-75.

---

❶ 朱珉旭.当代视域下"沉默的螺旋"理论的反思[J].国际新闻界，2014（1）：66-75.

❷ 同❶。

[2]高宪春,解葳.从"消极沉默"到"积极互动"新媒介环境下"沉默的双螺旋"效应[J].新闻界,2014(9):43-50,54.

[3]方亚论.沉默的螺旋理论在网媒语境下的适用困境[J].长春工业大学学报社会科学版,2010(11):106-108.

十、第三者效果理论

(一)理论溯源

第二次世界大战期间,美国哥伦比亚大学社会学及新闻学教授戴维森发现了一个奇怪且有趣的现象。一支由白人军官率领的美国黑人士兵要与日本对战,当时,美国黑人以及白人士兵驻扎在一座小岛上。日本知道美国士兵驻扎在此之后便向这座小岛空投宣传单,宣传单上的主要内容是:日本和有色人种没有冲突跟过节,并且呼吁黑人不要为白人效力,不要因此献出自己的生命,奉劝黑人应当逃跑甚至投降。第二天,这支美国军队还未开战就已经撤出了该地区。原因是白人军官担心黑人士兵会受其影响而被迫撤退。❶后来发现,传单其实对黑人士兵并没有产生影响,因为在随后的战斗中,黑人士兵依然表现英勇。但白人军官和上级指挥部门却担心日军的心理战会在黑人中产生效果。戴维森认为,这就是第三人效果的显著体现。

不久后,在选举中,他担心选民受到其他党派宣传材料的影响。但选举后分析却表明,这些宣传材料对选民的影响不大。戴维森开始思考其中的原因。❷在一个讨论联邦德国媒体对政策影响的课堂上,戴维森问在场的记者,他们是否认为联邦德国报纸的社论对读者产生了重要影响。有人这样回答:"这些社论对你我这样的人,没有什么影响,但是对普通读者的影响却巨大。"❸从1978年开始,戴维森就开始研究记者为什么会说出这句话,最后提出"第三人效果"理论。

戴维森在《传播中的第三人效果》一文中提出:人们在判断大众传播的影响力时存在感知定式,即倾向于认为大众媒介的信息对"他"人产生的影

---

❶ 刘海龙.大众传播理论:范式与流派[M].北京:中国人民大学出版社,2008:213.
❷ 乔丽荔."第三人效果"理论研究述略[J].学理探讨,2013(12):60-62.
❸ 同❶。

响更大。戴维森称之为"第三人效果"。戴维森的"第三人效果"假说有两个层面含义：一是认知层面，即人们倾向于认为大众媒介所传递的信息对他人的影响巨大，但是对你我的影响较小；二是行为层面，预期传播信息对他人行动产生影响。❶因此，诸如抢盐风波等事件均与第三人效果有关。

（二）理论延展

针对"第三人效果"假说，学界后续研究也产生了一系列成果，具体如下。

第一，"第三人效果"假说属于强效果论，并强调认知过程的复杂性、引发行动的多样性和不确定性、对环境和信息的依赖性、讯息致效的间接性。❷"第三人效果"理论提醒我们，大众传媒既要及时传达危机信息，履行"环境守望"的社会功能，又要以慎重、负责的态度处理危机信息，防止引发社会混乱。

第二，"第三人效果"假说自提出之后也受到很多质疑，主要集中在两个问题上：其一，它产生的原因和机制究竟是什么。上文给出了影响第三人效果的诸多原因，但是真正的原因是什么还需要学者们的进一步研究。其二，第三人效果是不是由测量方法的不当导致的。第三人效果在调查时既要询问被调查对象对自己的估计，也要询问他们对别人的估计，而这就可能造成心理暗示，导致被调查者得出调查者希望看到的结论。❸研究者随后也提出了"第一人效果"假说。

第三，研究认为，"第三人效果"产生的原因主要包括三个。（1）媒体偏见。即一个议题的两方都会认为媒体是带偏见的，倾向于反对他们一方的观点。（2）多元无知。即在不知道其他人意见的情况下，如果个人假定他们实际上是孤立地持某些特定态度和期望，则可能是因为他们假定其他人都被大众媒介"洗脑"了。（3）"自我强化"偏见。在进行自我评价和评价他人时，认为自己比别人更能抗拒说服性。❹此外，刘海龙教授还总结其他因素

---

❶ 庄瑜虹."第三人效果"假说的理论变迁与发展探讨[J].传媒新论，2013（2）：34-35.

❷ 同❶。

❸ 刘海龙.大众传播理论：范式与流派[M].北京：中国人民大学出版社，2008：217.

❹ 沈亚圆."第三人效果"传播理论研究概述[J].传媒论坛，2018（20）：119-121.

也会影响第三人效果出现的强弱程度。❶一是受个人对讯息的评价影响。当人们认为某讯息对自己不利时，他们不承认讯息对自己有影响，但是却认为对其他人有影响，比如电视暴力等讯息。二是受社会距离影响。第三人效果中的他人除泛指其他人之外，也可以指某个特殊的社会群体。三是受个人的自我形象感知影响。如果个人认为自己在受教育程度和知识经验方面有优势，则第三人效果更明显。四是受个人的群体归属影响。当个人对某一个群体认同度较高，且认为大众媒体对该群体怀有偏见时，容易出现第三人效果。

第四，由于"第三人效果"假说的作用过程以及影响因素的变化，网络环境下的"第三人效果"呈现出延时性的特点。网络事件暴发初期，由于人们对事件缺乏了解，此时的网络意见具有非理性。随着人们对事件逐步了解而转向独立的理性判断，网络意见开始具有"第三人效果"特征。人们容易过高估计自己的认知水平，而认为他人具有非理性，所以需要引导和纠正，随着网络事件的发展逐渐出现试图纠正其他网民的非理性意见。❷

（三）案例解析：青少年对广告负面影响的第三人效果研究❸

商品经济时代，商业广告无处不在。人们常常对这种"欲望经济"可能造成的负面影响感到担忧。然而，当他们被问及商业广告对自己的影响，尤其是对他们的购买决策的影响时，人们的回答通常是否定的。这种认为媒介对其他人的影响远远大于对他们自己影响的现象，就是"第三人效果"。人们为什么会夸大商业广告对他人的影响？这样的现象受哪些因素影响？这些问题就是该文的研究起点。

本案例文章采用问卷调查法，对厦门市两所中学和厦门大学的473名学生进行问卷调查，分析青少年对广告负面影响是否存在"第三人效果"。提出了三个研究变量，即第三人效果认知、社会距离、控制变量。

---

❶ 刘海龙.大众传播理论：范式与流派[M].北京：中国人民大学出版社，2008：215.
❷ 关德兵.网络环境下的"第三人效果"延时[J].国际新闻界，2009（2）：38-41.
❸ 曾秀芹，熊慧.青少年对广告负面影响的第三人效果研究[J].国际新闻界，2012（4）：19-24.

本案例文章研究结果显示：受访者认为广告对老年人的影响最小，对小学生影响最大。不同年龄阶段的受访者都存在第三人效果现象，并且不会随着年龄的增大而增大。但是，"自我"与"他人"之间的距离具有影响效果。❶

（四）科研训练

参考下面的文章，结合该理论，选择老年群体的养生类广告作为研究对象，验证是否存在"第三人效果"。设计一个研究思路，包括研究价值、研究假设、论证方法、写作思路等。

[1] 曾秀芹，熊慧. 青少年对广告负面影响的第三人效果研究 [J]. 国际新闻界，2012（4）：19-24.

[2] 关德兵. 网络环境下的"第三人效果"延时 [J]. 国际新闻界，2009（2）：38-41.

[3] 沈亚圆. "第三人效果"传播理论研究概述 [J]. 传媒论坛，2018（20）：119-121.

[4] 庄瑜虹. "第三人效果"假说的理论变迁与发展探讨 [J]. 传媒新论，2013（2）：34-35.

[5] 乔丽荔. "第三人效果"理论研究述略 [J]. 学理探讨，2013（12）：60-62.

十一、把关人理论

（一）理论溯源

1947年，库尔特·卢因在《群体生活的渠道》一文中正式提出"把关"的概念。所谓的把关人，是指具有让某一东西进来或出去之决定权的个人或团体。影响把关人的因素：一是人的认知结构；二是动机。到了1947年，卢因在《群体生活的渠道》中再次阐述"把关人"理论，但变化不大。

黄旦教授认为，卢因的把关人理论思想包含以下几点。（1）卢因的"把关人"概念是建立在"渠道理论"基础上的。由于事物的运动必须通过渠

---

❶ 曾秀芹，熊慧. 青少年对广告负面影响的第三人效果研究 [J]. 国际新闻界，2012（4）：19-24.

道,而渠道存在着不少关卡,也就存在"把关人"。(2)卢因的"把关人"主要针对人,尤其是个人。(3)研究"把关人"实际上就是研究导致把关人做出某一决定的因素。(4)影响把关的就是人的心理因素。[1]

怀特将把关人理论引入新闻传播学领域。怀特认为,新闻报道活动不是"有闻必录",而是存在选择和加工的过程。选择和加工就是"把关"的过程。怀特的"把关"研究仅局限于个人的心理因素,没能摆脱拉斯韦尔的线性传播模式的束缚,对于横向上的控制没能予以分析,忽略了把关的组织因素。且在研究对象的选择上,怀特忽略了新闻制作过程的诸多环节,而仅仅着眼于最后的生死定夺之时,是有失偏颇的。怀特首次将"把关人"研究引入新闻传播学领域,由此引发了后续的一系列有关研究。正如麦奎尔所说的,"怀特以此给研究传播者的整个学派命名。"[2]

在怀特的基础上,麦克内利对怀特的"把关"研究进一步完善,提出存在一系列把关行为,但他将各个环节的作用相等同,没能分清主次。

1969年,巴斯批评怀特所谓的"把关人"与卢因的原意不符。因为卢因所指的"把关人"是小群体中的一员,而电讯稿编辑是在现成的新闻稿中挑选,称不上是真正的"把关人"。由此,巴斯把整个新闻流动过程分为"新闻采集和新闻加工"两个阶段。即传播媒介的把关活动分为两个阶段,"新闻采集"和"新闻加工",后一环节更具有决定性意义,进一步完善了把关人研究。而吉伯认为,电讯稿编辑的"把关人"并不是怀特所说的完全按自己的主观意志行事的。相反,他受两方面的压力:一是信源的压力。二是新闻机构的压力。[3]麦奎尔在《大众传播理论》中认为,受社会合力的制约,媒介更加靠近社会的权力中心而不是其受众。[4]由此可见,社会权力中心具有把关功能。

(二)理论延展

网络传播技术带来把关的新特点,这些特点的探索也在一定程度上丰富

---

[1] 黄旦."把关人"研究及其演变[J].国际新闻界,1996(4):27-31.
[2] 麦奎尔,温德尔.大众传播模式论[M].上海:上海译文出版社,1987:135.
[3] 同[1].
[4] 德弗勒,鲍尔洛基奇.大众传播学诸论[M].杜力平,译.北京:新华出版社,1990:148-159.

和拓展了传统把关人理论的内涵。

第一，网络时代的网络把关主体及其把关行为具有新特征：

（1）个人层面：网民——自我把关，媒体工作者——传统把关人消极堵塞，但现在很多媒体人成了意见领袖，占据绝对主导地位。

（2）媒介组织：网络信息量虽然巨大，但仍是有选择的，是根据网站自身的定位筛选出来，并用各种相关的网络技术或编辑手段来体现自己的意图。网站的把关方式有：①通过对内容的选择来把关；②通过网站结构与页面的设计来把关（框架理论）。

（3）媒介外部组织及环境：政府和一些相关组织——法律法规和道德规范。网络传播中，被削弱的主要是政府的把关功能而不是专业新闻机构的把关功能。政府的直接控制力相对削弱，但是政府会通过各种各样的方式融入微观的"把关"中。

第二，网络把关手段的变化。（1）技术把关——屏蔽，隐蔽性把关；（2）延迟把关——删除，对相应"不良"信息的过滤；（3）软把关——版主、意见领袖作为参与者，引导舆论，防止网络成为不良舆论的温床；（4）信息内容的过滤与筛选——核实信源可信度，减少虚假信息；（5）议程设置与框架处理——结构与页面设计，内容选择、突出、置顶；（6）把关标准趋于市场化，把关成为一种商业行为——以受众喜好作为新闻的把关标准，增加点击率。搜索引擎也是一种商业行为的把关，如百度竞价排名。

第三，网络环境把关行为变化的原因。（1）把关人角色泛化：网络传播具有"去中心化"特征，把关主体泛化；网络传播具有交互性，传者和受者界限模糊。（2）把关的可行性弱化：网络传播注重时效性，难以实行把关；海量信息把关难度增大；网络的操作简单导致把关非组织化，新闻网站常常采编发合一，把关趋于弱化。（3）网络权力分化：网民权力强化，可以采集、制作、发布；编辑权力弱化；版主在网民和网编之间，靠人格魅力、影响力控制。

（三）案例解析：从微博看自媒体时代信息把关的变化[1]

网络媒体迅速发展，微博成了意见开放的平台，微博的把关也发生了重

---

[1] 吉卫华，杜丽婷. 从微博看自媒体时代信息把关的变化 [J]. 东南传播，2010（12）：61-63.

大变化。通过一系列网络事件的分析来阐述新媒体时代把关过程及其变化，以期厘清自媒体时代下的把关人理论的变化。本案例文章主要采用案例分析法进行研究，对"菲律宾人质事件"、江西抚州"宜黄自焚"等一系列事件在微博上的发展状态进行了分析。

首先，本案例文章由微博的特点引出微博的信息把关模式。其次，分析微博环境下网络把关的模式。从三个角度具体分析把关的变化：第一，自媒体把关滞后，受众个人成为把关人。第二，传统媒体把关人发生转变：传统把关人的把关时间延迟。传统把关人很难在消息发布前进行拦截，只能在消息发布之后进行把关；传统把关人的把关要求提高，网络海量信息，传统把关人要增加新闻敏感，及时把关。第三，传统把关人的把关方式多样。包括在信息发布后通过发表意见引导公众舆论，或在传统媒体上发布评论，以引导公众。最后，延伸到自媒体的多重把关：普通受众、微博平台、网民、传统的把关人等。

（四）科研训练

参考下面的文章，分析在新媒体时代下受众把关和媒体把关的区别与联系。

[1] 黄旦."把关人"研究及其演变 [J]. 国际新闻界，1996（4）：27-31.

[2] 刘丽芳. 微博客的传播特征与传播效果研究 [D]. 杭州：浙江大学，2010.

[3] 吉卫华，杜丽婷. 从微博看自媒体时代信息把关的变化 [J]. 东南传播，2010（12）：61-63.

第三章 批判学派

20世纪60年代，批判学派（Critical School）起源于欧洲，对于美国传播学的实用主义与实证主义进行批判。主要流派有德国法兰克福学派，英国伯明翰文化研究学派、政治经济学派等。另外，批判学派还发展了葛兰西的意识形态"霸权"理论。

批判学派的特点是：研究方法上，以思辨为主，强调定性、全面、宏观，反对实证主义；社会观念上，认为资本主义及其传播制度本身并不合理，大众传媒本质上是少数垄断资产阶级用来实现统治的意识形态工具，必须进行批判和改变；研究焦点上，关心为谁传播；传播体制和社会各要素间的关系，落脚点在传播意义。

1923年，德国法兰克福大学社会学研究所成立，其代表人物有霍克海默（M. M. Horkheimer）、阿多诺（T. W. Adorno）、马尔库塞（H. Marcuse）、本雅明（W. Benjamin）、哈贝马斯（J. Habermas）等。他们从马克思主义理论出发对资本主义社会进行宏观的、广泛的批判性研究。1934年，该研究所迁往美国。1949年，该研究所迁回法兰克福。

一、文化工业理论

（一）理论溯源

"文化工业"是法兰克福学派的代表性理论，瓦尔特·本雅明先关注这一问题并对其进行阐述。[1]他认为："无论多么理想化，我们也不可能在更高的艺术形式上赢得大众。只有在某种比较接近的大众的艺术形式上才可能赢

---

[1] 胡翼青.文化工业理论再认知：本雅明与阿多诺的大众文化之争[J].南京社会科学，2014（12）：127–133.

得大众。"[1] 本雅明认为大众文化不一定就是"更高的艺术形式",投射出对大众文化的批判。

1948年,西奥多·阿多诺和马克斯·霍克海默在《启蒙辩证法》一书中首次提出文化工业理论,认为大众文化是技术理性的产物,其雷同性扼杀了大众的创造力和自主性,并强制读者屈从和顺从,使大众认同文化工业的合理性。

《启蒙辩证法》是阿多诺和霍克海默流亡美国期间所著。流亡美国期间,阿多诺感受到兴盛的大众媒介冲击大众文化,并催生文化工业。在异国他乡,阿多诺预见人们受文化工业的影响而丧失反思的能力。因此,他在《启蒙辩证法》中以批判大众文化误导大众深陷大众文化表象的娱乐而不能自拔。[2]

第一,工业技术消解文化属性。阿多诺和霍克海默认为,文化工业凭借现代信息传播技术优势,支配着一种非自然的、异化的、假的文化,却与审美形式无关,培养大众顺从意识形态。文化工业的技术就是扩散和机械复制的技术,而不是文化本身。[3]

阿多诺站在传统的马克思主义立场上,认为晚期资本主义社会是以商品生产为特征的,文化生产资料的集中导致"文化工业"的产生,交换价值和利润动机具有决定性的因素。虽然,"文化工业"主要目的是获利的可消费性而非意识形态的操纵,却很容易和政治操纵结合起来。[4]

霍克海默、阿多诺和马尔库塞的研究都涉及文化工业,而且对文化工业基本上都持一种批判态度。文化工业是法兰克福学派对晚期资本主义社会大众文化的总称,是指由机械化、自动化生产技术生产的,是一种标准化的、大批量的、复制性的产品,以追求经济效益为目的,并潜在地把政治、艺

---

[1] 魏格豪斯.法兰克福学派:历史、理论及政治影响[M].孟登迎,赵文,刘凯,译.上海:上海人民出版社,2010:281.

[2] 潘璟玲.论法兰克福学派"文化工业"理论的起源与流变[J].新闻前哨,2019(6):88-91.

[3] ADORNO T W. The culture industry[M]. London:Routledge,2002:101.

[4] 陈卫星.从"文化工业"到"文化产业"——关于传播政治经济学的一种概念转型[J].国际新闻界,2009(8):6-10.

术、宗教、哲学与商业结合，具有商品的特征。

第二，文化工业的特征。1948年，阿多诺和霍克海默在《启蒙辩证法》中认为文化工业和利润原则、制作技术、公司经营和市场操作相关的产业结构，变成了"束缚意识"的手段：整个文化工业把人类塑造成能够在每个产品中都可以进行不断再生产的类型。❶阿多诺认为文化工业具有以下特征❷：（1）艺术生产的工厂化、工艺化或制作化，可量身定做、机械复制、批量生产。（2）艺术作品的商品化、消费化，从精神领域蜕化成只具使用价值的器物，却丧失了反抗和批判功能。（3）文化工业的大众传播形式具有两重性：表层具有自由、平等、幸福，反抗不公和极权主义等等，深层却传播给大众适应与接受现实秩序。（4）文化工业的升华是伪升华，用伪审美假升华遮蔽人性压抑的真实。（5）文化工业还具有伪个性主义特征。文化商品表层具有独创性和独特性，而其情感与形式却具有标准化、格式化以及风格的雷同性。（6）文化工业使工具理性完全凌驾于价值理性，使使用价值彻底臣服于交换价值。文化工业强调效用，在文化商品的交换过程中还追求价值增值的最大化。

（二）理论延展

徐贲认为，阿多诺所提出的"文化工业具有商品性，文化工业生产带来的标准化、同质化扼杀了个性，剥夺了人们选择的权利"等悲观论断混淆了法西斯极权统治和商品经济制度与社会主体关系的区别。此外，他还认为阿多诺的大众文化批判理论存在精英主义的倾向。❸他对文化工业理论和法兰克福学派始终秉持审视原则，有选择性地接受，用理性的态度对待大众文化。

《文化工业：作为大众欺骗的启蒙》中写道："资本主义生产严密控制着大众的身体和灵魂，而大众只是无助的受害者，别无选择。"❹这在一定程度

---

❶ 陈卫星.从"文化工业"到"文化产业"——关于传播政治经济学的一种概念转型[J].国际新闻界，2009（8）：6-10.

❷ 霍克海默，阿多诺：启蒙辩证法[M].洪佩郁，蔺月峰，译.重庆：重庆出版社，1990：131.

❸ 徐贲.走向后现代与后殖民[M].北京：中国社会科学出版社，1996：290.

❹ 霍克海默，阿多诺：启蒙辩证法[M].渠敬东，曹卫东，译.上海：上海人民出版社，2003：142.

上表明文化工业具有的标准化、同质化特征忽视了受众的能动性。受众可以根据自身喜好对大众文化进行选择，而不是被动消极地全盘接受文化工业所生产出的文化产品。徐贲坚持立足本国国情，不可一味照搬西方理论。

陶东风也对文化工业理论做出新的解读，他认为文化批判理论与中国大众现当代的大众文化现实存在一种明显的错位。❶ 也就是说，由于中西方社会文化、历史背景等差异，西方社会提出的文化批判理论与中国社会所普遍认同的文化在价值取向等方面存在着错位和脱节。作者认为法兰克福学派的批判理论可以"加以创造性转化以后用来分析与批判中国改革开放前思想控制与极权主义的意识形态"。而由于中国1980年以来的大众文化参与了思想解放与启蒙大众的过程，并对僵硬的主流意识形态构成了一种颠覆和反叛，所以很难成为批判理论的对象。❷ 因此，我们在学习借鉴西方文化批判理论时要清醒地认识到其与中国社会文化的兼容性，有所选择地进行学习。

阿多诺的文化工业理论是法兰克福学派的代表性理论之一，它对文化工业悲观主义进行了批判，指出文化工业的危害性在于消解大众的个性和判断力使大众思想趋于统一，他努力维护精英文化的权威性，给后人以警醒，提醒公众用辩证的态度对待文化工业。但是，该理论带有一定的片面性和极端性，阿多诺毫不留情的批判文化工业，只看到了文化工业的标准化和虚伪性而忽视了文化工业在一定程度上为大众带来的便利。除此之外，阿多诺的文化工业理论带有强烈的精英主义色彩。大众文化遍布社会各个角落，一切文化都具有通俗性，文化工业利用机械化手段不断复制文化产品，文化因此沾染上了商业气息。对此，阿多诺难以容忍文化的商品化，对文化工业进行了强烈的批判，他反对大众文化，力图回归精英文化。阿多诺认为，面对文化工业的强大攻势，大众是毫无抵抗力的个体，他们全盘接受大众文化所灌输的一切。这种看法忽视了大众的主观能动性，大众并不是不加思考的个体，他们有自己的思想，会根据自己的喜好来选择自己乐于接受的东西。大众文化虽然为受众带来了娱乐，但是受众并不会一直沉浸其中而是将大众文化作为一种解压工具。

---

❶ 陶东风.文化研究：西方与中国[M].北京：北京师范大学出版社，2002：58.
❷ 同❶：60.

（三）案例解析：传播新科技的隐性异化与魔力控制——"文化工业理论"新媒体生产再批判❶

新媒体时代，传播技术进步使得文化工业现象日益强化，但文化工业理论及其倡导的批判精神却日益淡化。在信息技术高度发达的今天，阿多诺的文化工业理论具有很强的现实指导意义。新媒体环境下，文化产品的工业化有何新表征？新技术引发哪些新的文化控制、欺骗与再生产手段？分析这些问题对理解文化工业理论的新特点有着重要作用。

本案例文章通过案例分析法，结合热门电视剧《三生三世十里桃花》《楚乔传》以及知名微信公众号咪蒙分析新媒体环境下文化工业的新特点。

首先，本案例文章提出了跨媒体整合的工业化以及"大规模定制"的工业化新特点。融媒体的出现使得文化产品可以通过多种渠道进行传播，作者通过《三生三世十里桃花》的例子来说明当下文化产业为了挖掘最大的商业价值，通过各种方式进行整合营销传播。

其次，为了应对观众的不同需求，文化产业也进行了相应的细分，文化产业根据受众的个性化需求进行定制服务，例如微信公众号咪蒙为迎合当代大部分女性的情感呼声，将自己塑造成一个懂得女性心声的形象，引发情感共鸣。它将大部分人的普遍需求以一种异化的形式进行包装、生产，从而推广给受众。

科技进步所带来的控制能力也随之增强了。在新的传播技术和资本的控制下，文化工业呈现出个性化虚假需求、参与式控制、代偿性满足等特点。

最后，本案例文章认为在当今文化工业现象日益加剧，文化工业理论式微的环境下，仍然要重扬批判理论，深刻揭露文化产业中的控制关系。本案例文章指出，要从文化工业批判的日常生活转向、延展"外向性批判知识"的文化工业理论、培养批判型受众对文化产业发展中的异化现象进行纠正。

本案例文章借用斯科特·拉什的话，指出信息时代的批判理论是失序、批判、再建秩序、再批判的循环发展，虽然批判并不能阻挡文化工业前进的

---

❶ 郝雨，郭峥．传播新科技的隐性异化与魔力控制——"文化工业理论"新媒体生产再批判［J］．社会科学，2019（5）：172-181．

步伐。但是却可以为它指明方向。因此，本案例文章将文章的落脚点放到呼吁我们重新树立起批判思想，让批判参与到文化工业生产的每一个环节，监督文化工业，削弱文化工业的控制作用，让文化工业在当今时代下更加健康地发展。

本案例文章也引发新的思考，阿多诺对标准化、齐一化、程式化的文化工业进行了激烈的批判，但是随着新科技的出现，文化工业遭遇了一种异化力量，即文化工业理论倡导的批判精神日益衰落。本案例文章深刻分析了文化工业在异化力量控制下呈现的新特征，并提出要弘扬批判精神，为文化工业指明道路。本案例文章从阿多诺文化工业理论引到文化工业的异化现象，引发了人们在新环境下的新思考。

（四）科研训练

参考下面的文章，结合文化工业理论以及新媒体环境下大众文化的发展趋势，分析文化工业和文化产业两者之间的关系。

[1] 胡翼青. 文化工业理论再认知：本雅明与阿多诺的大众文化之争 [J]. 南京社会科学，2014（12）：127-133.

[2] 陈卫星. 从"文化工业"到"文化产业"——关于传播政治经济学的一种概念转型 [J]. 国际新闻界，2009（8）：6-10.

[3] 郝雨，郭峥. 传播新科技的隐性异化与魔力控制——"文化工业理论"新媒体生产再批判 [J]. 社会科学，2019（5）：172-181.

二、单向度的人理论

（一）理论溯源

"向度"（Dimension）也可以翻译成"方向"或"维度"。"向度"本是数学概念，马尔库塞在《单向度的人》一书中用来描述当代发达的工业社会。他认为当代资本主义工业社会是一个"单向度"的社会，具有极权主义特征。生活在这个社会中的人也成了单向度的人，单向度的人就是那种对社会没有批判精神，一味认同现实的人。这种人丧失了自由和创造力，不再想象或追求与现实生活不同的生活。普通群众物质生活水平的提高，并不意味着精神压迫的消失，却可能被虚假的需求所操纵而丧失批判能力。

20世纪60年代，法兰克福学派代表人物马尔库塞在《单向度的人——发达工业社会意识形态研究》一书中提出"单向度的人"概念。指出发达工业社会是如何成功地压制了人们内心中的否定性、批判性、超越性的向度，使这个社会成为单向度的社会，而生活于其中的人成了单向度的人。其核心就是批判发达资本主义社会的意识形态。

马尔库塞认为当代工业社会存在明显的极权主义倾向，而单向度的人的出现则与社会的文化、思想、生活方式有着密切的联系。单向度的人的形成不是某一特定因素单方面作用的结果，而是整个社会多方面综合作用的结果。在当代工业社会，科学技术不断发展，生产力水平的提高带来了机械化水平的提高，工厂的机械化代替了人力，自动化生产开始出现。科技进步使得社会劳动生产率提高，也带来了传统体力劳动的减少。自动化生产取代手工生产，工人的劳动环境有了极大的改善，但同时也造成传统工人阶级的生活水平提高，这在一定程度上刺激了人们的消费欲望，人们开始享受这种舒适的生活，从而丧失了对生活环境的批判向度，变得顺从、适应、依赖。❶

在这样的社会中，人们逐渐失去了自主判断能力，成了只会单方面接受信息和一维思考的"单向度的人"。因此，单向度的思想是单向度的人形成的内在原因。在极权主义社会中，只有将自己的思想和主流的意识保持一致才能实现利益最大化。这样一来，个人的思想就失去了存在的意义，丧失了批判性和否定性，只知道一味地跟随大众的思考。随着大数据的发展，同质化信息越来越多，人们的思想逐渐被大量的相似信息所控制，人们开始缺少思考，而是选择"只接收大众传媒所传播的思想内容，不会对现行的体制、制度进行批评"。❷

随着大众传媒的发展，人们被自己每时每刻创造的"文化产品"包围，并从中得到乐趣。渐渐地，媒介通过对"大众文化"的大批量机械的复制，

---

❶ 夏志远."异化"的生成与启示——读赫伯特·马尔库塞《单向度的人》[J].前沿，2017（12）：80-83.

❷ 史秀艳.现代工业社会"单向度的人"形成分析——读马尔库塞的《单向度的人》[J].中共太原市委党校学报，2013（3）：75—76.

使文化产品堕落为商品，使人类最内在的反应被彻底的僵化、一维化。最终，媒介导致大众自动放弃思想，变得麻木平庸，电影用它的内容感化观众，促使观众直接用它衡量现实；电视用它的价值判断教育观众，人们的生活被局限在媒介精心打造的框架中，人类失去了主观创造力，想象力和自主性也渐渐萎缩，只是单向地接收报纸、电视等传递的内容。

《单向度的人》一书的核心观点是技术与发达工业社会的内在矛盾。马尔库塞认为工具理性对意识形态的控制导致人的异化，形成单向度的人。他认为，发达工业社会有可能达到实现人意志自由的目标，这也是技术合理化的目的。但是，技术的发展不但没有实现人的自由，反而限制了人的自由。技术进步带来机械化和大众传媒的发展，人们习惯于接受大众传媒灌输给自己的信息，变成不会思考、不会批判的单向度的人。

这本书主要是表示对资本工业文明下人们在政治、思想、经济、文化等各个方面表现的不满。由于工业社会生产技术的提高，社会生产力和物质生活水平得到极大的丰富，机械化生产降低了工人的劳动时间，原本应该对资产阶级持有反抗意识的劳动群众被其同化，社会变革因素被控制。

在艺术文化方面，艺术逐渐异化，文明呈现单向度，艺术的商品化趋势使其批判性大大降低，转而背离其超越现实的本质，成为一种肯定现实的"幸福意识"。❶

在语言方面，政府使语言僵化，成为一种浮于形式、只注重表面化、形象化而忽略其深层意义的工具，目的也是为了使语言成为操纵社会的工具。在思想方面，马尔库塞认为"思想的双向度性"是一种辩证地既从客观性又从价值方面对事物进行衡量和分析。价值就是从个人出发对事物的认知，而单向度的思想主要是排除了主观性的价值评价而偏执于实证主义的逻辑分析。总体来说，马尔库塞反对压抑性文明和工业社会渗透在生活方方面面的控制，而人们已经在潜移默化中不由自主地接受了被压抑和统治的事实，他倡导思想的批判性和爱欲的解放，希望人们能够对现代理性重新进行思考。

---

❶ 马尔库塞.单向度的人 [M].刘继，译.上海：上海译文出版社，2006：78.

(二)理论延展

一方面,认为网络媒体强化了"人的单向度"。目前学界关于单向度的研究主要集中在哲学领域和新闻传播学领域,并且主要关注新媒体时代"人的单向度",认为随着传播手段和技术的发展,人的"单向度"特征被强化了。他们认为互联网技术的发展打破了地域的局限性,加快了信息传播的速度,人们获取信息的渠道趋于一致,高层领导和普通平民都可以通过网络获得相关的信息。

马尔库塞认为,"高层文化与现实统一起来是极权主义社会在文化领域的表现"[1]。徐贲认为,"文化工业具有商品性,文化工业生产带来的标准化、同质化扼杀了个性,剥夺了人们选择的权利"[2]。当今时代,文化产业的高度发展使得文化染上了商品化气息,网络的出现使文化的大规模复制成为可能,小说、诗歌、新闻都被大量的复制、转载。[3]艺术与现实的差异性减少,强化了"人的单向度"。并且随着新媒体技术的发展,报纸、广播、电视等大众传媒也逐渐占据主要地位,网上碎片化的信息以及鱼龙混杂的评论让受众不加思考而被动地接受网上传递的信息,互联网对受众的灌输作用越来越明显。

另一方面,认为网络媒体消解了"人的单向度"。胡辉平却认为,"互联网传播所具有的全时性、互动性和民主性正在逐步消解单向度的人,互联网传播正日益挑战意识形态控制,解放人的自由性,促进人的全面发展"[4]。在网络传播时代,自媒体的高度发展使得人人都可以是传播者,传受关系打破了传统传播时代那种自上而下的单一的线性传播方式,人们可以通过网络在任何时间、地点发布新闻,并且表达自己的看法,而不是像以前那样只是单方面接受政府发布的官方信息,这在一定程度上扩大了受众的自主性,消解了统治者主流意识形态的控制。此外,互联网作为一个表达意见的平台具有

---

[1] 吴雨霜.网络新闻传播对"单向度的人"的强化与消解[J].新闻研究导刊,2015(8):223.

[2] 徐贲.走向后现代与后殖民[M].北京:中国社会科学出版社,1996:290.

[3] 同[1]。

[4] 胡辉平."单向度人"的生成与消解[J].今传媒,2012(3):149–151.

交互性。网络传播充分发挥了传播的互动性。人们可以在网上表达自己的意见，发表自己对某一事件的看法，自由平等地探讨国计民生，建构良性的公共话语空间。❶ 总之，胡辉平认为，在网络传播时代，网络传播的互动性有利于形成"意见的自由市场"，培养公民的质疑和批判意识。同时，自媒体的出现激发了公民参与民主话题讨论等一系列公共事务的参与意识，有效地消解了传统传播时代下"人的单向度"，促进了人的全面发展。

马尔库塞的"单向度的人"理论是从批判的角度对资本主义社会进行深刻的揭露和探索，他继承了马克思对资本主义社会的批判态度，并且开始站在人文主义的立场上关注人的发展，强调人的精神。此外，他还提出用理性的方式对待资本主义社会中技术所带来的改变，这都给社会带来了一定的积极影响。

不足之处是，片面夸大了科技异化的作用，他仅仅看到科技对人的作用，却忽视了人是具有主观能动性的，人才是科技发生作用的主体。此外，马尔库塞虽然关注人的发展，希望实现人的全面发展，但是，他的理论却是从否定性思维探讨人的解放问题，而不是从实践的角度指出人类应该怎样实现解放。并且，马尔库塞对实现人的解放的革命主体认识不清，他把一部分人排除在革命主体之外，只寄希望于新左派来实现人的解放，这违背了马克思所提出的无产阶级革命论。❷ 因此，只是一种不可实现的乌托邦式的幻想而已。

（三）案例解析：资本"奴役"道路上的中国"房奴"现象生成与反思——以马尔库塞《单向度的人》为视角❸

马尔库塞认为，"技术理性使'虚假需求'掩盖了'真实需求'，使人成为缺乏否定性、批判性、超越性和创造性能力的'单向度的人'"。❹ 随着社会的进步，我国社会的各个领域都发生了极大的变化，同时科技的发展带来

---

❶ 孟锦，王逸涛.网络"意见表述"模式与公共话语空间建构——析"两会"网络论坛类栏目之勃兴[J].新闻记者，2005（5）：40-43.

❷ 周伟文.马尔库塞单向度理论的当代阐释及其价值研究[D].广州：华南理工大学，2011.

❸ 李建华，艾丽娟.资本"奴役"道路上的中国"房奴"现象生成与反思——以马尔库塞《单向度的人》为视角[J].湖南行政学院学报，2017（3）：102-108.

❹ 同❸。

了人们生活的异化。比如，科技进步带来的消费主义、享乐主义之风盛行，"房奴"现象明显，人的单向度被强化。"房奴"现象产生的根源是什么？它与人的单向度有什么必然联系？我们又应该如何摆脱资本"奴役"，拒做"房奴"？

本案例文章从"虚假需求""技术理性"和"资本"三者的关系着手，剖析在资本奴役道路上中国的"房奴"现象是如何产生的，并提出了消除"房奴"现象的方法，试图唤醒现代人对已经异化的生活的思考。

首先，本案例文章开门见山地提出科技在给社会生活带来可喜变化的同时，也引发了消费主义、享乐主义盛行等问题，其中最为明显的就是"房奴"现象。这些异化的生活方式迫使我们反思生活中的各种问题并进行解决。作者认为马尔库塞所提出的"技术理性造就了单向度的人"这一论点是不正确的。他认为是"资本"而不是技术带来了虚假需求而造就了单向度的人。从外在因素和主观层面两个方面分析现代社会的人是如何一步步沦落为"房奴"的。作者通过对马尔库塞"单向度的人"的深度分析，指出"房奴"现象就是"单向度的人"的一种典型表现。

其次，本案例文章分析了"房奴"现象产生的直接原因。技术变革带来的虚假需求压抑了人的真实需求，阻碍人自由全面的发展，使人成为缺乏批判型、否定性的"单向度的人"。[1]科技成了新的意识形态工具，以更隐蔽的形式塑造了一个"单向度的社会"和"单向度的人"。

本案例文章指出中国"房奴"现象严重的根源在于资本而不在于技术。因为在工业社会，资本家追求获得最大的剩余价值，必须要提高生产力，也就是发展现代科技，而科技异化也只是资本操纵下的一种表现形式而已。说到底，技术异化是资本操纵的结果。

最后，本案例文章指出拒做"房奴"需要打破单向度的思维，正确处理人和物的关系，并且树立正确的消费观和价值观，形成有自主特色的新型生产方式。

本案例文章最后从马尔库塞的单向度理论来反思中国的"房奴"现

---

[1] 李建华，艾丽娟. 资本"奴役"道路上的中国"房奴"现象生成与反思——以马尔库塞《单向度的人》为视角[J]. 湖南行政学院学报，2017（3）：102-108.

象，并以此理论为出发点探讨此现象产生的根源。本案例文章从"虚假需求""资本""技术理性"这三个方面出发，最后落脚到解决"房奴"问题要摒弃单向度的思维方式，注重培养自己的辩证思考能力，同时不要一味追求物质消费，而要将消费需求从物质层面提升到精神层面，实现人自由而全面的发展。

（四）科研训练

参考下面的文章，结合马尔库塞单向度的人理论以及新媒体环境的特点，探讨新媒体环境下如何超越单向度，实现人自由而全面的发展。

[1] 马尔库塞.单向度的人[M].刘继,译.上海：上海译文出版社，1989.

[2] 曾瑶.马尔库塞《单向度的人》中人的"异化"分析[J].湖北科技学院学报，2006（11）：80.

[3] 夏志远."异化"的生成与启示——读赫伯特·马尔库塞《单向度的人》[J].前沿，2017（12）：80-83.

[4] 吴雨霜.网络新闻传播对"单向度的人"的强化与消解[J].新闻研究导刊，2015（8）：223-223.

[5] 胡辉平."单向度人"的生成与消解[J].今传媒，2012（3）：149-151.

[6] 孟锦,王逸涛.网络"意见表述"模式与公共话语空间建构——析"两会"网络论坛类栏目之勃兴[J].新闻记者，2005（5）：40-43.

三、机械复制理论

（一）理论溯源

1936年，瓦尔特·本雅明在《机械复制时代的艺术作品》(*Das Kunstwerk im Zeitalter seiner technischen Reproduzierbarkeit*)一书中首次提出机械复制的概念。本雅明认为，艺术作品是可复制的、可被仿造的，但也需要创新。❶本雅明认为机械复制不同于手工复制的原因在于，在机械复制时代人们可以进

---

❶ 本雅明.机械复制时代的艺术作品[M].王才勇,译.南京：江苏人民出版社，2006.

行大规模精确的复制,手工复制需要掌握大量的复制技巧,并且与原作品有一定的差距。因此,也就不能超越原作品的艺术价值。而机械复制则通过机械化复制使得原作品失去神秘性和神圣性。有些学者认为,随着现代科技的发展,"传统艺术正在由中心走向边缘,传统的艺术形式在社会上很难再生产出经典的艺术作品"❶。但是,本雅明却认为,"传统艺术的衰落并不意味着艺术的终结,新的艺术形式如摄影、电影等等在丰富人们视听的同时也同样能创造出经典的艺术作品。"❷本雅明主要是从三个方面来探讨艺术的变化。

首先,他分析了灵韵艺术向机械艺术的转变。本雅明用"灵韵"这个词来描绘传统艺术最根本的审美特性。在本雅明的思想中,"灵韵具有独一无二性,是古典艺术所特有的,是一种围绕着艺术品的光晕和氛围,是一种包蕴在艺术品中的韵味、意境"❸。本雅明认为"灵韵"作为传统艺术最根本的审美特性,主要有两个特点:独一无二的原真性和不可接近性。由于"灵韵"产生的条件是距离感和历史文化背景,这就在时间和空间上构成了不可复制性。并且艺术的即时即地也就是作品独一无二的原真性。而机械复制艺术则以大规模的复制取代了作品的独一无二,这也就造成了作品灵韵的消失。

其次,本雅明还从艺术的膜拜价值向展示价值的替变分析了礼仪与政治的关系。在灵韵艺术中,艺术的膜拜价值占主导地位,这种艺术建立在膜拜功能和礼仪功能上;在机械复制艺术中,艺术的展示价值占主导地位。本雅明对艺术膜拜价值和展示价值的论述,实际上是从艺术内部矛盾运动的角度,对有光韵艺术和机械复制艺术进一步解释,说明从有光韵艺术向机械复制艺术替变的内在机制。

最后,本雅明认为机械复制技术的出现给艺术品和受众都带来了新的意义。"复制技术满足了大众的接近愿望和占有欲。"❹这也就说明复制技术的出

---

❶ 吴婷婷.浅析本雅明的"机械复制"理论[J].群文天地,2012(10):35-35.
❷ 同❶。
❸ 刘琳.本雅明《机械复制时代的艺术作品》解读[J].学理论,2010(22):158-159.
❹ 高琳.解读本雅明《机械复制时代的艺术作品》[J].今传媒,2014,22(4):149-151.

现使得艺术品从神圣的观赏物沦为玩物,艺术作品摆脱了以往礼仪的束缚,得到了解放。而人类也从复制技术中获得了好处,人们打破了艺术品原来的不可接近性,可以对艺术品实现"占有"。因此,复制技术的出现将艺术品从神圣的祭坛上拉回普通大众的身边。❶

本雅明最突出的贡献是提出了"灵韵"这个观点,他还分析了灵韵的消失所带来的艺术生产方式的变革。技术的出现改变了艺术生产方式,也改变了大众对艺术的接受形式,颠覆了传统的艺术观念。

(二)理论延展

我国学界对本雅明的机械复制理论研究主要是从大众、艺术与政治的关系、灵韵的出现、复制技术等方面进行研究。科技发展使人类进入全新的机械复制时代。一般来说,人们制造出来的任何东西都是可复制的,这也就带来了艺术品灵韵的消失,以及艺术品原真性的丧失,艺术品的展示价值让位于膜拜价值。

第一,机械复制时代,艺术失去了原有的膜拜价值。曹雷雨认为,"机械复制时代的来临和现代感知媒介的变化,导致艺术传统的大崩溃和艺术作品的光晕在当代社会的衰微"❷。他认为在早期的社会,艺术品的出现是因为人们对其有着崇拜心理,艺术作品的灵韵并没有与其仪式功能完全分开,也就是说,机械复制的出现把艺术品从死板固定的状态下解放出来。艺术品的原真性影响艺术的社会功能,一旦原真性消失,艺术也就失去了其原有的社会功能,而变成了基于政治的一项存在。他认为,在机械复制时代,艺术失去了原有的膜拜价值,人们对艺术品的态度由原来的凝神专注接受转向消遣性接受,艺术自身的主动性减弱。因此,传统美学也就陷入困境。随着科技的发展,电影、绘画等新的美学形式的出现,又重新培养了观众的自主性,让观众能够根据自己的喜好选择艺术的表现形式。他提出,"机械复制艺术具有巨大的民主化潜能,可以并应该成为社会改造的特殊工具,并且只有真

---

❶ 高琳.解读本雅明《机械复制时代的艺术作品》[J].今传媒,2014,22(4):149-151.

❷ 曹雷雨.机械复制[J].国外理论动态,2006(10):59-60.

正的革命意识才能认识和发挥机械复制艺术的革命功能"❶。

第二,新媒体技术消解了艺术作品的膜拜价值。对于新媒体环境下的机械复制理论,王长潇认为自媒体发达的今天,人人都可以成为影片制作者,各大视频网站的兴起催生了在网站上分享自己制作视频的播客,这种播客文化的发展改变了传统媒介的生产方式,具有非机械性的特征,播客文化为个性化的内容生产开辟了空间。播客网站的出现使得每个人都可以将自己创作的视频上传在平台上展现给其他用户。王长潇认为,"由于不受专业观念的限制,影像的个体化生产目的也不以商业和市场为指向,因而在某种程度上消解了商业主义带来的影像生产的市场理性"❷。即视频内容的个性化打破了本雅明原先所论述的机械复制时代一元化的特点,个性化的内容生产在一定程度上解构了机械复制文化。他还认为随着视频分享网站的低门槛和内容的娱乐化倾向,消解了现实的文化权威,导致影像艺术作品膜拜价值的消逝。

本雅明的机械复制理论分析了现代艺术的基本特征。王才勇指出:"正是他对现代主义面容的独到披露,开启了人们洞察现代性问题的视野。"❸他的理论给社会大众的生活带来了巨大的变化,它不仅改变了人与艺术品之间的关系,还改变了艺术的生产方式和人们对艺术品的接受方式。

但是,随着数字技术的发展,本雅明在书中提及作品灵韵的消失。技术的发展带来电影表达艺术的进步,对技术的过度依赖带来非真实化,电影中各种特效做得越来越逼真,以至于让人们分不清电影与现实,人们从视觉上到感知心理上都发生了变化。❹此外,德国学者布罗德森认为,"本雅明对于机械复制技术为大众带来了领悟与理解艺术作品的新的可能性这一估计是过于乐观了,但这或多或少是由他提出的问题所决定的乐观主义"❺。在科技发

---

❶ 曹雷雨.机械复制[J].国外理论动态,2006(10):59-60.

❷ 王长潇,刘瑞一.视频分享网站对机械复制影像传播的解构——基于本雅明机械复制艺术理论的阐释与思考[J].当代传播,2013(6):24-26,35.

❸ 王才勇.现代性批判与救赎——本雅明思想研究[M].上海:学林出版社,2012:109.

❹ 程予辉.本雅明机械复制理论探究——兼论机械复制背景下的电影艺术[D].昆明:云南大学,2010.

❺ 布罗德森.本雅明传[M].国荣,唐盈,宋泽宁,译.兰州:敦煌文艺出版社,2000:268.

达的今天，艺术已经染上了商品的气息，具有商品的某些性质，艺术已经失去了自己的独立自主性。

（三）案例解析：从机械复制到数字复制[1]

瓦尔特·本雅明在《机械复制时代的艺术品》一文中，从艺术生产理论出发，深刻分析了古典艺术与现代艺术的区别，他还以电影、摄影等现代科技为主要研究对象，论述了机械复制艺术这种新的艺术。可是20世纪末期，随着第三次科技革命的到来，数字互联网技术的快速发展扩大了艺术的传播范围，艺术不再是上层精英才能接触到的，而变成了大众的一种通俗艺术。除此之外，数字技术的发展使得艺术作品的创作方式也发生了极大的改变。[2]机械复制走向数字复制，这是艺术发展到一定程度所要经历的一个必然的过程，这个过程在新时代下又将引发我们对本雅明机械复制理论新的思考。

本案例文章从四个方面阐述机械复制到数字复制的变化以及数字复制技术对艺术作品带来的影响。

首先，本案例文章指出数字使得艺术作品不再局限于上层精英，而是变成了一种大众也可接触到的通俗文化。并且，媒介技术的进步推动了艺术创作产生新的方式，大规模机械化生产使得艺术作品更加广泛，准确性更高。

其次，数字复制技术拥有高度的准确性和任意可转化性。[3]数字技术简化了人类的劳动过程，艺术作品以及相关工作的出现不再需要耗费大量的时间和精力，可以在短时间内做出来。并且数字化使艺术可以通过多种途径表达出来，复制也就不仅仅局限在某一领域而体现在各个领域。数字化还让原本必须协同完成的过程分散，简化了艺术的过程。

数字复制使得艺术作品的原真性减弱，人们更趋向于追求艺术的"虚拟化"，并且对日趋虚拟化的艺术习以为常。

最后，本案例文章以保罗·瓦雷里的话作为结语，呼吁大家保护艺术

---

[1] 付龙. 从机械复制到数字复制[J]. 现代传播（中国传媒大学学报），2010（4）：166–167.

[2] 同[1].

[3] 同[1].

的原真性，用文化对艺术进行引导，勿让艺术成为消遣。本案例文章最后借用让·鲍德里亚的话指出，数字复制提供给大众的视觉形象是虚拟的，数字复制带来的艺术影像会不断地主宰我们，以至于最后我们对生活真实失去判断。因此，本案例文章的落脚点放在呼吁我们对数字复制时代的文化进行引导，维护艺术作品的原真性，切勿让艺术沦为消遣。文章提出数字复制概念，解读数字时代艺术产品的特征，具有创新价值。

（四）科研训练

参考下面的文章，思考本雅明的机械复制理论在新媒体时代艺术发生了怎样的变化？分析数字技术带来的机械复制与机械原创之间的关系。

[1] 本雅明. 机械复制时代的艺术作品 [M]. 王才勇, 译. 南京：江苏人民出版社，2006.

[2] 刘琳. 本雅明《机械复制时代的艺术作品》解读 [J]. 学理论，2010（22）：158-159.

[3] 高琳. 解读本雅明《机械复制时代的艺术作品》[J]. 今传媒，2014，22（4）：149-151.

[4] 曹雷雨. 机械复制 [J]. 国外理论动态，2006（10）：59-60.

[5] 王长潇，刘瑞一. 视频分享网站对机械复制影像传播的解构——基于本雅明机械复制艺术理论的阐释与思考 [J]. 当代传播，2013（6）：24-26，35.

[6] 王才勇. 现代性批判与救赎——本雅明思想研究 [M]. 上海：学林出版社，2012.

[7] 付龙. 从机械复制到数字复制 [J]. 现代传播（中国传媒大学学报），2010（4）：166-167.

四、公共领域理论

（一）理论溯源

自 1989 年起，哈贝马斯《公共领域的结构转型》一书英文版由美国麻省理工学院出版社推出后，中西相继译介，对"公共领域"相关概念的讨论层出不穷。公共领域一词并非哈贝马斯所创。在其之前，阿伦特、熊彼特、布鲁纳、杜威等学者皆从各自角度展开过论述，罗尔斯、查尔斯·泰勒等人也多有建树，但只有哈贝马斯在《公共领域的结构转型》一书中所提及的"公共领域"概念迅速成为一个全球性的理论模型。中国学界在运用此概念之时，也多与哈贝马斯相联系。❶

哈贝马斯的公共领域理论深受康德、黑格尔、韦伯、马克思等诸多学者的影响，最早溯源可从"市民社会"概念中得以窥探。在国家与市民社会关系上，存在两种经典的解释框架。"第一种是信奉自由主义传统的洛克学派，洛克通过社会契约的观点论证了市民社会先于国家的说法。第二种是黑格尔持有的'国家决定市民社会'观点，认为市民社会是指与政治国家相区别的'私人生活领域'。而国家是以普遍利益为宗旨，超越了一切私人利益，因而可以成为凌驾于市民社会之上的力量。"❷

哈贝马斯对市民社会的概念有一个不断发展和扬弃的过程。按照哈贝马斯的说法，市民社会包括"私人领域"和"公共领域"两部分。其中私人领域是指由市场对生产过程进行调节的经济子系统，所涉及的范围大体上与黑格尔的市民社会范畴相一致；而公共领域则"包括教会、文化团体和学会，还包括了独立的传媒、运动和娱乐协会、辩论俱乐部、市民论坛和市民协会等"❸。哈贝马斯实际上把"市民社会"分解为经济系统和公共领域两部分。❹

虽然古希腊时期就蕴含"公共领域"思想，但美国政治理论家汉娜·阿伦特最早对其进行系统论述。汉娜·阿伦特将人的活动分为劳动、工作和行动三种基本境况。劳动和工作都只是私人领域，面临的都是物的世界，而行动才面临人的世界，公共领域便是在行动中展开的。人生的意义就在于参与

---

❶ 邵培仁，展宁.公共领域之中国神话：一项基于哈贝马斯公共领域文本考察的分析[J].浙江大学学报（人文社会科学版），2013（4）：82-102.

❷ 杨仁忠.公共领域论[M].北京：人民出版社，2009：2-3.

❸ 哈贝马斯.公共领域的结构转型[M].曹卫东，王晓珏，刘北城，等译.上海：学林出版社，1999：29-225.

❹ 马超.互联网与公共领域：西方经验与中国语境[J].西南政法大学学报，2019（4）：71-83.

到公共领域的政治讨论中，从而超越劳动与工作达到不朽。从这个基本区分出发，阿伦特进而形成了"私人领域"与"公共领域"的概念。

但阿伦特的公共领域理论建立在批判西方现代性思想基础之上，她并未具体考察大众传媒与公共领域的现实联系。正因为如此，她的公共领域理论的局限性在于跟现代性的社会情境难以产生接合点，也难以呈现意义，显得黯然不彰。❶

哈贝马斯基本上继承了阿伦特对古希腊时代公私领域区分的研究，以及她对近代社会领域兴起的批判。但是，哈贝马斯跳出了阿伦特的思想史架构，试图给予资产阶级公共领域一个社会历史式的分析。他的创新和贡献在于通过对公共领域的历史性追溯，为当代自由主义民主政治提供了一种理论范式或批判的模式。❷1962年，哈贝马斯出版《公共领域的结构转型》，但是在这部名著中，他并没有明确地给出"公共领域"的定义。1964年，哈贝马斯更加规范地界定了公共领域的概念："是指我们的社会生活中的一个领域，某种接近于公众舆论的东西能够在其中形成。向所有公民开放这一点得到了保障。在每一次私人聚会、形成公共团体的谈话中都有一部分公共领域生成。然后，他们既不像商人和专业人士那样处理私人事务，也不像某个合法的社会阶层的成员那样服从国家官僚机构的法律限制。"❸简而言之，公共领域是介于国家与私人的中间地带。立足于私人领域，又不属于私人领域，公众自愿加入对某些事物开展批判性讨论，形成公众意见。

哈贝马斯所说的"公共领域"主要由三方面要素构成。一是由超脱于个人或集团私利之上、亦不受国家或其他政治权力约束或为其服务的、私人自愿组成的、拥有一定规模的"公众"；二是以批判意识为核心，以对国家权力进行批评与监督、控制为主要特征与目标的"公共意见"或"公众舆论"；三是公众赖以表达、传播自己意见，并使之对以国家权力为主体的公共权力

---

❶ 黄月琴.公共领域的观念嬗变与大众传媒的公共性——评阿伦特、哈贝马斯与泰勒的公共领域思想[J].新闻与传播评论，2008（1）：111-119，252，260.

❷ 同❶.

❸ 哈贝马斯.公共领域的结构转型[M].曹卫东，王晓珏，刘北城，等译.上海：学林出版社，1999：1.

形成影响、约束乃至监督、控制的媒介和场所。❶

至于公共领域的范围,哈贝马斯说:"公共领域是介于国家与社会之间进行调节的一个领域,这种公共性使得公众能够对国家活动实施民主控制。"❷ 这一领域既然介于国家与社会之间,则其范围必然取决于国家与社会的"边界"。显然,由于公共领域的开放性和流动性,它与国家、社会之间的界线是模糊、不确定的。"社会国家化、国家社会化"使得国家和社会由分离走向了融合,市民社会结构遭到极为严重的破坏,公共领域由此走向了崩溃,资本主义面临合法化危机,资本主义国家再也不可能获得维持其生存所必不可少的来自于公共领域的理性力量和公众支持。❸

与此同时,大众传媒的商业化消解了传媒的公共性,而欧洲公共媒介也由社会权力掌握,丧失了批判精神。也就是说,大众传媒被私人利益和国家权力所掌控,而后掌控公共领域。由此消解了公共领域的公共性,变成了"伪公共领域"。

(二)理论延展

第一,对公共领域的肯定。自《公共领域的结构转型》英译本问世后,英语世界对公共领域存在多角度的评价。英国中央伦敦理工专科学校的尼古拉斯·加纳姆认为,公共领域具备三大优点:"(1)它聚焦于大众公共传播制度与实践之间和民主政治的制度与实践之间经久不变的联系;(2)它注重任何公共领域所不可或缺的物质基础;(3)它避免了'自由市场/国家控制'这种简单的二分法。"❹

第二,对公共领域的质疑。美国北卡罗来纳大学的克雷格·卡尔霍恩指出,自由资本主义时期一些既无理性也无批判性的庸俗出版物大肆刊登耸人

---

❶ 陈勤奋.哈贝马斯的"公共领域"理论及其特点[J].厦门大学学报(哲学社会科学版),2009(1):115-117.

❷ 哈贝马斯.公共领域的结构转型[M].曹卫东,王晓珏,刘北城,等译.上海:学林出版社,1999:126.

❸ 李佃来.公共领域与生活世界———哈贝马斯市民社会理论研究[M].北京:人民出版社,2006.

❹ GARNHAM N. The media and the public sphere[G]// CALHOUN C. Habermas and the public sphere. Cambridge: The MIT Press, 1992.

听闻的犯罪和丑闻故事。哈贝马斯夸大了20世纪公共领域的退化。美国加利福尼亚大学圣迭戈分校的迈克尔·舒德森教授也认为，当代大众传媒的某些专栏和节目也发表理性批判性文章。因此他认为，就美国的情形而言，哈氏对早期报刊有过誉之嫌。❶

比利时布鲁塞尔自由大学媒介社会学中心主任汉斯·韦斯特拉滕教授质疑当代社会情境下的公共领域问题。他认为，哈贝马斯的公共领域不同于公共广播电视，这种"公共领域"从未真正出现过，顶多只有"萌芽"，也不存在什么衰落与退化。❷因此，韦斯特拉滕强调，当代传播学者应重新认识麦克卢汉和哈罗德·伊尼斯的媒介思想，视听媒介的发展强烈地影响着公共领域的结构，公共领域将有更大的动力。

第三，网络空间公共领域的研究。互联网诞生之后，成为民意表达的重要渠道。卡斯特认为互联网可以强化使用者的政治受益，驱使公民参与到民主活动中，并导致公民社会的崛起。❸研究认为，"参与网络舆论的低门槛、共享信息的广泛性、协商平等对话，挑战传统权威，对公民性的提升等特征，有助于网络公共领域"❹。但随着对网络公共领域考察的深入和研究向度的拓展，有学者开始认为，互联网作为协商民主实践的可能性并非那么乐观。互联网具备公共领域的"主体独立性""交往理性""公共性"等核心特征。但网络空间"公共领域"的乌托邦想象初露端倪。❺

网络空间"公共领域"的消解主要表现如下：首先，"主体独立性"消解。哈贝马斯认为公共领域保证参与主体的独立性，但市场规则及商业法则

---

❶ SCHUDSON M. Was there ever a public sphere? if so, when? reflections on the American case[G]//CALHOUN C. Habermas and the public sphere, Cambridge: The MIT Press, 1982.

❷ VERSTRAEN H. The media and the transformation of the public sphere[J]. European journal of communication, 1996, 11（3）：347-370.

❸ 卡斯特.网络社会的崛起[M].夏铸九，王志弘，译.北京：社会科学文献出版社，2001.

❹ 安珊珊.乌托邦还是恶托邦：对公共领域及其网络实践的批判[J].当代传播，2013（2）：17-20.

❺ 万新娜.网络媒体语境下公共领域之幻象——公共领域媒体实践的批判[J].中国广播电视学刊，2015（9）：59-61.

挤占了公共空间，而参与主体一旦受到相关利益的侵扰，公共领域的"主体独立性"就会趋于消解。其次，"交往理性"缺失。哈贝马斯认为公共领域的交互行为是为了达成主体间的理解与共识。网络媒体为不同主体间的自由交往提供可能，但网络民粹主义缺乏理性交往背离公共领域的基础。最后，"公共性"异化。哈贝马斯认为，公共领域的"公共性"包含议题的公共性和普遍利益的实现。而参与网络讨论的只是少数具有影响力的精英阶层，而绝大部分网民是"沉默螺旋"中的观望者。此外，"数字鸿沟"造成网络媒体参与性不足，使普遍利益关涉较为困难。网络媒体的公共讨论很难代表公众普遍利益。

故而，网络空间的"公共领域"还不是理想的公共领域。至于中国语境下的公共领域，邵培仁认为，哈贝马斯公共领域理论放诸中国语境最大的价值不在于协商民主的建制目标，或公民参与的社会重建，而是建立有实践内涵的话语空间：一是确立人民个人主体性的存在，确保民众普遍的表达权。二是探索超越市民社会的公共性，达到话语空间里的公共认同。三是重新论证国家与社会的关系。他并非认为中国需要更多的"公共权力"才能保证积极自由的实现，而是强调在意识到国家与社会具备张力而非单纯的对立或伴生关系之后，再引入公共领域概念。在这个富有张力的中介结构中，一个有实践内涵的话语空间能够超越原有的公共领域理论，将个人、社会与国家勾连起来。❶

（三）案例解析：知乎 ❷

伴随着网络传播兴起，社交媒体成为聚集民意的重要平台，多元、自由意见得以不断涌现，这让很多人看到了网络公共领域构建的希望。但话语权下放带来的问题也接踵而至，网络极化意见与群体的出现，信息过滤与获取自由的矛盾，再度令人们陷入是否真正存在网络公共领域的困窘中。作为国内知名社会化问答网站，"知乎"同样被赋予"网络公共领域"之厚望，因

---

❶ 邵培仁，展宁. 公共领域之中国神话：一项基于哈贝马斯公共领域文本考察的分析 [J]. 浙江大学学报（人文社会科学版），2013，43（5）：82-102.
❷ 茹西子，胡泳. 知乎：中国网络公共领域的理性试验田 [J]. 新闻爱好者，2016（2）：20-24.

此对其公共性的探讨具有重要意义。

随着媒介技术的发展和社会化媒体的壮大，过滤成为应对信息过载的手段。然而，这种信息过滤在一定程度上阻碍了网络自由的发展和网络公共领域的构建。此外，网络赋权在促进表达平等的同时，也给网络公共领域的构建带来了一定的负面影响。知乎社区对当今中国网络公共领域的构建发挥了独特作用。本研究主要采用案例分析法，通过分析知乎用户群体、讨论模式与微博、微信的差异，探讨知乎在网络环境下对公共领域的构建问题。

首先，本案例文章认为尽管知乎、微信、微博都具有社交功能，但知乎长期形成的生产高质量内容的氛围，更具有专业性与理性，这种理性的公共讨论提高了中国网络讨论的质量。

其次，本案例文章认为相较于微博，知乎作为一个相对精英化的问答社区，拥有更为理性与专业的讨论模式。微博只是为公众提供了一个虚拟的讨论空间，距离完善的公共领域仍相差甚远。而知乎借助重构用户影响力体系、筛选及自净措施，能够形成理性的公共空间。

针对信息过滤与网络自由的问题，作者借助桑斯坦的观点强调，"窄化自己关心和感兴趣的领域，是在限制自己的公民权和自由"❶。尽管知乎也存在过滤机制，但知乎通过"发现""知乎圆桌""热门话题"等栏目，鼓励陌生观点相互交锋，彰显网络自由。

最后，本案例文章认为，这种自我净化能力是知乎依旧能够代表自由与理性的原因，知乎并未完全沦陷为草根舆论场。知乎的自我净化能力使得知乎依然是一个能够代表理性与自由的平台。它也许是一块更接近"网络公共领域"的试验田。

哈贝马斯半个世纪前所提出的公共领域，在当前复杂的网络传播环境中所带来的讨论是多面性的。多元意见的表达能够释放受众主动权，在不同意见的碰撞中寻求真理，在这个方面，社交媒体无疑符合公共领域构建中所需的公众与公共场合要素。但与此同时，社交平台上的公众意见却充满了低俗、煽情甚至是极化风险，参与网络讨论的公众开始陷入信息过载的迷失之

---

❶ 茹西子，胡泳.知乎：中国网络公共领域的理性试验田 [J].新闻爱好者，2016（2）：20-24.

中，这又似乎背离了哈贝马斯的初衷。而网络公共领域是致命冲击还是有力崛起，仍是有待商榷的问题。

（四）科研训练

参考下面的文章，结合公共领域理论，论述对"微博到底是不是公共领域"的看法，要求理论与实际结合，切勿空谈。

[1] 邵培仁，展宁. 公共领域之中国神话：一项基于哈贝马斯公共领域文本考察的分析 [J]. 浙江大学学报（人文社会科学版），2013，43（5）：82-102.

[2] 哈贝马斯. 公共领域的结构转型 [M]. 曹卫东，等译. 上海：学林出版社，1999.

[3] 黄月琴. 公共领域的观念嬗变与大众传媒的公共性——评阿伦特、哈贝马斯与泰勒的公共领域思想 [J]. 新闻与传播评论，2008（1）：114.

[4] 陈勤奋. 哈贝马斯的"公共领域"理论及其特点 [J]. 厦门大学学报（哲学社会科学版），2009（1）：114-121.

[5] 安珊珊. 乌托邦还是恶托邦：对公共领域及其网络实践的批判 [J]. 当代传播，2013（2）：19-22.

五、编码／解码理论

（一）理论溯源

编码指的是将信息从一种格式转化成另一种格式的过程。解码是编码的逆过程，也就是对信息进行接收以及符号化解读的过程。编码与解码本是计算机编程语言的代称，而现代传播（中国传媒大学学报）学者用它来描述人们传递以及接收外界信息的一个大众传播过程。1973年，斯图亚特·霍尔提交了一篇名为《电视话语的编码和解码》的大会发言稿，由于其迥异于实证主义传播模式而引起巨大反响。随后以单篇论文形式收录于《文化，传媒，语言》，最后又以《编码／解码》为名出版。❶

---

❶ 邹赞. 斯图亚特·霍尔论大众文化与传媒 [J]. 中国石油大学学报（社会科学版），2008（6）：84-87.

霍尔是英国伯明翰学派（也称文化研究学派）的代表人物，他终生致力于媒介和大众文化的研究，曾任英国伯明翰大学"当代文化研究中心"主任，是英国历史上有名的文化理论家、文化研究批评家以及媒体理论家，他在媒介和大众文化研究方面至今无人超越，因此他被称作"当代文化研究之父"。

霍尔在《电视讨论中的编码和译码》一书中认为，"信息在流通过程中是以符号为载体形式传播意义，这一过程既有赖于技术和物质工具，也取决于信息发送者和接收者各自的社会关系"。传统的大众传播研究模式"由于仅只关注信息交流的层面而未能把不同时刻作为一个复杂关系结构的结构化概念而受到批判"❶。事实上，由于信息接收者的社会特征、知识背景不同，他们在接收信息时必定会有各自不同的解读。❷

霍尔所提出的编码/解码模式是在借鉴吸收其他研究的基础上形成的。霍尔编码/解码模式的提出借鉴了索绪尔的普通语言学理论、巴特的文化符号学以及福柯的话语理论等。霍尔对索绪尔所提出的"能指和所指的联系是任意的，即符号是任意的"这个观点深表认同，他也认为符号在任何情境下有不同的含义。霍尔认同了"索绪尔认为符号意义仅仅是一个区分问题，任何一个符号或话语意义都取决于它与前后上下各符号的差异与对立"❸。

斯图亚特·霍尔认为大众传媒的生产过程不是一个僵化的过程，而是一个动态的循环过程。霍尔认为："这些实践的对象（信息）就是以特殊方式组织起来并以符号载体的形式出现的各种意义和信息，它们像任何形式的传播或语言一样，在一种话语的语义链范围之内通过符码的运作而组织起来。"❹ 他认为信息要传递出去必须要经历两个过程，一个是建构信息，另一

---

❶ 霍尔.编码，解码[M]// 罗钢，刘象愚.文化研究读本.北京：中国社会科学出版社，2000：357.

❷ 邹赞.斯图亚特·霍尔论大众文化与传媒[J].中国石油大学学报（社会科学版），2008（6）：84-87.

❸ 向华江.斯图亚特·霍尔与文化研究的符号学路径探析[D].南昌：江西师范大学，2009.

❹ 霍尔.编码，解码[M]// 罗钢，刘象愚.文化研究读本.北京：中国社会科学出版社，2000：345.

个是将信息符码化。比如作曲家通过歌曲表达自己内心的情感就需要用谱子将歌曲做出来。而信息的解码过程就是对信息进行解读的过程。但是，由于信息的传受双方在知识结构、价值观以及身份地位等方面存在着一定的差异，解码者和编码者所看到的符码并不完全对称。因此，解码者在解读符码的过程中并不能完全理解编码者所要表达的意思，这也就在一定程度上会造成对信息的错误解读。

编码/解码理论认为任何信息进入大众传媒都需要经过"编码"环节，信息必须以某种符号为载体进行传播。而编码是一种有选择、有目的的加工过程，就很容易植入主观倾向性。传媒通过其过滤作用，把人们的视线集中到某些事件上，而使人们忽略另一些事物，霍尔称之为"选择性结构"。而符号权力受制于社会权力。传媒利用它的话语特权，生产另一套意义体系。❶然而大众传播并不是单向的传达信息，而是信息与受众之间双向互动的过程。信息传播效果还有赖于信息接收者的解码过程，产生一定的意义效果和一系列"复杂的感知、认识、情感、意识形态或者行为结果"❷。

但是，编码与解码之间并不是完全对称的。霍尔在《编码/解码》中提出了受众对文本的三种解读方式：(1)霸权式解读。受众以编码者预设的意义来解读讯息，制码的意图和解码所得到意义完全一致。(2)协商式解读。解码者与编码者既相互包容，又相互抵制。最容易出现对信息的误解。(3)对抗式解读。虽然观众和解码者能够了解编码者所要表达的意思和立场，但是他们却对编码者的信息做出完全相反的解读，以对抗编码者的霸权主义。❸

（二）理论延展

第一，理论支点。陈力丹教授认为霍尔的编码/解码理论的两个重要支点是结构主义符号学和马克思主义政治经济学。他认为霍尔对电视话语的解

---

❶ 李媛媛.斯图亚特·霍尔的传媒理论研究[J].中国社会科学院研究生院学报，2004（6）：66-69，144.

❷ 霍尔.编码，解码[M]//罗钢，刘象愚.文化研究读本.北京：中国社会科学出版社，2000：348.

❸ 同❶。

读，以及对视觉符号等多元内涵的阐释都来自于其符号学的积淀。❶霍尔的编码/解码理论超越了实证主义所提出的"发送者—信息—接收者"的线性传播模式。他还颠覆了法兰克福学派的消极受众论，将话语、符号、权力、社会关系等引入媒介研究，标志着英国媒介文化研究开启了建立在结构主义和符号学概念基础上的马克思主义媒介理论的新纪元。❷并且，霍尔在编码/解码理论中还重新认知文化霸权，强调文化霸权正在以编码者的隐性编码的方式操纵大众的生活。

第二，理论创新。黄鑫提出第四种解码方式——"创造性解码"，认为"互动文本作为当代文化传播的重要方式，有强烈的意动性，因为最后的意义实现需要接收者采取行动。互动文本的接受，是自我表达、自我创造，不可能完全遵循制作精英规定的模式，而是就自己的身体条件、感情需要、精神追求，予以改造"❸。这种新的解码方式仍然是强调受众根据自己所接收到的内容对信息进行解码。

第三，理论缺憾。霍尔的理论也存在着一些局限性，他的理论并没有深入研究受众，而只是简单地提到受众对媒介信息有再生产能力，却并未解释受众是如何进行生产以及生产过程中会出现的一系列问题等。除此之外，霍尔的理论缺少解码者如何进行再生产的环节。❹编码者的编码活动在一定程度上也是需要得到解码者的反馈才能进行更好的传播。

（三）案例解析：新闻传播中"对抗式"解码现象论析❺

斯图亚特·霍尔在阐述编码/解码理论时提出了受众在解码时所持有的三种立场：霸权式解读、协商式解读、对抗式解读。但是，霍尔对多种解读

---

❶ 陈力丹，林羽丰.继承与创新：研读斯图亚特·霍尔代表作《编码/解码》[J].新闻与传播研究，2014（8）：99-112，128.

❷ 邹赞.斯图亚特·霍尔论大众文化与传媒[J].中国石油大学学报（社会科学版），2008，24（6）：84-87.

❸ 黄鑫.新的博弈——再读霍尔的编码/解码理论[J].新闻传播，2013（4）：143-145.

❹ 赵瑾.斯图亚特·霍尔"编码与解码"理论的研究[D].南宁：广西师范大学，2014.

❺ 胡正强.新闻传播中"对抗式"解码现象论析[J].现代传播（中国传媒大学学报），2016（10）：42-47.

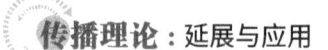

方式叙述得非常简略，对其中很多问题并未进行深究，其中他对"对抗式解码"的论述尤为简略，给人一种意犹未尽的感觉。本案例作者为了深入探析"对抗式解码"在新闻传播过程中的表现、产生原因以及它给我们带来什么启示，探究"对抗式解码"在新闻传播中的一些应用。

首先，本案例文章认为"对抗式解码"只是受众在理解和接受新闻传递信息时所持有的一种立场和态度，但是它不是解码唯一的方式。受众在对信息进行解码时，具有多种"生产"的形式，比如视频混剪、拼接，表情包和网络流行语的使用等。作者指出并不是所有的新闻都会引起观众的对抗式解码，对抗式解码的产生一般与新闻的主题范围、表达形式、新闻生产者的社会身份有关。

其次，本案例文章探究"对抗式解码"的直接生产原因。本案例文章认为文本制作的业余性、传播时机的失当性、社会关系的冲突性、传播者的低信性、受众心理的叛逆性等都是导致对抗式解码的直接原因。新闻传播的时机掌握不好，不仅收不到预期的传播效果，反而会起到反作用，造成受众对信息的对抗式解码。

最后，本案例文章从传播者的角度出发，阐述了对抗式解码的启示以及如何破解对抗式解码。本案例文章提出提高新闻文本的质量、尊重新闻传播规律、塑造媒体良好的形象，是破解对抗式解码的有效途径。

本案例文章指出虽然"对抗式解码"与编码者的意图背道而驰，但是它一定程度上也具有某些积极意义。对抗式解读所带来的压力释放正是多元民主社会应有的现象。本案例文章也提出，"对抗式解码"现象是一个值得社会、政府、媒体共同关注的现象，我们要防止"对抗式解码"现象蔓延。

（四）科研训练

参考下面的文章，结合霍尔的编码/解码理论，以网络恶搞为例分析新媒体环境下编码/解码的新内涵。

[1] 邹赞. 斯图亚特·霍尔论大众文化与传媒 [J]. 中国石油大学学报（社会科学版），2008（6）：84-87.

[2] 霍尔. 编码，解码 [M]// 罗钢，刘象愚. 文化研究读本. 北京：中国社会科学出版社，2000.

[3] 向华江. 斯图亚特·霍尔与文化研究的符号学路径探析 [D]. 南昌：江西师范大学，2009.

[4] 赵瑾. 斯图亚特·霍尔"编码与解码"理论的研究 [D]. 南宁：广西师范大学，2014.

[5] 陈力丹，林羽丰. 继承与创新：研读斯图亚特·霍尔代表作《编码/解码》[J]. 新闻与传播研究，2014（8）：99-112，128.

[6] 黄鑫. 新的博弈——再读霍尔的编码/解码理论 [J]. 新闻传播，2013（4）：143-145.

[7] 胡正强. 新闻传播中"对抗式"解码现象论析 [J]. 现代传播（中国传媒大学学报），2016（10）：42-47.

六、大众文化理论

（一）理论溯源

受当时社会环境的影响，不同时期的学者对于大众文化的态度也存在差异性。西方学者对于大众文化的研究大致分为以下三类。

第一类，法兰克福学派的大众文化批判理论。1923年，法兰克福社会研究所创建标志着法兰克福学派成立，在20世纪三四十年代发展起来，成员包括霍克海默、阿多诺、马尔库塞、哈贝马斯等人。其大众文化批判理论形成的社会背景：一是反思以纳粹主义为主要特征的极权社会的统治手段；二是分析和批判蓬勃兴起的大众文化。在此语境下，法兰克福学派揭露大众文化作为统治阶级意识形态工具，批判工具理性压制人文理性，同时，颂扬文化个性和创造性。❶

法兰克福学派批判大众文化的工业化生产方式和商品运作逻辑，以资本的逐利性为主导。但它没有看到大众文化和文化产业发展的必然性，过分放大了其不利的一面，没有看到大众文化对个人及社会的积极作用。❷法兰克福学派具有精英主义与悲观主义特征。精英意识主要表现在美学上贬低大众

---

❶ 唐旭昌. 西方大众文化理论视阈下的中国文化产业发展 [J]. 国外社会科学，2015（3）：118-128.

❷ 同❶。

文化文本的审美价值(如平面化、单一化、复制化等),而悲观主义则表现为把大众文化视作适应统治意识形态需要而生产出来的,意在巩固这种意识形态。❶

第二类,伯明翰学派的大众文化理论。20世纪60年代英国"伯明翰当代文化研究中心"成立,标志伯明翰学派的诞生,其主要成员包括理查德·霍加特、雷蒙·威廉斯、斯图亚特·霍尔、汤普森和约翰·费斯克等。伯明翰学派成立时间比法兰克福学派稍晚一些,所处的历史背景与法兰克福学派尤其是早期的法兰克福学派有所不同。此时,影视业发展较好,文化产业的社会影响更大,大众文化的必然性和社会进步意义的社会认可度更高。他们从工人阶级的文化、平民主义文化、通俗文化的视角,以一种宽容、理解的心态来审视大众文化。❷强调大众文化具有自主性和建构性。❸

70年代以后,以费斯克为代表的西方学界开始重新审视大众文化的特性。约翰·菲斯克(John Fiske)是美国大众文化的重要理论家和实践者,他撰写了《理解大众文化》(Understanding the Popular Culture,1989)、《读解大众文化》(Reading the Popular,1989)等8部著作以及数百篇相关文章,尝试建立不同于法兰克福的大众文化理论。❹

在费斯克看来,文化不等于文化产品,文化是活生生的意义生产过程,接受者及其接受方式决定生产。同样,大众文化也不等于文化工业提供的产品(文化商品),"大众文化只存在于其生产与再生产的过程中,只存在于日常生活的实践中,而不是存在于静止、自足的文本中"❺。同时,费斯克认为:"大众文化由于其自身的原因及其所处的社会历史条件的限制,只能是在微观政治水平上起作用,永远不会直接对抗或推翻既有政治秩序。"❻批判

---

❶ 霍克海默,阿多诺.启蒙辩证法[M].洪佩郁,蔺月峰,译.重庆:重庆出版社,1990.

❷ 唐旭昌.西方大众文化理论视阈下的中国文化产业发展[J].国外社会科学,2015(3):118-128.

❸ 同❷.

❹ 陶东风.超越精英主义与悲观主义———论费斯克的大众文化理论[J].学术交流,1998(6):92-98.

❺ FISKE J. Understanding the popular culture[M].New York:Routledge,1989:176.

❻ 同❺:133.

大众文化的短板。

威廉斯认为，特定文化就是对某种特定生活方式的描述和表达；真正的文化生产和创作应该来源于大众的生活经验与物质生产活动及其交往关系；真正的文化是与社会上大多数人发生关系的文化，是更多地表达社会大众的情感和精神世界的文化。英国学者约翰·斯道雷认为威廉斯的文化评价标准"不存在衡量当代文化是好是坏、是高是低的绝对标准，对文化的判断不可过于武断，而是要持开放的态度，结合历史的语境"❶。这些学者都在反思法兰克福学派的文化批判理论，发掘大众文化的积极因素。

伯明翰学派认为大众的自主性和建构性生动地体现在青年亚文化之中。处于平民阶层的青少年因无法融入主流文化而陷入"认同危机"，他们便通过光头党、嬉皮士、朋克、摇滚乐甚至吸毒等风格化的方式来挑战和抵抗主流文化。即使被"收编"，还是对主流文化和统治阶级的意识形态起到了抵抗和解构的作用，凸显大众的自主性和建构性。❷青年亚文化的对抗性，以及由此凸显的大众的自主性都是对法兰克福学派的大众文化理论形成挑战。

第三类，后现代主义的大众文化理论。自20世纪60年代以来，随着城市化进程的突飞猛进、信息技术的不断变革、消费在社会中地位的日益凸显，消费社会特征日益凸显，逐渐形成以影像和符号为外在表现特征的大众文化新形态，即后现代主义的大众文化。后现代主义大众文化理论研究主要集中于后现代背景下消费文化、媒介文化的新特质和大众文化的新特点。后现代主义的大众文化理论对于大众文化的商业性、他律性、肤浅性进行了否定和批判；后现代主义的大众文化理论与伯明翰学派具有更多的相通性，他们都反对把高雅文化与通俗文化绝对对立的观点，都主张大众文化存在的必然性和进步性。❸

德波用"景观社会"来描述发达资本主义社会的影像物品生产与物品影像消费的新阶段，"在现代生产条件无所不在的社会，生活本身展现为景观（Spectacles）的庞大堆聚。直接存在的一切都全都转化为一个表象"❹。

---

❶ 唐旭昌.西方大众文化理论视阈下的中国文化产业发展[J].国外社会科学，2015（3）：118-128.

❷ 同❶。

❸ 同❶。

❹ 德波.景观社会[M].王昭风，译.南京：南京大学出版社，2006：3.

而他所理解的"景观"从表面上看是"影像的聚积""一种由大众传播技术制造的视觉欺骗",实质上是"以影像为中介的人们之间的社会关系""已经物化了的世界观"❶,批判大众文化的虚拟性特征。

波德里亚的大众文化研究运用符号学理论对大众文化宰制的消费社会(或后现代社会)进行分析,揭示大众文化及后现代社会的本质:社会已消解或"内爆"为一些大众、阶级和种族的差异已消失,社会由巨大的、无差别的大众构成,而大众生活在由符号和影像主宰的仿真时代,背后则是由大众媒介操控的文化霸权。❷后现代主义的大众文化的突出特征是"影像"和"符号",把世界简约为一个抽象的、充斥着影像与符号的世界,从而脱离了客观的物质世界,具有唯心主义倾向。❸

(二)理论延展

不同学者对于大众文化的态度存在差异,有的乐观对待,有的感到比较悲观,也有的持包容态度,辩证看待其带来的社会影响。

第一,悲观视角的分析。法兰克福学派过分夸大了大众文化的消极影响,对大众文化的态度呈现精英主义和悲观主义倾向,大众文化被批判、被敌视、被贬低。当然,法兰克福学派的大众文化理论并不是绝对的批判和解构,而是在批判的基础上重塑和建构一种更加合理的文化形态。当然这种文化并不能简单地理解为一种精英文化,这种文化也并非与大众文化彻底决裂,并不是完全排斥现代科学技术。该理论促使我们对在发展文化产业中限制资本,合理运用科学技术,正确处理经济效益和社会效益之间的关系。❹

第二,乐观视角的分析。大众消费时代,商品消费成为人们主要的生活形式。社会环境的变迁引发学者重新审视大众文化。费斯克超越了传统的精英主义与悲观主义态度,以一种平民化、乐观的新视野审视大众文化。

---

❶ 德波.景观社会[M].王昭凤,译.南京:南京大学出版社,2006:3.
❷ 于文秀.第三种大众文化理论——波德里亚大众文化批判理论[J].文艺研究,2010(12):46-52.
❸ 唐旭昌.西方大众文化理论视阈下的中国文化产业发展[J].国外社会科学,2015(3):118-128.
❹ 同❸。

不难发现，从霍克海默、阿多诺，到费斯克的《理解大众文化》，大众文化的概念也发生了转向。费斯克摒弃了在第一代法兰克福学派以前就一直沿用的"Mass Culture"的提法，而代之以"Popular Culture"。按费斯克的说法，大众文化的主体是"大众"（The People），而不是群众（The Masses）或民众（Folk）：群众是愚昧的群体，容易被体制奴役，而大众则是由独立个人构成，对奴役具有抵制倾向。

费斯克认为大众传播包含文化产品的生产过程和文化产品的消费过程。前者是媒介从事选择、加工、"符号化"和"赋予意义"的过程；后者是受众进行符号解读的过程，期间充斥着传受双方权力博弈的过程，受众可能对文本做出偏好性、妥协性、对抗性解读，从而带来不同的意义建构特征。

第三，包容视角的分析。波德里亚对大众文化的分析介于法兰克福学派与费斯克等乐观派之间，既具有批判性，又包含开放性和包容性。❶ 后现代主义的大众文化的突出特征是"影像"和"符号"，把世界简约为一个抽象的、充斥着影像与符号的世界，从而脱离了客观的物质世界。但是他们关注到信息社会文化领域的新现象：视觉文化、影像文化、网络文化，并对这种大众文化特征与规律做了较为正确的揭示和批判性的思考，这为我们利用信息技术发展文化产业提供了思考和启示。❷

大众文化具有多元性、通俗性、娱乐性，一定程度上提高了大众的文化素质，普及了文化知识，给普通百姓带来更多的文化选择和自由。大众文化是精英文化的一种有效补充，它反映和表达的有大众的审美需要和精神心理需要，因而它不仅是商品，也是文化产品。❸

（三）案例解析：西方大众文化理论视阈下的中国文化产业发展❹

西方大众文化理论是西方国家尤其是欧美发达国家在文化产业充分发展

---

❶ 于文秀.第三种大众文化理论——波德里亚大众文化批判理论[J].文艺研究，2010（12）：46-52.

❷ 唐旭昌.西方大众文化理论视阈下的中国文化产业发展[J].国外社会科学，2015（3）：118-128.

❸ 刘英杰.大众文化成为意识形态——法兰克福学派大众文化理论评析[J].学习与探索，2016（12）：38-41.

❹ 同❷。

的背景下产生的理论学说，它是对欧美发达国家的文化产业发展进行分析、反思和批判的产物。中国大众文化和文化产业发展的现实语境与西方大众文化理论的历史语境虽不完全相同，但也存在一定程度的相似性和共同性。因此，用西方大众文化理论观照、分析中国文化产业发展的现实，并提供有益的思想资源，从而促进中国文化产业健康良序地发展。❶

本案例文章采用文献分析法，分别从法兰克福学派、伯明翰学派以及后现代主义学派等三大主要派别针对大众文化的研究观点进行梳理。总结西方大众文化理论的历史语境，以及三个阶段或学派针对大众文化的学术观点。本案例文章采用比较研究法，比较不同学派学术观点的异同，截取其中的核心观点和合理成分。同时，具体分析中国文化发展的现实语境，以及相关学术观点的适应性。

第一，大众文化批判理论形成的社会背景分析。法兰克福学派早期的大众文化批判理论形成的社会背景主要是反思以纳粹主义为主要特征的极权社会的统治手段，以及对蓬勃兴起的大众文化进行分析和批判。❷由此，审视法兰克福学派大众文化批判理论的批判性也就情有可原了。

第二，大众文化批判理论形成的建设性价值分析。本案例文章也认为法兰克福学派的大众文化批判理论具有建构意义，试图建构一种新型大众文化，当然这种文化并不能简单地理解为一种精英文化，这种文化也并非与大众文化彻底决裂，并不是完全排斥现代科学技术。促使我们对在发展文化产业中要限制资本，合理运用科学技术，正确处理经济效益和社会效益之间的关系。❸其建构意义尤其值得反思和借鉴。

第三，大众文化批判理论不同学派观点的比较。伯明翰学派所处的历史背景与法兰克福学派有所不同，此时的文化产业比较发达，社会认可度也比较高。所以，这些学者看待大众文化更加宽容，心态平和。但是，他们对大众文化的商业性和意识形态性心存戒备。❹

---

❶ 唐旭昌.西方大众文化理论视阈下的中国文化产业发展[J].国外社会科学，2015（3）：118-128.

❷ 同❶。

❸ 同❶。

❹ 同❶。

后现代主义的大众文化理论与早期法兰克福学派都对大众文化的商业性、他律性、肤浅性进行了否定和批判；后现代主义的大众文化理论与伯明翰学派具有更多的相通性，他们都反对把高雅文化与通俗文化绝对对立的观点，都主张大众文化存在的必然性和进步性。❶

西方大众文化理论的演变和发展轨迹折射了这些思想家对大众文化的立场与态度的变迁，他们对大众文化经历了从批判到理解、从排斥到接纳的历程。这既与时代的变迁和社会的发展有关，也与这些思想家对大众文化认识水平的不断提升有关。这给予我们的最大启示就是客观理性地对待大众文化，要用理解、宽容、平和的心态去看待大众文化，在看到其自身局限性的同时，更应看到对个人、对社会的积极意义和重要作用。❷

第四，中国语境下大众文化理论的价值分析。作者还结合当前中国现状进行思考，文化产业与信息技术尤其是与互联网的高度融合具有积极作用；移动互联网和智能终端设备催生了数量众多的消费群体，这为文化产业与信息技术的融合提供了强大的动力。这些利好因素有利于文化企业构建与信息技术相结合的文化技术创新体系，更有利于文化企业生产出既具有科技含量又具备丰富文化内涵的文化产品。❸

（四）科研训练

参考下面的文章，结合大众文化理论，对新媒体语境中特定大众文化现象（如网剧）进行分析，探索当下网络环境下的大众文化特征。

［1］陶东风.超越精英主义与悲观主义——论费斯克的大众文化理论［J］.学术交流，1998（6）：92-98.

［2］于文秀.第三种大众文化理论——波德里亚大众文化批判理论［J］.文艺研究，2010（12）：46-52.

［3］唐旭昌.西方大众文化理论视阈下的中国文化产业发展［J］.国外社会科学，2015（3）：118-128.

---

❶ 唐旭昌.西方大众文化理论视阈下的中国文化产业发展［J］.国外社会科学，2015（3）：118-128.

❷ 同❶。

❸ 同❶。

七、受众商品论

（一）理论溯源

受众一直是传播研究的核心议题，也是媒介消费的关键环节。但是，经验学派研究总是将受众作为劝服的对象，受众研究只是效果研究的一部分。随着媒介产业的发展和社会环境的变化，经验学派研究才逐步关注受众的需求、受众的差异性和自主性。但这些研究依然站在传者本位的立场，以劝服和影响受众为目的。受众仍然是流动的、匿名的、缺乏个性的大众集合。❶

随后，有学者提出"积极受众"（Active Audience）的观点，认为受众是"意义的真实制造者"（True Producer of Meaning）。斯麦兹开创传播政治经济学受众研究之风，把媒介看成由特定生产关系组成的生产场域，媒介使用者则是媒介生产场域中的劳动实践者。❷

斯麦兹一直思考资本主义传播工业的结构、性质和运作机制。❸1951年，斯麦兹在瓦萨（Vassar）学院消费者联盟研究所的一次会议发言中提出了受众商品论的雏形，认为广播和电视实际上是将受众的忠诚度卖给了广告商，媒体实际上是"发展受众对广告商的忠诚度"。❹1977年，斯麦兹发表了《传播：西方马克思主义的盲点》，系统地考察媒介、受众、广告商的三角关系。在他看来，马克思主义传播理论的起点就是商品交换理论。他继承了马克思关于资本主义社会是商品化社会的概念，提出了"受众商品论"（Audience as Commodity）。❺

斯麦兹"受众商品论"的核心观点有三个。❻

---

❶ 乔同舟."异化"还是"解放"——批判视野中的受众角色解读[J].新闻传播，2016（15）：4-7.

❷ 蔡润芳."积极受众"的价值生产——论传播政治经济学"受众观"与Web2.0"受众劳动论"之争[J].国际新闻界，2018（3）：114-131.

❸ 陈世华."受众商品论"的理论溯源与未来走向[J].新闻知识，2012（1）：3-5.

❹ 同❸。

❺ 同❸。

❻ 同❶。

第一,受众是媒介生产的真正商品。斯麦兹认为,广播电视节目并非媒介生产的真正商品,而是"钓饵"以引诱受众。只要受众打开电视,调查公司便能够测量出他们的特征,然后将这些数据出售给广告主。媒介则根据受众的数量和质量(年龄、性别、文化程度、收入等人口指标)的高低(即购买力的强弱)向广告主收取费用。所以,媒介公司提供节目以吸引受众,并打包出售给广告主。

第二,受众通过休闲劳动生产商品的"象征价值"。斯麦兹指出,受众的闲暇时间被媒体利用并出卖,成为新的劳动时间。受众的休闲也是在劳动,他们在消费媒介内容和广告信息的同时,生产出商品的"象征价值"。这种象征价值最终通过购买商品时付出的附加广告费来实现。

第三,受众劳动的本质体现为冲动购买。斯麦兹说,受众利用休闲时间来消费广告信息,并为广告商创造剩余价值;大量休闲时间被媒介转化为劳动,减少了消费者购买决策前的思考时间,鼓动性的广告信息又刺激了消费者对非必需商品的欲望,助长了消费的非理性,导致冲动购买。❶

马克思曾指出,资本主义社会是商品化的社会。发达资本主义社会的大众传播媒介由广告费支持也就成为商业媒介。达拉斯·斯麦兹开辟了传播政治经济学研究领域,建立了传播政治经济学研究的批判学派。斯麦兹提出受众商品论的观点,其学术研究具有世界性的影响。❷

(二)理论延展

第一,"受众商品论"的争议点。斯麦兹提出"受众商品论"后引发众多学者的质疑与批判,引起争议的关键点之一便是斯麦兹对政治经济学路径的提倡,对其他路径的排斥。❸英国政治经济学学者默多克认为,斯麦兹的提议是单方面的,其对文化方面的分析被经济考量所限制。传输给受众的信息、娱乐、教育材料无疑是一个诱饵,但真正被出售的到底是什么东西却缺

---

❶ 乔同舟."异化"还是"解放"——批判视野中的受众角色解读[J].新闻传播,2016(15):4-7.

❷ 郭镇之.传播政治经济学理论泰斗达拉斯·斯麦兹[J].国际新闻界,2001(3):58-63.

❸ 陈世华."受众商品论"的理论溯源与未来走向[J].新闻知识,2012(1):3-5.

乏明确界定。❶ 英国批判学者加纳姆指出："斯麦兹将自主性看作它的'盲点'，它正确地将我们的注意力从大众媒介作为意识形态机器重新转移到它们的经济功能上来。但此过程中，他提出了极端简化主义的理论。"❷

郭镇之认为，斯麦兹的"受众商品论"深刻地揭示了广播电视媒介传播经济的本质。尽管这种本质是最重要的方面，但是，学者可以从不同的角度，以不同的范式，对传播活动进行不同的解释。❸陈世华认为，"受众作为传播的主体之一，不但是商品交换过程中的重要一环，也是价值生产过程中的重要一环，受众商品论一直缺乏对后者的考察"❹。汪金汉认为，斯麦兹的受众劳动以及对于媒介内容的消费，停留在商品流通方面。斯麦兹没有意识到其中隐含的剥削及资本积累的问题，他需要解决的问题是媒体、受众以及广告商三者之间的一种商品价值的交换。❺

基于马克思商品论视角分析，受众商品论缺乏理论基础。陈世华认为，马克思的商品理论认为，商品是为他人消费而生产的，对他人有使用价值，只有商品才能被生产和出售。但受众和受众时间都没有使用价值和交换价值，也不能被出售。只有生产广告材料的活动才是生产性的劳动。大众媒体和其他传播系统组成了传播不变资本。所以广告商支付广告费用购买的不是受众的观看时间，而是支付利用传播系统的费用，即不变资本。受众并没有任何生产性活动，从根本上否定了受众商品论的理论基础。❻

第二，"受众商品论"的受众观属于积极还是消极。有学者认为"受众商品论"属于消极的受众观。陈世华认为，斯麦兹太匆忙地假定受众商品的单一性和独立性，而没有考虑到介于媒体和受众之间复杂的互动机制，没有

---

❶ 陈世华."受众商品论"的理论溯源与未来走向[J].新闻知识，2012（1）：3-5.

❷ 乔同舟."异化"还是"解放"——批判视野中的受众角色解读[J].新闻传播，2016（15）：4-7.

❸ 郭镇之.传播政治经济学理论泰斗达拉斯·斯麦兹[J].国际新闻界，2001（3）：58-63.

❹ 同❶。

❺ 汪金汉."劳动"如何成为传播？——从"受众商品"到"数字劳工"的范式转变与理论逻辑[J].新闻界，2018（10）：56-64.

❻ 同❶。

看到受众市场上普遍存在的代理——市场调查公司。❶乔同舟认为,斯麦兹深刻独到地揭示了"媒介—受众—广告商"之间的三角关系,极具洞察力和前瞻性,但又暗地里退回到媒介效果的"刺激—反应"模式中。❷

也有学者认为"受众商品论"属于积极的受众观。加拿大传播政治经济学者莫斯可认为,"受众商品"与"受众劳动"概念突出了受众在媒体价值创造过程中的积极作用,强调媒体机构是建构受众劳动与资本市场关系的重要桥梁。❸蔡润芳认为被诟病为"经济简化论""被动受众"是对斯麦兹传统的误读,传播政治经济学强调"积极受众"的生产性,受众具有主观能动性,是意义的真实制造者。❹

此外,众多学者肯定了"受众商品论"的提出具有开创性意义。文森特·曼泽罗尔(Vincent Manzerolle, 2010)认为斯麦兹对媒介与受众的分析意义绝对不能简单地诟病为"被动的受众研究",其开创了对传播媒介的马克思主义批判式诊断。❺1979年,李文特肯定了"盲点"一文的积极作用,称该文"打开了对于受众劳动形式的研究""第一次将研究焦点集中在受众商品之上"❻。

第三,针对"受众商品论"的补充和完善。有学者对"受众商品论"进行了补充和完善。

一是认为广告商支付广告费用购买的是受众的观看时间。❼Jhally S 和 B Livant 认为:"观众接受传播的过程不是消费过程,而是劳动过程,受众在观看附加物(extra),即广告中劳动,正是这种多余附加值才是媒介出售的

---

❶ 陈世华. 达拉斯·斯麦兹的传播思想新探[J]. 南昌大学学报(人文社会科学版), 2014, 45(3): 125-131.

❷ 乔同舟. "异化"还是"解放"——批判视野中的受众角色解读[J]. 新闻传播, 2016(15): 4-7.

❸ 蔡润芳. "积极受众"的价值生产——论传播政治经济学"受众观"与Web2.0"受众劳动论"之争[J]. 国际新闻界, 2018, 40(3): 114-131.

❹ 同❸。

❺ 同❸。

❻ 汪金汉. "劳动"如何成为传播?——从"受众商品"到"数字劳工"的范式转变与理论逻辑[J]. 新闻界, 2018(10): 56-64.

❼ 陈世华. "受众商品论"的理论溯源与未来走向[J]. 新闻知识, 2012(1): 3-5.

东西。"❶ 甘地（Gandy）从互动的角度指出，"媒介生产的'时间块'（Blocks of Time）才是商品，只有当媒体与受众交流的时候，受众才被作为商品出售给广告商"❷。

二是媒介是作为代理将受众分级包装出售给广告商。女性主义学者米汉（E. Meehan）认为消息和受众都没有被当作商品交换，只是分级（ratings）。❸ 媒介不参与受众的生产，只是将受众信息分门别类包装为商品出售给广告商。❹

三是提出"控制论商品"概念。莫斯可（Mosco）提出"控制论商品"（Cybernetic Commodity）的概念，认为受众商品具有控制论性质，媒体生产的商品并不是实际的受众（所谓受众的人头数），而是受众的信息（观众的多少、类别的构成、使用媒介的形态）。在媒介市场中，媒介和其广告客户之间的交易，交换的不是有形商品，而是发行量、阅读率这些信息。❺

第四，"受众商品论"的新阐释。伴随着新媒体时代的到来，许多学者对"受众商品论"做出了新的阐释。

一是受众由"商品"转变"产消商品"。蔡润芳认为，媒介使用者是"产消商品"，而广告则是平台公司价值利润的实现方式。平台公司将用户"产消商品"卖给广告商以赚取剩余价值。❻ 福克斯（Fuchs）认为，在互联网时代有一种新的商品形式——产消者商品（Prosumer Commodity）。❼ 乔同舟认为，受众具有信息生产能力，他们不仅生产意义，还生产信息产品的全

---

❶ 陈世华."受众商品论"的理论溯源与未来走向[J].新闻知识，2012（1）：3-5.

❷ 同❶。

❸ 同❶。

❹ 祝明江.社会化媒体环境下"受众商品论"再阐释[J].今传媒，2013，21（5）：153-155.

❺ 同❶。

❻ 蔡润芳."积极受众"的价值生产——论传播政治经济学"受众观"与Web2.0"受众劳动论"之争[J].国际新闻界，2018，40（3）：114-131.

❼ 汪金汉."劳动"如何成为传播？——从"受众商品"到"数字劳工"的范式转变与理论逻辑[J].新闻界，2018（10）：56-64.

部。这些用户生产的内容为媒体带来注意力资源以及伴随的广告收入。而作为消费者,他们消费媒体内容的同时提供注意力资源,并为此付出费用;作为商品,他们依然是媒体和广告商交换的内容。❶

二是受众在与媒介关系中主动性增强、商品性减弱、"被统治"程度加深。祝明江在新旧媒介环境对比中,借助受众商品论的研究视野,提出"全天候商品人"概念。"全天候商品人"借助媒介让人得以延伸真实社交网络,扩展生活空间,满足了精神、交流等情感需要。❷

三是受众商品剩余价值的衍生途径多元化。高亢认为,互联网和数字技术的创新使得新媒体的从业者们探索出以受众的主动操作将需求转化为广告商剩余价值的新途径,通过付费点播、点击率、关键词、竞价排名等方式构建独特的信息数据平台,不断拓展受众商品剩余价值的衍生途径。❸

四是广告商由"幕后"转向"幕前"。高亢指出,新媒体时代的广告商与受众以近乎平等的身份交流。广告商可以通过互动性的媒体平台和企业的电子商务平台就产品和服务与受众进行即时通信,开展线上和线下的沟通与交易,跟踪了解受众需求并改变自己的营销策略。❹

(三)案例解析:"受众商品论"的理论溯源与未来走向❺

本案例文章的研究起点是,达拉斯·斯麦兹作为传播政治经济学研究领域的重要人物,其所提出的"受众商品论"对认识资本主义传播工业的结构、性质和运作机制有着重要的意义,但该理论也受到众多学者的质疑与批判。本案例文章试图通过梳理受众商品论的历史和现状,思考在当代语境下受众商品论的意义,以及所需要进行的更新和变革。❻

---

❶ 乔同舟."异化"还是"解放"——批判视野中的受众角色解读[J].新闻传播,2016(15):4-7.

❷ 祝明江.社会化媒体环境下"受众商品论"再阐释[J].今传媒,2013,21(5):153-155.

❸ 高亢.关于新媒体环境下"受众商品论"作用机理的思考[J].现代传播(中国传媒大学学报),2013,35(5):163-164.

❹ 同❸.

❺ 陈世华."受众商品论"的理论溯源与未来走向[J].新闻知识,2012(1):3-5.

❻ 同❺.

受众商品论揭示了资本、市场和媒介的三者关系。如今受众商品论从旧媒体时代走向新媒体时代，经历了修正和完善，尤其是近年来因特网技术的发展，使受众的角色和行为不断发生变革，受众商品论的研究必须紧随时代变迁做出独立的思考，不断进行更新和转变。❶

首先，本案例文章梳理了学界对于"受众商品论"的质疑、批判与修正。本案例文章指出斯麦兹提倡政治经济学路径，排斥其他路径是引起众多学者质疑的症结所在。此外，"受众商品论"中对于商品、劳动、价值等概念的界定与马克思迥异，也是学者的争议点之一。其次，本案例文章论述了新媒体时代下"受众商品论"的嬗变。不同于大众媒体时代，在新媒体语境下，受众由原先的"消费者"转变为"产消者"，受众角色的能动性进一步发挥，"受众商品论"遭到挑战。最后，本案例文章对"受众商品论"的未来走向做了阐述。作者认为应回归马克思主义，结合政治经济学与其他路径，对"受众商品论"做出进一步阐述。同时，新媒体语境下，对"受众商品论"做出修正与更新。

本案例文章的末尾指出基于技术的发展，受众的角色和行为发生变化，"受众商品论"需要进一步革新。对此，本案例文章认为应该从几方面着手：一是回归马克思主义与政治经济学路径，从"受众商品论"的理论基础出发对理论进行补充。二是适应语境的变迁对"受众商品论"做出新的阐述。三是在原有的基础上结合其他路径对"受众商品论"进行更全面的研究。这为之后的学者进一步研究"受众商品论"提供了思考方向。

整个文章较为系统地分析"受众商品论"，并结合当下传媒环境，探索未来发展思路，基于理论却又不拘泥于理论。

（四）科研训练

参考下面的文章，结合"受众商品论"与研究者所提出的理论未来走向，对新媒体语境中"受众商品论"的嬗变做进一步阐述。

[1] 陈世华. "受众商品论"的理论溯源与未来走向 [J]. 新闻知识,

---

❶ 陈世华. "受众商品论"的理论溯源与未来走向 [J]. 新闻知识, 2012 (1): 3-5.

2012（1）：3-5.

[2] 郭镇之.传播政治经济学理论泰斗达拉斯·斯麦兹[J].国际新闻界，2001（3）：58-63.

[3] 蔡润芳."积极受众"的价值生产——论传播政治经济学"受众观"与Web2.0"受众劳动论"之争[J].国际新闻界，2018，40（3）：114-131.

[4] 陈世华.达拉斯·斯麦兹的传播思想新探[J].南昌大学学报（人文社会科学版），2014，45（3）：125-131.

[5] 汪金汉."劳动"如何成为传播？——从"受众商品"到"数字劳工"的范式转变与理论逻辑[J].新闻界，2018（10）：56-64.

八、文化帝国主义理论

（一）理论溯源

讨论文化帝国主义之前，我们先看看什么是帝国主义。1902年，英国经济学家约翰·霍布森在《帝国主义研究》一书中认为，帝国主义是资本主义经济过剩的产物，帝国主义是一个国家为了本国的政治和经济等目的而对他国制度与生活的控制。❶其关键词是对他国的"控制"。

法兰克福学派的代表人物马克斯·霍克海默尔、特奥多尔·阿多尔诺、莱奥·洛温索尔以及沃尔特·本杰明等人，以"批判理论"精神反思西方文化，吸引学者关注现代美国消费社会及其影响，在此语境下诞生"文化帝国主义"批判思想。❷简言之，"文化帝国主义"是指欧美发达国家利用其文化优势，对不发达国家和地区强制推行本国的信念、价值观、知识以及行为规范及其生活方式。❸

1969年，席勒深受法兰克福学派的影响，强烈批评美国媒介文化产品在海外的扩张。他在专著《大众传播与美利坚帝国》中批判大众传媒对美国媒介文化产品的海外输出。

---

❶ 王晓德."文化帝国主义"命题源流考[J].学海，2009（2）：28-37.

❷ 同❶。

❸ 同❶。

1976年，席勒在《传播与文化统治》一书中正式使用"文化帝国主义"，以批判发达国家对发展中国家文化发展的控制。

1977年，英国学者奥利弗·博伊德-巴雷特在一篇论文中首次使用"媒介帝国主义"，并做详细的阐述。❶

20世纪60年代的"媒介帝国主义"理论具有"依赖论"与"传播优势论"特征，认为第三世界国家无法独立自主发展，必须依赖西方大国的政治、经济和文化的剥削。而美国是"媒介帝国"与"军事工业结合"，拥有强大的传播优势，对外具有文化侵略和文化剥削特征。❷

约翰·汤姆林森在《全球化与文化》中指出："文化帝国主义汇集了一系列主导型话语，美国主导欧洲，西方主导非西方，核心主导边缘，现代世界主导迅速消失的传统世界，资本主义或多或少主导了其他的制度及所有的人。"❸ 而在很大程度上，"文化帝国主义"所涉及的范围既包括了"媒介帝国主义"在内，又远远超出了"媒介帝国主义"所限定的内容。二者不是一种等同的关系，但联系却十分密切，大众媒介产品在向外传递文化信息过程中发挥了至关重要的作用。❹ 简言之，媒介只是文化载体的一部分，"文化帝国主义"比"媒介帝国主义"涵盖面更广。

1993年，美国文化批评家萨义德的《文化与帝国主义》一书认为文化与帝国主义行为紧密相连，文化是帝国扩张的重要手段之一。❺ 在许多研究者看来，"文化帝国主义"与"美国化"并没有本质上的区别，本质上都是美国大众文化向全球扩散并使不同地区的文化向美国文化趋同的过程。❻ 彼得拉斯认为，美国文化帝国主义有两个主要目标：经济的目的和政治的目的。"经济上是要为美国文化商品攫取市场，政治上则是要通过形成大众意

---

❶ ROACH C. Cultural imperialism and resistance in media theory and literary theory[J]. Media, Culture & Society, 1997, 19（1）: 48.
❷ 李金铨. 传播帝国主义[M]. 台北：久大文化股份有限公司，1976：34-35.
❸ 汤姆林森. 全球化与文化[M]. 郭英剑，译. 南京：南京大学出版社，2002：117.
❹ 王晓德. "文化帝国主义"命题源流考[J]. 学海，2009（2）：28-37.
❺ 同❹。
❻ 同❹。

识来建立霸权。娱乐商品出口是资本积累和取代制造业出口的全球利润的重要来源之一。"❶

(二)理论延展

有学者坚持认为,文化帝国主义与"美国化"不同,主要体现在被动性和主动性之别。其中,文化帝国主义是被侵略国家或地区被动接受文化侵蚀,而"美国化"这是依靠美国文化产品的吸引力,吸引那些追求"现代性"的人主动模仿美国文化产品传递的生活方式。❷特定国家或地区人们的文化或生活方式是否"美国化",则取决于这些国家或地区人们自己的决定,不受外来压力制约。

文化帝国主义具有强烈的批判精神,在当时的历史语境下,这一理论对信息和传播的担忧不无道理。欧美国家利用先进的科学技术大力拓展和占领世界文化市场,以一种隐蔽性、欺骗性的方式企图延续帝国主义在经济上和政治上的全球统治。❸文化帝国主义理论深刻地批判了美国借助文化称霸世界的企图。但是,也有研究者认为赫伯特·席勒的文化帝国主义思想过于激进,如学者詹姆斯·罗尔认为"通信技术从来就不仅仅为其创造者、开发者和管理者服务",任何政治、经济、文化力量都无法控制传播系统的源头、渠道、信息和接受者。❹文化帝国主义思想的担忧有些过度。

时至今日,人类踏入信息时代,早先的文化帝国主义由于常以"第三世界""政治集团""霸权"等为研究核心而被视作特殊历史背景下的产物,会随着冷战的结束而失去它存在的价值。但是,"文化帝国主义"并未就此退出历史舞台,而是以一种新的、更为隐秘的形式存在。其表现形式主要如下。

---

❶ SINCLAIR J, JACKA E, CUNNINGHA S. New patterns in global television: peripheral vision[M].New York: Oxford University Press, 1995: 7.
❷ 王晓德. "文化帝国主义"命题源流考[J].学海,2009(2):28-37.
❸ 张小平. 当代文化帝国主义的新特征及批判[J].马克思主义研究,2019(9):123-132, 160.
❹ 陈芳菁. 媒介和帝国主义文化的再解读[J].新闻研究导刊,2018(12):84, 115.

第一，电子殖民。以文化为主体的非领土性扩张的"电子殖民"与经济殖民相辅相成，共同在"全球化"这个伪命题下为美国服务，打压世界上其他民族和国家的文化和经济。❶

第二，数字帝国主义。研究认为，新的帝国主义"用其他形式的、以信息为基础的、在无国家边界之上运作的剥削来取代各种帝国主义"❷。也即利用数字技术在世界范围内实行帝国主义剥削。

第三，网络文化帝国主义。研究认为，"网络信息传播具有许多传统大众传媒所没有的特点，从而使网络文化帝国主义呈现出新的表现形式"❸。简言之，网络技术在一定程度上助推文化帝国主义的全球影响。

第四，全球对话主义。"全球对话主义"在解决"文化帝国主义"等全球时代文化研究问题时，避免"大全"（"全域主义"）和"整体"（"球域化"）的文化帝国主义嫌疑，以及由于对受众能动性的强调而导致的对"文化帝国主义"的全然无视。❹ 作者认为，"全球对话主义"既包含了现代性，也开放了后现代性，它是对二者的综合和超越。强调"在一个全球化的时代，每个民族，每种文化，都有话说。"❺ 全球对话主义是在淡化"文化帝国主义"的负面影响。

（三）案例解析：解读《达拉斯》❻

晚间电视剧《达拉斯》自 1978 年在美国哥伦比亚广播公司 CBS 首播之后，一直高居整个 20 世纪 80 年代全美国黄金时间电视收视率榜首，也是 20 世纪 80 年代第一个在海外市场上与美国本土一样大获成功的通俗文化产品。

---

❶ 陈璐，段京肃.电子殖民：全球化文化帝国的媒介殖民之道[J].甘肃社会科学，2013（3）：99-103.

❷ 卢斯夏诺.数字帝国主义与文化帝国主义[J].黄华莉，编译.马克思主义与现实（双月刊），2003（5）：92-102.

❸ 王怀诗.网络文化帝国主义：起源、表现及其伦理影响[J].图书与情报，2006（6）：11-15.

❹ 金惠敏.走向全球对话主义——超越"文化帝国主义"及其批判者[J].文学评论，2011（1）：159-166.

❺ 同❹。

❻ 陆晔.解读《达拉斯》：文化帝国主义的尴尬[J].新闻记者，2004（11）：11-13.

《达拉斯》等外来文化产品对本土文化的冲击究竟是媒介与文化帝国主义的体现，还是文化开放与全球文化多元化的结果？本土受众接受外来媒介与文化产品是颠覆本土文化价值观，还是打破守旧落后的思想价值桎梏并推进社会进步的积极意义？由此引出本文的研究问题。

本案例文章认为，大媒介集团的规模经济有利于降低成本，在国际传播市场竞争中占据优势，已是不争的事实；而每个国家因基础条件不同，对外来文化产品的依赖程度也不相同；更何况每个国家都可以聚集自身的内部力量来抵御外来文化产品。因此，对国际传播的文化影响需要根据不同情况区别对待，而无法一言以蔽之"文化帝国主义"。❶ 简单地从文化帝国主义视角研究跨文化传播，具有"皮下注射"理论的嫌疑，实际的跨文化传播的影响更为复杂。

本案例文章认为，谨慎套用文化帝国主义的论断，以看待外来文化产品的问题。转型期的中国社会从封闭走向开放，外来文化鱼龙混杂在所难免。但是，目前中国大众传播媒介的开放程度，未必为代表西方消费主义文化价值观的通俗文化产品的大规模进入提供可能性；而中国的受众也未必真的盲目无知到不加选择全盘接受的地步。全世界所有的国家和民族都面临传承文化的艰难和传统文化消亡的悲哀，而文化的生命力恰恰在于文化的开放性与多元性。

简言之，简单套用文化帝国主义理论，以解读本土传统文化的衰亡并敌视外来文化，都是一种简单僵化的思维惯性，而应多角度思考其中的复杂影响因素。目前有一些传播学研究者，尤其是初学者容易出现盲目套用理论，妄下定论的现象。该文章以文化帝国主义理论视角审视对待外来文化的态度，理性思考本土传统文化的衰败，比较有启发意义。

（四）科研训练

参考下面的文章，结合文化帝国主义理论，对当前美国文化传播及其对于其他国家的影响现象进行分析。

---

❶ 李金铨.传播帝国主义[M].台北：久大文化股份有限公司，1987：44-51.

[1] 王晓德. "文化帝国主义"命题源流考[J]. 学海, 2009（2）：28-37.

[2] 张小平. 当代文化帝国主义的新特征及批判[J]. 马克思主义研究, 2019（9）：123-132, 160.

[3] 陈芳菁. 媒介和帝国主义文化的再解读[J]. 新闻研究导刊, 2018（12）：84, 115.

[4] 潘慧琪. 不平等的世界传播结构："文化帝国主义"概念溯源[J]. 新闻界, 2017（12）：11-16.

九、文化霸权理论

（一）理论溯源

20世纪初，资产阶级为巩固政权镇压无产阶级运动，大量工人运动走向低谷，葛兰西一直在思考革命失败的原因。他在狱中写的《狱中札记》介绍了"统治"与"领导"的区别，认为领导就是通过宣传从而达到最终的目的。他认为上层建筑中的市民社会、意识形态、文化比政治社会影响更大。

20世纪70年代，吉特林将文化霸权理论引入美国，并成为美国文化研究的一种重要理论框架。❶吉特林在20世纪70年代中期出版《新左派运动的媒介镜像》一书，将葛兰西在《狱中札记》中提出的"文化霸权理论"引入新闻知识生产领域，提出了"媒介霸权"。吉特林认为，"关于霸权，并不存在一个充分而又完整的理论体系，可以从根源、力量以及缺陷等方面对社会结构和历史环境予以详细阐述"❷。

雷蒙德·威廉斯在吉特林提出的"媒介霸权"的基础上，首次界定"文化霸权"的内涵：一个阶级主宰另一个阶级的意识形态和文化，通过控制文化的内容和建立重要习俗以统一意见来达到支配目的。❸

随后，霍尔将文化霸权理论引入文化研究领域，对意识形态霸权主义进

---

❶ 周昱含，胡翼青. 从文化霸权到媒介霸权：论葛兰西思想的美国之旅[J]. 全球传媒学刊, 2015（3）：1-17.
❷ 吉特林. 新左派运动的媒介镜像[M]. 张锐, 译. 北京：华夏出版社, 2007：189.
❸ 刘奔前. 中国共产党视域内的"文化领导权"问题[J]. 宿州教育学院学报, 2012（1）：6-8.

行深度解读。他提出了著名的"编码/解码理论",他认为在编码过程中可以清楚地看到意识形态话语的介入。再次强调了意识形态霸权主义对话语权的影响。

阿尔都塞在对马克思主义有关国家机器和葛兰西有关能够发挥意识形态作用的国家机器相关知识进行解读时,提出了"意识形态国家机器"理论。❶他认为传播与文化的意识形态作为重要的国家机器对具体个人发挥巨大的作用。

葛兰西、霍尔和阿尔都塞的表述都提到了意识形态霸权主义的重要影响力。在后期研究中众多学者也是站在这个角度进一步讨论,展现出文化传播通过国家意识形态的影响达到文化霸权、国家霸权。

后期研究渐渐趋向文化帝国主义和媒介帝国主义。第二次世界大战以后新兴的民族国家尽管在政治上脱离了西方的殖民统治,但在经济和文化方面仍然严重依赖少数发达的资本主义国家,美国传播学家赫伯特·席勒(Herbert Schiller)基于这样的事实,在《传播与文化支配》(1976)一书中,认为文化帝国主义就是某个社会在外部压力的作用下被迫接受该世界系统中核心势力的价值,并使社会制度与这个世界系统相适应的过程。❷汤林森认为媒介是单一的中介功能,他表示:"文化帝国主义至关重要的方面,无一不是通过媒介而将意识形态四处传播的。"❸杨瑞明在《从现代化到全球化:媒介帝国主义理论的发展及其意义》一文中介绍了自20世纪70年代以来有关霸权理论的发展。在这些方面指出了媒介依附性权利和资源性权利,在全球化的影响下,由于文化软实力和资源的不平衡而产生媒介帝国主义。❹

互联网加快了信息传播的速度,扩大了信息传播的影响力,众多学者开始讨论话语领域的霸权现象。福柯表示一个人或是某个团体将其思想传播开来获得众多关注从而确立自身的权利地位。福柯阐明了媒介作为言说

---

❶ 刘海龙.传播游戏理论再思考[M]//《新闻学论集》编辑部.新闻学论集(第20辑).北京:经济日报出版社,2008:11.

❷ 张跣.文化帝国主义[J].国外理论动态,2006(8):58-59.

❸ 汤林森.文化帝国主义[M].冯建三,译.上海:上海人民出版社,1999:46.

❹ 邵培仁等.媒介理论前瞻[M].杭州:浙江大学出版社,2012:230.

平台所掌握的话语权,"有多样的权力关系渗透到社会的机体中去,构成社会机体的特征,如果没有话语的生产、积累、流通和发挥功能的话,这些权力关系自身就不能建立起来和得到巩固"❶。例如框架分析、议程设置理论等也都在某种程度上反映了话语霸权理论,当权力的主题或是话语权的拥有者可以制定传播内容和先后顺序以及版面篇幅时,受众一直被动接收这些讯息。这就展示了权力在制造话语权,反过来话语权也在巩固、再造、强化权力。❷

在技术不断革新,媒介又是技术的载体这一背景之下,法兰克福学派的电视意识形态宰制论表示,当时的电视代表优质文化对受众进行深刻影响。电视对受众有绝对的权威并且有效发挥意识形态作用。❸ 随后在媒介环境学派的研究当中也对技术领域做了深入探讨,尤其是波兹曼的技术垄断思想。换而言之,就是谁掌握了最新的技术就是掌握了最具影响力的话语权,技术成为文化霸权之路重要的工具。

(二)理论延展

大众传媒的全球化发展趋势给人们带来的负面影响可能超过正面效应。美国凭借其经济实力和高科技的优势,使发展中国家的传播和文化事业的发展面临着挑战。❹ 葛兰西提出的"文化霸权"主要是指当时法国国内的领导阶级掌管了统治权,所指范围是国内阶级的不平等现象。而在后续的研究当中逐渐转向国家之间、地区之间以及媒介霸权领域。例如麦克卢汉提出"地球村"理论,认为一个新媒介的产生会影响社会结构以及人们的生活与思考方式。但是,麦克卢汉过分强调了媒介的作用,媒介甚至引起文化霸权,这主要存在于运用媒介的国家。

随着大众文化的兴起,后期的学者经常会从大众文化传播领域分析文

---

❶ 包亚民.权利的眼睛——福柯访谈录[M].严峰,译.上海:上海人民出版社,1997:228.

❷ 邵培仁等.媒介理论前瞻[M].杭州:浙江大学出版社,2012:232.

❸ 陈龙."霸权理论"与电视意识形态宰制论[J].新闻与传播研究,2003(1):60-66,94.

❹ 程雪峰.媒介垄断与文化渗透:冷战后美国传播霸权研究[D].长春:吉林大学,2005.

化帝国主义的发展，主要是从电影电视的传播中内置意识形态的内容，这些文化的传播会促进文化帝国的文化侵略。例如美剧、好莱坞大片以及韩剧等，不再是文化帝国强硬的文化统治，更多地是通过受众乐于接受的文化产品隐蔽输出价值观以及意识形态内容，这些是前面的学者未曾涉及的领域。

（三）案例解析：媒介"异质性"空间生产与文化霸权对乡村的收编[1]

影像的乡村呈现的是真实地理空间与无形的想象结合的空间，是物理空间和表征的空间所共有的空间。显然，这个媒介化了的乡村与真实的地理的乡村空间有着明显的不同，更不同于占据社会空间主导地位的城市空间。那么，该怎么来认识这个影像的媒介化空间？它有什么样的特征？它与城市空间和乡村空间的关系是什么？当前环境下，影像乡村空间与乡村和城市空间存在什么样的互动关系？最终呈现的结果是什么？本案例文章主要采取案例分析法，引入《变形计》《向往的生活》等电视节目生产的"媒介化的乡村空间"作为具体的讨论对象。

首先，本案例文章介绍20世纪六七十年代，人文社会学科对空间的关注点是"空间转向"。提到20世纪六七十年代开始，福柯注意到西方思想是受空间支配的。列斐伏尔的"空间三元辩证法"（Three Way Dialectic）、"差异空间"理论，以及爱德华·索亚（Edward W. Soja）继承并发展的"第三空间"（The Third Space）学说也涉及异质性的讨论。

然后，由于"异质性"的空间具有开放性、变异性和他者性等特点，加之又是以"被排除""被压迫"的方式被纳入现存的社会秩序之中，因此会产生极强的反抗性。[2] 例如开放性的乡村空间生产回应占主导的都市空间文化。媒介化乡村空间"异质性"所表现出的抗争性并不是要对现实社会秩序进行颠覆，而是通过拒绝城市空间现存的规则系统，抵制文化霸权对乡村的控制，从而保持自身空间的独立性。

---

[1] 李勇.媒介"异质性"空间生产与文化霸权对乡村的收编[J].新闻界，2019（3）：62-69.

[2] 肖炜静.反抗、收编与互融——"异质性"空间与文化霸权及资本逻辑的辩证关系[J].中南大学学报（社会科学版），2018（3）：15-22.

最后，本案例文章认为空间的"异质性"会消除因为文化霸权对乡村的收编图景。在城市化的发展进程中，农村的实际空间被城市压缩，城市崛起与乡村消逝是同步渐进的过程。而文化霸权为了组构起更有意义的都市文化和更有效的社会秩序，必然会收编更多的"异质性"空间。

媒介化乡村空间是资本控制的媒体通过都市文化符号重塑的乡村空间，而这个被重塑的符号化的空间不再是农村人生活的空间，它是所有人共享的消费空间，而共享使得乡村空间原有的"异质性"消逝。最终媒介化乡村空间在具有共时性的社会空间中完成生产、利用和收编、融合的所有过程。这样的文化霸权侵蚀并且最终收编的过程是否具有正义性，还值得继续探索。

（四）科研训练

参考下面的文章，结合该理论与上述案例，选择一位乡村博主作为研究对象，设计一个研究思路包括研究价值、研究假设、论证方法、写作思路等，探索乡村新型传播的影响（异质性程度的变化），以及与城市文化霸权的互相影响。

肖炜静.反抗、收编与互融——"异质性"空间与文化霸权及资本逻辑的辩证关系［J］.中南大学学报（社会科学版），2018（3）：15-22.

十、传播符号学理论

（一）理论溯源

符号作为人类传播不可缺少的要素，广泛地存在于各种传播方式之中。19世纪末，符号学兴起。后来，美国著名思想家约翰·费斯克将传播学和符号学结合起来研究，并提出传播学研究中存在着过程学派和符号学派两大类别。他认为，过程学派着眼于传播的效果如何、讯息能否正确地传达。而符号学派则注重探究讯息与文本如何与人们互动并产生意义。

20世纪50年代，在索绪尔"能指"和"所指"概念的启发下，著名的符号学家罗兰·巴特在《神话：大众文化诠释》中，由传播符号学角度出发，对大众文化和社会意识形态进行批判性研究。他认为，若想对资本主义社会的意识形态进行有效批判，就必须对大众文化神话进行解码，这样才能看清其运作方式。

20世纪60年代，法国学者鲍德里亚提出了消费社会的概念。他认为，我们已经进入了一个全新的时代，物品先成为符号才能被消费，消费的客体不仅仅是物品更是符号。例如，在消费社会中，红酒被贴上格调的符号，牛奶被贴上补充营养的符号。

与此同时，英国的伯明翰文化研究学派的代表人物霍尔提出"编码/解码理论"。他运用这一理论，结合符号学对一些大众传媒现象，如广告、博物馆、肥皂剧进行了分析，进而探究视觉符号意义的产生方式。他认为，传播过程中传播者会根据个人长期形成的知识体系以及文化背景对自己想要传达的意义的原始信息进行编码，传播者所生产出来的文本意义是开放的，受众需要对文本进行解码才能得到意义。不同的受众会对文本产生不同的解读。

20世纪80年代，随着新闻传播业的不断发展，传播符号学的应用研究开始出现，传播符号学的研究面向各种专业的传播现象与传媒产业实践。其中具有代表性的是著名英国学者乔纳森·比格内尔教授，其著作《传媒符号学》通过对广告、杂志、报纸、电视新闻等多种媒介进行符号学分析，使广大读者充分认识到了传媒符号学的重要性。

传播符号学属于符号学中的一个学科分支，传播符号学的理论内容大致包含索绪尔符号理论、皮尔斯符号理论以及罗兰·巴特的符号学理论。

索绪尔将符号分为"能指"和"所指"两个部分，他关注的是意义的表达。而皮尔斯在符号学和实用主义哲学研究中，加入大量的传播学思想，更进一步提出三元模式理论。皮尔斯指出，符号由符号本身、符号对象以及符号解释项三部分组成。他着重强调符号解释项作为意义阐释者在对符号意义解读时所起到的决定作用。"传播"是符号学的内核和发展动因，符号意义会在符号传播过程中不断地衍变。罗兰·巴特则提出了"文本"理论。他提出，"文本"与我们常说的"作品"并非是一回事。"文本"开放性特征，其意义呈现是一个不断变化的过程。

索绪尔是现代语言学理论的奠基人。他在《普通语言学教程》中将言语活动分成语言和言语两部分。❶首先，索绪尔认为个人通过言语来表达自身的思想，是个人意志的体现。语言是体系化的表达规则。语言和言语之间是一种相互影响的关系，如果想让自己说的话（也就是"言语"）能够被人理解并对他人产生影响，必须要有"语言"，而"语言"的产生和发展又离不开"言语"。其次，索绪尔认为语言是一种符号系统，而符号由"能指"和"所指"两部分构成。能指是可感知部分，也即符号的形象或声音；所指是可解释部分。最后，索绪尔认为语言和思维密不可分。❷思维是人类对客观世界的主观认识，语言，即音响形象（能指）与语言符号对应，概念（所指）与思维对应。❸如果思维离开了语言，人们也就没办法理解一方要表达的内容，因此思维和语言密不可分。

（二）理论延展

在广泛的符号学领域中，传播符号学无疑是发展最为迅速的一部分。传播技术与传播手段的不断更新使得人类社会的传播活动发生了巨大的改变，人类社会如今沉浸于全新的社会空间中，这一空间主要由媒介技术营造，其主要构成是符号。传播学与符号学融合发展形成传播符号学，对深入探究传播模式有着显而易见的好处。

一方面，从理论意义上来说。传播符号学的出现与发展符合当代社会学术研究从"分化"走向"整合"的发展大趋势，有助于当前"学科融合发展"的大趋势。从这方面讲，传播学与符号学的结合拓宽了我们的研究视野，有助于我们破除学科解构的危机。

另一方面，实践层面也是更为务实的层面。传媒产业的显著特征是符号的生产和消费，因此，借助符号学将会对步入新媒体时代的传媒实践与审美经济产生不可忽视的作用。举例来说，格雷马斯的"符号学方阵"可以运用到电影作品的研究分析中，进而找到成功的电影作品大体一致的规律、特点，从而对该产业的发展影响深远。

---

❶ 董涛.对语言和言语的语言学认识[J].文教资料，2018（18）：29-30.

❷ 胡剑波，毛帅梅.试论索绪尔语言思维观中客观世界的消解[J].湖南师范大学社会科学学报，2016，45（5）：24-33.

❸ 同❷。

传播符号学虽然有许多显而易见的优点，但是也存在不少令人无法忽视的问题。众所周知，传播符号学具有明显的批判本质，对现实语境的"建构"研究范式较少。因此，许多学者在进行传播符号学研究时，要么倾向于"批判"，要么倾向于"建构"。这种二元对立的态度，极容易将传播符号学与其相关研究偏离客观、公正的轨道。在进行传播符号学研究时，唯有坚持"批判"与"建构"的态度，才能在研究人类社会传播活动时得出客观结论、科学规律，才能真正使传播符号学成为促进人类社会发展的有力武器。

传播符号学在基础理论方面相对匮乏，而能够运用到实际研究中的理论则更少。在传播符号学创立之初，较为单一的结构主义理论占据主流位置，其中代表性的有索绪尔、巴尔特等人的理论，他们主要进行简单的现象分析与文本解读。当代以后，传播符号学基础理论日趋丰富，但是尚需丰富。新媒体技术日新月异使得传播符号学的不足之处逐步显露。在"消费社会"，人们符号消费的积极性远远超过了对商品本身消费的积极性。运用传播符号学进行人类文化研究、经济行为研究成为一种行之有效的方式。虽然目前也已经有一部分学者和理论转向了流行文化研究，但是，研究影像文本、广告文本等传统议题的仍然是大多数。而对诸如短视频、直播、网红、鬼畜等一些文化现象的研究相对匮乏。

另外，在新媒体环境中，许多符号的意义发生了变化，一个更为开放多元的符号系统正在互联网和新媒体中形成。传播符号学缺乏相应的弹性，在应用或者研究时容易偏离实际。所以，传播符号学在这种新语境下，必须增加自身灵活性，以一种更加多元、思辨、开放的态度去进行传媒实践研究。

总之，传播符号学要充分实现自身价值，将其置于新媒体技术时代探索传播符号学新的研究领域。

（三）案例解读：论传播与社群：一个皮尔斯传播符号路径[1]

许多传播学者都在孜孜不倦地探究传播、社群与个体之间的关系。这一研究作为传播学的传统，在早期传播学者眼中是解决现代社会危机、重建新

---

[1] 赵星植.论传播与社群：一个皮尔斯传播符号路径[J].中外文化与文论，2017（1）：91–100.

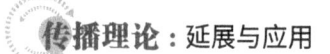

型社群关系的突破口。在皮尔斯眼中,这三者之间到底是何种相互关系呢?皮尔斯的观点具有何种进步性与思辨性呢?

本案例文章主要采用对比论证和案例分析法进行论证,先将皮尔斯本人的观点进行大量列举,分析其对传播、社群与个体三者之间关系的态度。然后,提出如杜威、库利、米德等学者的观点,用以对比衬托皮尔斯的观点。

在皮尔斯看来,符号的根本目的在于表达真相,而人与真相之间具有天然的接近性。所以,人追求的意义就是为了探究真相。当然,人们对符号意义的探索必然受到社群规则的制约。不过,只要采用科学的、合理的方法探究,人类将更接近真相。

本案例文章一开始强调传播、个体与社群之间关系在传播学中的重要性,指出这是传播学自开创以来就拥有的研究传统。大量传播学者对其进行了深入的研究,皮尔斯及其理论就是其中的突出代表。本案例文章从皮尔斯传播符号学的解释项理论入手,探索皮尔斯传播社群理论的脉络与线索,说明其对当代传播学的影响。

然后,本案例文章介绍了皮尔斯的观点,传播是如何形成社群的。社群既是最终解释项的归属地,也是最终解释项得以形成的前提条件。介绍完传播与社群之间的关系,本案例文章又总结了皮尔斯眼中探究社群的特性及其条件:符号最终解释项的归属地、以获取真相为目的等。

最后,本案例文章提出皮尔斯的社群观具有理想化的特点,并且带有积极的进步主义色彩、重视反思性及探究方法,并深度影响美国的传播学思想。

皮尔斯作为当代传播学研究的先驱,从传播符号学的角度对个人、社群与传播之间的关系进行探究。他的观点由于带有明显的进步性,因而影响了传播学最早的探索者,在杜威、米德等人的理论中我们不难发现皮尔斯的身影。在新技术飞速发展的今天,个人、社群与传播之间的关系是否发生了什么改变,我们应该如何延续皮尔斯的研究,成了亟待解决的问题。

(四)科研训练

参考下面的文章,根据传播符号学理论,选择一种网络亚文化(如二次元、佛系、鬼畜等）作为研究对象进行分析。探究在新媒体时代，符号的意义和生产特点。

[1] 刘瑞雪.皮尔斯原则中的传播学思想研究[D].济南：山东大学，2017.

[2] 张骋.符号传播学前沿[J].中华文化与传播研究，2018（1）：243-246.

[3] 张骋."符号传播学"与"传播符号学"一对不能相互替代的术语[J].符号与传媒，2017（1）：56-65.

[4] 陈文举.罗兰·巴尔特的传播符号学思想研究[D].武汉：武汉大学，2005.

[5] 费尔迪南·德·索绪尔.普通语言学教程[M].高名凯，译.北京：商务印书馆，1995.

[6] 胡剑波，毛帅梅.试论索绪尔语言思维观中客观世界的消解[J].湖南师范大学社会科学学报，2016，45（5）：24-33.

[7] 肖娅曼，吕彦.索绪尔语言符号的"能指"是什么——对我国语言学界"符号"观的批判[J].社会科学研究，2013（6）：129-134.

十一、女性主义媒介批评理论

（一）理论溯源

18世纪，资产阶级启蒙运动倡导"自由""平等""博爱"，却忽视了女性拥有这些权利，激起女性的抗议，由此诞生了女性主义。1792年，英国记者、翻译家玛丽·沃尔夫斯完成了历史上第一部女性主义理论著作《为女权辩护》。随后，女性主义或者说是女权主义的轮廓在三次浪潮中逐渐完善起来，也正是在这三次浪潮中，女性的权利得到了越来越多的保障。

第一次浪潮发生在19世纪末至20世纪20年代初，在这一时期的女性主义思想被称作"传统的女性主义"，女性获得了男女平等权、选举权。第二次浪潮发生在20世纪60年代至20世纪80年代末，在这一次浪潮中，女性主义走出了"表层困境"，产生了实质性进步，开始进行自我批评与反思。自20世纪90年代初至今，女性主义第三次思潮蓬勃发展。这一次跳出原有的女权主义思维框架，呼吁取消社会性别角色和偏见，意图对上一次女权主义浪潮的主要理论进行梳理与建设，并把关注重点移向第二次女权主义浪潮忽略或者轻视的问题。

1978年，美国传播学者盖尔·塔奇曼与他人合著出版的论文集《炉床与家庭：媒介中的女性形象》，标志着女性主义媒介研究的正式成立。塔奇曼指出媒介内部以男性为主、男性享有绝对的支配权，女性工作者的缺乏、女性对媒介接近权的缺乏使得呈现在媒介上的女性形象严重脱离实际，并且使受众形成了越来越严重的刻板印象。

学者莱利斯·斯蒂夫将女性主义思想带入传播学研究。1990年，凯瑟琳·瑟克斯纳和丽莎·库克兰兹试图把五个女性主义流派与传播学的主要议题联系起来。而阿姆斯特丹大学传播学教授凡·祖伦成为女性主义思想进入传播研究的集大成者，其著作《女性主义媒介研究》也成为第一部体系化的女性主义媒介研究专著。

女性的身影广泛出现在新闻传播活动中，但是一些学者解析发现，女性在新闻传播领域中多以家庭主妇、服务者或者消费者等形象出现。女性在一些影视作品中成为主角、"大女主剧"也是最近几年才兴起的。更明显的是，在车展、航展以及娱乐圈等领域女性仿佛成了一种"观赏品"。可以说，新闻传播领域对女性形象的塑造存在着严重的偏差。

《英汉妇女与法律词汇释义》的界定是："女权／女性主义作为一种理论与实践，包括男女平等的信念及一种社会变革的意识形态，旨在消除对妇女及其他受压迫群体在经济、社会及政治上的歧视。"❶

第一，传统女性主义以男女平等为政治纲领，以社会性别说为理论基础。传统的性别角色规范认为女人天生智力低下、缺乏理性，对妇女有害，使其无法形成完满的人格。所以妇女解放就是把妇女从传统的角色中解放出来，获得性别平等，并强调男女理性上的差异是由教育机会的不均等造成的。❷

第二，20世纪70年代以来的后现代女性主义。打破传统的男性统治女性和女性服从男性的性别模式，把男女关系拉回到"零"的平等地位。❸但

---

❶ 孔云梅.关于"女性主义"问题研究综述[J].中州学刊，2003（3）：171-173.

❷ 同❶.

❸ 同❶.

主要是理论的批判，没有进行社会革命。❶

第三，女性主义媒介研究。女性主义研究的视野扩展到大众媒介对于女性不平等的文化表现上。女性主义媒介研究40年涌现出一批具有影响力的学者。最早关注该问题的是贝蒂·弗莱登（Betty Friedan）在1963年出版的《女性神话》（*The Feminine Mytique*）。20世纪70年代后，相关研究更多。如《炉边与家：大众媒体中的妇女形象》（*Hearth and Home：Images of Women in the Mass Media*）采用定量的研究方法探讨大众传媒中妇女的刻板印象问题。

女性主义媒介研究的方法论主要分为两大类：一类沿用社会科学中的量化研究方法，如内容分析、调查统计；另一类借鉴的是人文科学的质化研究方法，包括深度访谈、参与观察、符号学、心理分析等。❷

研究认为，"它包括了分析和批判通俗文化与大众媒介如何以及为什么用一种不公平、不公正和利用性的方式，在性别不平等和压制的框架内对待妇女以及她们的表现"❸。传统文化的女性刻板印象强化了性别偏见与性别歧视，如涉及不贞、淫荡、宠物、男性的附属品。有关女性的议题常以娱乐的形态出现，而刻意忽略其背后所隐藏的涵义。❹ 女性主义媒介研究既承袭了女性主义研究的批判色彩，也保留了媒介研究的基本理论框架。❺

女性议题的被忽视、被边缘化。女性主义媒介研究借鉴后现代理论、文化研究以及心理分析、符号学等相关理论，探讨媒介中的女性形象、女性话语，为媒介研究提供一种新的价值取向。❻

（二）理论延展

李敏认为，"目前的研究仍然流于肤浅，多描述女性在媒介中的刻板印

---

❶ 孔云梅.关于"女性主义"问题研究综述[J].中州学刊，2003（3）：171-173.

❷ 蔡骐，黄金.女性主义媒介研究初探[J].湖南师范大学社会科学学报，2004（5）：123-127.

❸ 斯特里纳蒂.通俗文化理论导论[M].阎嘉，译.北京：商务印书馆，2001：197-198.

❹ 严利华，石义彬.女性主义视域中的大众传媒批判[J].当代传播，2009（3）：33-35.

❺ 蔡骐，黄金.女性主义媒介研究初探[J].湖南师范大学社会科学学报，2004（5）：123-127.

❻ 李敏.女性主义视域中的媒介研究[J].新闻与传播研究，2005（2）：57-64，97.

象研究，丧失了对现实的批判性。研究者们对于媒介文本的意识形态解读研究尚待深入，而对于'传媒与女性'关系的认识也存在简单化的嫌疑，低估了女性阅读主体对传媒话语的抵抗与消解，对传媒与女性关系的悲观论断也过于轻视传媒话语的复杂性"[1]。在一定程度上也可以理解为，这样的研究仍然处于"魔弹论"的强效果论阶段，仍然忽视受众的主观能动性。

女性主义思想引入中国还有待发展，"国内对当代女性主义思想的引进又是以文学批评为源头，并且时常囿于精英式的讨论，而欠缺对社会实践和妇女运动的关照"[2]。国内相关研究的总体路径还比较模糊。

女性主义媒介理论具有巨大研究空间，包括新媒体环境及注意力经济驱使下的女性形象研究值得关注。男性话语体系下女性符号（比如色情、欲望）的影响因素及规避路径值得探索。包括新闻传播业要增加女性工作者，采取恰当的性别视角，展现女性的人格魅力，为女性的生活、发展营造健康有利的环境。女性自身要积极地融入大众传媒，成为塑造女性形象内容的生产者。

（三）案例解读：李安电影的女性主义分析[3]

李安作为横贯东西方文化，熟练游走于商业与艺术之间的成熟导演，在银幕上塑造了各种鲜活、生动和颇具魅力的女性形象。同时，李安电影中展示出的高度灵活、豁达的性别视角，也是非常值得关注与研究的。本案例文章采用案例分析法，结合李安的多部电影作品，逐个分析其女性形象塑造的特点。

第一，被颠覆的"他者"。传统商业体制创造的银幕女性形象都是被观看、被注视的对象，女性的命运被男性安排。但是李安的影片却呈现女性主动的情感态度，甚至是情欲态度。

第二，双重视点下的终极关怀。李安的影片给予男女以平等的关怀。双重的性别视角审视家庭纠纷、江湖恩怨等。

---

[1] 李敏.女性主义视域中的媒介研究[J].新闻与传播研究，2005（2）：57-64，97.
[2] 同[1].
[3] 高晓雯.李安电影的女性主义分析[J].宁夏大学学报（人文社会科学版），2010（5）：162-165，171.

第三,同一性别阴阳两性。李安以"同一性别阴阳两性"的角色设置方法,以中国传统文化语境展现对角色及性别"阴阳"辩证法的深刻思考。

第四,一曲女性的挽歌。李安没有对《色·戒》的原著小说进行大刀阔斧的改编,而是老老实实地按照张爱玲的小说去展开故事,由此建立一套女性的话语系统,让身体快乐成为女性话语权的关键词。

本案例文章结合李安的相关电影,分析其对女性形象建构的主要思路和基本特点。当然,如果更多地结合传播学及传播符号学相关理论进行分析,还可以更深入、更系统地探索其女性媒介形象建构的特点。塑造什么样的形象?如何塑造形象?结合传播符号学理论进行深入分析。

(四)科研训练

参考下面的文章,根据女性主义的相关理论,分析一个新案例,并说明其应对策略。

[1] 蔡骐,黄金.女性主义媒介研究初探[J].湖南师范大学社会科学学报,2004(5):123-127.

[2] 严利华,石义彬.女性主义视域中的大众传媒批判[J].当代传播,2009(3):33-35.

[3] 李敏.女性主义视域中的媒介研究[J].新闻与传播研究,2005(2):57-64,97.

[4] 钟路.马克思主义女性主义的演进与挑战[J].东北大学学报(社会科学版),2017(6):637-642.

[5] 高晓雯.李安电影的女性主义分析[J].宁夏大学学报(人文社会科学版),2010(5):162-165,171.

十二、消费社会理论

(一)理论溯源

18世纪60年代,凡勃伦在《有闲阶级论》一书中提到了消费的新意义:"不从事生产而从事消费是光荣的。"❶开始出现消费社会思想雏形。

---

❶ 凡勃伦.有闲阶级论[M].蔡受百,译.北京:商务印书馆,1981:54.

传播理论：延展与应用

"二战"后的资本主义社会经济繁荣，商品过剩需要消费的观念转变。迈克·费瑟斯通提出，媒介人和文化专家的出现促使消费社会的出现。"中产阶级的生产者、消费者、观众、传播者及媒介人，与艺术、时尚及消费文化紧密相关。他们由此发展出了相似的倾向、品位、分类图式及生活方式的实践。"❶60年代以后，媒介与消费达成了一种共谋，相互促进，消费主义的前提是物质的极大丰盛，媒介化的前提是科技的高度进步，它们都共存于生产力已具有较高水平的后工业社会中。而消费主义作为一种意识形态，它的盛行离不开大众媒介的推波助澜，媒介化社会正好为消费主义的盛行提供了一块沃土。❷消费社会逐渐成形。

20世纪四五十年代，法兰克福学派的代表人物阿多诺、霍克海默等人也完全否定消费社会生产出来的大众文化。他们认为大众文化是由资本主义大众文化工业生产出来的，是凭借现代科技手段大规模复制、传播文化产品的娱乐工业体系。

在法兰克福学派之后，鲍德里亚的消费社会观最为典型。第二次世界大战之后，欧洲迎来了战后发展的黄金时期。许多法国理论家把此种新型的社会转型称为"消费社会""技术社会""后工业社会"或"后现代社会"等。从理论上对这一社会转型进行思考，引出消费社会理论。

20世纪70年代，鲍德里亚开始将其相关研究思想形成专著。《物体系》《消费社会》《符号政治经济学批判》《生产之境》《象征交换与死亡》《仿真与拟象》《酷的回忆》《透明的恶》和《完美的罪行》等多部哲学社会科学专著，阐述了他的媒介批判理论。刚刚跨入社会理论领域的鲍德里亚以马克思主义者的身份出现。此后，鲍德里亚继续利用符号学理论剖析消费社会的种种现象，开始向传统马克思主义开刀。

在《消费社会》中，鲍德里亚的研究视角从物转向被符号系统支配着的人。他认为在消费社会中，"财富和产品的生理功能和生理经济系统（这是

---

❶ 费瑟斯通.消费文化与后现代主义［M］.刘精明，译.南京：译林出版社，2001：168.

❷ 蔡骐，刘维红.论媒介化社会中媒介与消费主义的共谋［J］.今传媒，2005（2）：10-12.

需求和生存的生理层次）被符号社会学系统（消费的本来层次）所取代。"❶

鲍德里亚认为，消费者选择商品时，不仅依据商品本身具有的使用价值，而且凭借被大众传媒所营造的媒介社会赋予的符号意义。符号价值是新的消费文化的核心。"所谓符号价值就是指物或商品在被作为一个符号进行消费时，是按照其所代表的社会地位和权力以及其他因素来计价的，而不是根据该物的成本或劳动价值来计价的。"❷总之，鲍德里亚强调，消费系统追求的不是必需品，而是符号价值。

（二）理论延展

鲍德里亚对现代传播媒介进行了深刻的批判。这一批判对于理解现代传媒的社会功能及传播特点具有重要的启发意义。

鲍德里亚强调，现代数字技术导致信息符号无限膨胀并且自我增值，这使我们生活在由电子媒介所形成的技术世界里，一个由"仿真"和"虚像"所构成的"超现实"里。"超现实"的出现意味着表征性的主体时代的结束：主体不再提供一个理解现实的制高点，这个特权转向客体，尤其是拟仿出来的客体。

信息社会的到来，人们对于媒介的意识几乎完全沉溺于无批判的实证主义之中，而很少对它本身及其社会后果进行深入的反思。然而，在鲍德里亚看来，媒介所提供的不是接受者（即主体）与一个真实的世界的交流，接受者只是在"空洞地"了解符号的基础上，在"否定真相"的基础上生活着。而且，由于媒介的不及物性与非交流性，它最终阻止回应，使任何交换的过程成为不可能。而这就是大众传媒的抽象性。而社会控制和权威的体制正是建立在这一抽象性中。❸鲍德里亚的这一思想对于批判性地把握现代技术的异化方面无疑有着积极的启示作用。

然而，鲍德里亚的媒介批判理论也存在着严重的局限性。首先，他赋予"符号""代码"等以绝对的权力。吉尔（Gerry Gill）认为："鲍德里亚赋予

---

❶ 鲍德里亚.消费社会[M].刘成富，全志钢，译.南京：南京大学出版社，2000：71.

❷ 同❶：88–89.

❸ BAUDRILLARD J. Selected chritings[M].Cambridge：Polity Press，1988：207.

'代码'以一种权势,几乎要统摄经济、政治、意识形态和文化。"❶

其次,鲍德里亚看到了媒介技术的巨大威力,并且深刻地揭示了媒介给当今社会带来的负面影响,但却忽视其积极意义,最终陷入悲观的技术决定论中。

最后,鲍德里亚认为,我们进入的是一个受符号所支配的世界,是一个由"超现实"的物体支配一切的世界;只有死亡,才能摆脱符号、代码等的控制,陷入宿命论的旋涡。用马克·波斯特的话说,"当鲍德里亚争论说只有在死亡中才能躲避代码时,当意义最终并没有被重新并入符号的梦魇之中时,很显然,他的客体主义已经导致他退缩到一片遥远的荒漠"❷。鲍德里亚看到一个受符号支配的世界,这是有积极意义的。但是,忽视受众的主观能动性,却让他陷入悲观的泥沼中。鲍德里亚媒介消费社会理论的缺陷很大程度上是由于他最终把符号编码体系与资本主义生产体系完全分离开来,将两者割裂开来并且对立起来,使得符号体系被独立化和神秘化了。

(三)案例解析:新媒体对鲍德里亚符号文化的解构 ❸

消费社会中人们的消费动因是什么?文化的发展繁荣与媒介传播有何种密切联系?鲍德里亚提出的符号文化给出了一定解答。新媒体环境下鲍德里亚符号文化还是否适用?分析这些对于进一步理解人们的消费行为及其大众传媒的功能作用具有重要意义。

本案例文章主要采取案例分析法,结合实例分析新媒体对鲍德里亚符号文化的解构。本案例文章认为,鲍德里亚的核心理论认为大众缺乏能动作用,主张大众通过集体沉默摆脱消费社会的影响,这不符合大众文化发展规律。相反地,在新媒体环境下,人从被动的信息接受者、边缘化的信息参与者,转而成为主动的信息生产者、传播者、分享者,并在社交媒体的推动下,衍生出虚拟的群组和人际交流网。这是新媒体对鲍德里亚符号文化的解构。

首先,本案例文章分析消费社会符号文化的演变。20世纪中叶以来,

---

❶ 波斯特.信息方式[M].范静哗,译.周宪,校.北京:商务印书馆,2000:90.
❷ 波斯特.第二媒介时代[M].范静哗,译.南京:南京大学出版社,2000:158.
❸ 臧丽娜,李欣.新媒体对鲍德里亚符号文化的解构[J].当代传播,2013(5):37-39.

社会形态从"生产型"为主导逐步向"消费型"为主导转变,鲍德里亚通过对消费社会文化动因和文化表现的研究,深刻揭示了大众媒介影响下符号文化的主要特征。而在新媒体环境下,大众并没有如鲍德里亚所言用"沉默"抵抗符号文化,而是积极主动地参与新媒体文化的建设。

其次,本案例文章分析拟象世界中真实话语权的获得。本案例文章认为拟真环境中的受众并没有如鲍德里亚担忧的"主动丧失意愿",相反多数普通大众充分利用"虚拟世界"自下而上的信息传播方式获得了"真实的话语权"。[1]并且结合曼纽尔·卡斯泰尔来具体论证。

最后,本案例文章概括用户参与度提高后的公民议程。在新媒体环境下,分析传统大众传播理论中的议程设置功能发生了哪些变化。

本案例文章认为鲍德里亚对后现代社会文化的批判虽然存在将符号体系神秘化、过度强调符号逻辑而忽略社会现实等缺陷,但总体上以独特的视角深刻分析了后现代媒介的实质,对大众媒介的社会功能进行了批判性考察。此外,强调新媒体环境在一定程度上解构了鲍德里亚的符号文化理论,开启了媒介研究的新领域。

(四)科研训练

参考下面的文章,结合该理论与上述案例,选择典型的社会现象作为研究对象,探索新媒体时代消费社会理论的新意义。

[1] 鲍德里亚. 消费社会 [M]. 南京:南京大学出版社,2000.

[2] 臧丽娜,李欣. 新媒体对鲍德里亚符号文化的解构 [J]. 当代传播,2013(5):37–39.

[3] 马文青. 消费社会下被"符号"绑架的人 [J]. 今传媒,2017,25(11):34–36.

[4] 孔明安. 从媒体的象征交换到"游戏"的大众——鲍德里亚的大众媒体批判理论研究 [J]. 南京大学学报(哲学.人文科学.社会科学版),2004(2):5–11.

[5] 殷晓蓉. 传播学思想的"激情"演进——从传播学角度解读波德里

---

[1] JENKINS H. Convergence culture: where old and new media collide[M]. new york & London: New York University Press,2006.

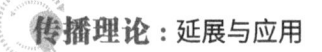

亚的《消费社会》[J].新闻记者，2006（8）：71-74.

十三、话语理论

米歇尔·福柯（Michel Foucault），法国哲学家、社会思想家和"思想系统的历史学家"，被称为"马克思逝世之后最卓越的思想巨人""二十世纪的康德""法国的尼采"。福柯的一生充满传奇色彩。詹姆斯·米勒在《福柯的生死爱欲》中写道："自杀与癫狂、犯罪与惩罚、性爱与死亡这一类与'极限体验'（冒着死亡和变得疯癫的危险）密切相关的课题，自始至终都是福柯最感兴趣的研究领域。"福柯一生著述颇丰，主要的作品有《精神病与人格》《癫狂与非理性——古典时代癫狂的历史》《词与物——人文科学考古学》《话语的秩序》《监视与惩罚——监狱的诞生》等。他最为瞩目的理论成就包括理性的疯癫、规训与惩罚的双轨制、知识权利和文化的永远革命、全景监狱等。在他的一系列理论中，对传播学影响最大的就是他的话语理论。

（一）理论溯源

"话语"这个概念并非由福柯首创，最初是作为一个语言学概念。20世纪语言学和文学领域中许多学者对"话语"进行分析，包括雅各布逊、巴赫金、叶尔姆斯列夫、哈里斯等人。而在哲学领域，语言问题更是一个源于古希腊的古老问题。赫拉克斯特认为语言起着联系认识和行动的作用，巴门尼德将"语言"与存在联系在一起，柏拉图认为语言是认识的工具，包括亚里士多德、培根、笛卡尔以及洛克等人也对"话语"有着不同的见解。

如果细致分析这些学者关于"话语"的理论观点，我们不难发现，福柯的话语理论并非横空出世、与之前的以及同时代的学者毫无关系。虽然在福柯的观点中"话语"具有特殊的含义，但是就其基本含义来说，有一些哲学家同福柯具有类似的倾向。

哈贝马斯与福柯都从功能与效果的层面来看待话语。但是，哈贝马斯与福柯的观点也存在着很大差异。在福柯看来，话语是在特定历史文化条件下，由具体个人以社会目的为导向，为特定实践服务的表达体系。"话语"与整个人类社会的文化紧密相连。总体来看，"话语"是不同社会力量博弈的过程。福柯强调，"话语"是"权力"的博弈，获得话语权，才产生符合本阶级需求的"真理"。简言之，特定阶级为了达成特定的目的而说或者写出的话语就是"话语"。

根据福柯的话语理论，"西方社会和他们的文化，特别是现代资本主义社会中各种社会制度'法制'道德规范以及知识体系之所以能够有效地成为维持社会秩序及为社会服务的关键问题正是在这里，集中体现了社会权力同知识、同道德之间的紧密而复杂的勾连，隐藏着打开整个西方社会文化奥秘的钥匙。"❶

（二）理论延展

通过福柯的"话语与权力"思想我们可以认识到，在面对人类社会乃至自身的"建构"时，"权力"与"话语"是无法分割的。他的观点对新闻传播研究产生了深远影响。从宏观上来看，福柯的话语理论开阔了新闻传播研究的视野，"为新闻传播研究提供了新的方法论和研究模式。从狭义上来看，话语理论对'传播是建构'的传播学命题有着重要的借鉴意义。"❷

首先，在福柯的"话语理论"中，话语的意义脱离了语言的桎梏，他将话语看作社会实践活动、是一系列"事件"。话语既然是社会实践，那么它的产生就不是随意的，而是有条件的、会受到一定制约的，"话语"背后自然而然地存在一套权力关系。

其次，话语理论打破了传统的"统治者话语"与"被统治者话语"的二元对立，也消解了话语与权力的二元对立的僵化观点（"话语拥有权力，权力拥有话语"）。❸福柯将话语与权力的融合，创造性地提出了"权力是内容，话语是形式"❹的特征。

最后，话语理论为"传播是建构"提供了新的阐释理由。话语作为权力运作机制中的关键环节和要素，深度影响传播内容的建构和传播意义的生产。福柯认为陈述方式的形成涉及："谁在说话？在所有说话个体的总体中，

---

❶ 石义彬，王勇. 福柯话语理论评析 [J]. 新闻与传播评论，2010（1）：26-33.
❷ 朱振明. 福柯的"话语与权力"及其传播学意义 [J]. 现代传播（中国传媒大学学报），2018（9）：32-37，55.
❸ 同❷。
❹ 同❷。

谁有充分理由使用这种类型的语言？谁是这种语言的拥有者？谁从这个拥有者那里接受他的特殊性及其特位？"[1] 而新闻记者可以借助不同话语。而任何话语"都源于各种各样的现实关系或实际利害，所以，其中无不充满了形形色色的意念、五花八门的欲望、或隐或显的倾向、或高或低的追求"[2]。

当然，福柯的观点过于消极。他认为，不是人自己选择规则来组织话语，而是规则选择人来组织话语。福柯提出"你以为自己在说话，其实话在说你"。福柯在《作者是什么》中甚至直言"谁在说话有什么关系？"[3] 直接否定了作者、说话者的积极作用。

（三）案例解析：遮蔽抑或凸显[4]

本案例文章的研究起点是：2011年，广东省陆丰县东海镇乌坎村村民因土地、财务和选举问题前后三次举行抗议活动，引起国外媒体的极大关注，多家西方媒体跟踪报道。抗议活动在中国是十分敏感的话题，中西媒体如何建构乌坎事件的新闻事实？主要差异是什么？新闻生产如何与社会现实及社会语境相互勾连并发挥作用？新闻的权力话语以何种方式发挥作用方能达成较为理想的效果？

本案例文章采用话语分析和比较研究相结合的方法，分别从文本视角和语境视角展开研究。目的是弄清文本与语境之间的关系进而揭示话语权力的作用方式。同时兼之语用学分析。还采用比较研究，在对照、比较中透视中西媒体建构冲突事件的方法方式并揭示其深层原因。

本案例文章的分析样本对象是：《纽约时报》(The New York Times)、《每日电讯报》(The Daily Telegraph) 和英国广播公司（BBC），以及《南方日报》《南方都市报》和中国新闻社（中新社）。样本选取时间为2011年12月9日至2011年12月31日，为媒体密集报道时期，能够较为全面地反映

---

[1] 福柯.知识考古学[M].谢强，马月，译.上海：生活·读者·新知三联书店，1998：63.

[2] 李彬.巴赫金的话语理论及其对批判学派的贡献[J].国际新闻界，2001（6）：62–68.

[3] 石义彬，王勇.福柯话语理论评析[J].新闻与传播评论，2010（1）：26–33.

[4] 陈岳芬，黄启昕.遮蔽抑或凸显：话语分析视域下的"乌坎事件"——中西媒体新闻报道比较研究[J].新闻大学，2013（2）：35–41.

媒体对该事件的报道状况及所持态度。

本案例文章的思路是：（1）文本视角。话语之选择与新闻事件之建构。结合乌坎事件的报道情况，下文从标题、词频及主要事件的建构等方面展开，此外，语义及词汇的选用也是构成文本的关键要素。（2）语境视角。话语实践与社会现实、社会语境互动。着重于将话语结构的描述与认知过程、再现、社会文化因素等联系起来加以考察。新闻报道中，记者借助口头反应、互文性、评论与预测等扩展报道内涵，实现与社会现实、社会语境的互动。

本案例文章的落脚点是：媒体建构媒介景观的操作策略具有一定的共性，从词汇、新闻事实的选择到口头反应、互文、评论及预测的嵌入，媒体操作的痕迹逐渐明显，客观性逐渐减弱，主观性逐步增强。客观事实经由媒体建构的媒介景观却判然有别，由此而呈现的社会现实、社会身份及社会关系也差异迥然。其中，互文部分因其具有将当下事件与更为广阔的社会背景勾连起来的功能，操作得当即可植入媒体意图达成其意识形态目的。上述三家西方媒体正是借助互文手法营造一幅动荡的图景并指向西方民主的路径，这无疑比评论与预测更显客观且更具力量。

（四）科研训练

参考下面的文章，根据福柯的话语理论，选择一个新闻传播作品作为研究对象，探究其立场和话语特征。

[1] 董思奇，福柯权力话语理论视角下的《杀死一只知更鸟》解读 [D]. 长春：吉林大学，2017.

[2] 朱振明，福柯的"话语与权力"及其传播学意义 [J]. 现代传媒（中国传媒大学学报），2018（9）：32-37，55.

[3] 杨生平，话语理论与中国特色社会主义话语体系构建 [J]. 中国特色社会主义研究，2015（6）：45-51.

[4] 袁英，"与福柯共舞"——福柯的话语理论与女性主义批评 [J]. 求是学刊，2013（5）：109-115.

[5] 吴猛. 福柯话语理论探要 [D]. 上海：复旦大学，2003.

十四、场域理论

（一）理论溯源

20世纪90年代，法国电视业过度追求盈利目标，却忽视了公共服务职能。布尔迪厄以其社会实践理论为基本框架，发现了新闻生产领域的特殊逻辑。皮埃尔·布尔迪厄（Pierre Bourdieu）是继米歇尔·福柯之后，法国又一具有世界影响的社会学大师，他将场域定义为"位置间客观关系的一个网络或一个形构，这些位置是经过客观限定的"❶。

布尔迪厄在《区隔》（1984）一书中提出了分析模式的简要公式：[（习性）（资本）]＋场域＝实践。"场域""资本""习性"三个概念及其关系构成了场域理论的基本架构。❷媒介场域的核心问题是如何通过对场域中行动者资本和惯习的描述来解释实践。社会生活中存在多种场域，比如经济场域、政治场域、哲学场域、宗教场域、文化场域、科学场域等。布尔迪厄认为场域的多样性是社会分化的结果，这就是场域的自主化过程。

提出"场域"概念后，1996年，布尔迪厄在《关于电视》一书中正式提出"新闻场域"。在布尔迪厄看来，新闻场域的突出特性就是"他治性"，"他治"而非"自治"，也就是福柯所认为的说话者不具备自主能动性，是消极的。布尔迪厄用"场"这一个概念来阐释传媒权力的运作，"如果说传媒与政治、经济等诸权力构成了的是一个宏观意义上的权力场，那么，社会行动者个体进入这个权力场就可视为微观意义上的建构"❸。类似于现在大众传媒与政治、经济、文化等诸多权力构成的场域，我们把它称为"传播场"。场域是布尔迪厄社会学理论中的核心概念之一，场域是一种网络或架构，是一个永恒斗争的场所，经过了一个为自己的自主性而斗争的历程，这也是摆

---

❶ 张斌，张昆.文化视域下少数民族乡村政治传播贴近性思考——基于湖南通道侗族自治县独坡八寨的民族志调查[J].新闻界，2012（11）：3-5.

❷ 朱光潜.西方美学史（下卷）[M].北京：人民文学出版社，1964：450.

❸ 贺建平.检视西方媒介权力研究——兼论布尔迪厄权力论[J].西南政法大学学报，2002（3）：64-71.

脱政治、经济等外部因素控制的过程。

（二）理论延展

哲学、人类学、社会学、教育学等多学科关注布尔迪厄的相关理论，但缺乏对布尔迪厄的传播思想全面系统的阐释。

第一，布尔迪厄场域理论的核心特点。山东大学的王茂林在学位论文《布尔迪厄的传播思想研究》中总结场域的几个核心特点❶。（1）场域是权力博弈的空间。场域并不是静态框架，而是多种权力不断博弈的过程。（2）场域具半相对自主性。场域并不具有完全的自主性，场域的边界是模糊的、动态的，边界的形成正是场域之间权力斗争的结果。模糊的场域界限使统治的手段变得更加隐蔽。（3）场域是动态的关系网络。场域不是现成的社会关系，是力量对比和斗争的紧张状态。

第二，布尔迪厄场域理论的评价。布尔迪厄的场域理论太过悲观主义，他夸大了电视场域带来的负面作用，贬低了受众的判断与解读能力。此外，他夸大了资本的力量，主要观点过于绝对化。布尔迪厄创新性地将场域理论带入新闻研究领域，为新闻传播研究带来了新的模式。以往对于新闻传播的研究更重于对新闻传播的过程、新闻传播的效果、新闻传播的主体、客体等相对独立的环节或者要素进行静态研究。而布尔迪厄的场域理论打破了原有的新闻研究的独立空间和固定思维模式，将新闻研究放置在更加广阔、宏观的社会研究中，打破了原来新闻研究的静态模式，成了一个动态的、有力量对比的、不断运动的，以及与其他场域互相影响的场。❷

第三，中国语境解读布尔迪厄场域理论。布尔迪厄主要研究对象是电视媒体，他严厉批判了当时法国电视行业制作制度以及内容。我国学者认为批判的思想虽然对于当今媒体发展有很大启发，但是不能不管中西方的媒体差异而直接使用。我国"电视不是在以往高度集权的政治体制控制下的压迫广大群众的工具，也并非完全市场化激烈竞争条件下受市场导向

---

❶ 王茂林.布尔迪厄的传播思想研究[D].济南：山东大学，2012.

❷ 周宪.文化工业/公共领域/收视率——从阿多诺到布尔迪厄的媒体批判理论[J].新闻与传播研究，1998（4）：67-72，93.

制约的象征暴力"❶。布尔迪厄所研究的法国新闻场域是受到文化资本、社会资本和象征资本的影响。对照布尔迪厄的"资本"的观点,中国的情形不尽相同。我国的新闻场域是政治资本与经济资本影响的产物。中国媒介的性质是"事业性质、企业管理",以有利于国家利益、人民利益为最高宗旨。

第四,新媒体语境下布尔迪厄场域理论的解读。在布尔迪厄看来,电视滥用权力沦为反民主的暴力符号。新媒体开辟了新的传播平台,传者受者的地位出现了明显的变化,受众可以及时发表自己的观点,在新媒体时代存在两个舆论场,即官方舆论场和民间舆论场,体现出新媒体时代的民主。

(三)案例解析:新闻场域的历史建构及其生产惯习——以《南方都市报》为个案的研究❷

本案例文章的研究起点是:新闻生产从来都受制于各种社会控制力量,任何媒介组织的自主性也始终在生产实践和社会控制的互动张力中方能生成。新闻场域从来都不是静态存在的,而始终在与政治场、经济场、文学场等其他场域的互动中。《南方都市报》可以被视为一个相对中观的新闻场域,这个场域的权力分布、空间位置由其与外部其他场域的关系决定,同时也是在其社会实践的历史过程中被逐步建构而成的。要把握一个新闻场域的基本位置和特征,既要对其当下权力和资本分布的空间进行描绘,更要对其历史建构的过程给予必要回顾和整体把握。20 世纪 70 年代末中国社会改革开放之前,大众传媒在宣传方面的政治功能被过度强化,新闻场域基本隶属于政治场域之中,是具有明显"他治性"(Heteronomy)而缺乏"自主性"(Autonomous)的。回顾《南方都市报》新闻场域的变化,实质寻求的依然是新闻场域自主性的生成过程和可能性,如布尔迪厄(2005)多次强调的那样,对新闻场域来说"真问题是其自主权(Autonomy)"。由此提升对于《南方都市报》新闻场域的认知具有重要的现实价值。

本案例文章的研究思路是:(1)《南方都市报》"主流化"的发展历

---

❶ 彭文.布尔迪厄新闻场域理论研究[D].长沙:湖南师范大学,2013.
❷ 张志安.新闻场域的历史建构及其生产惯习——以《南方都市报》为个案的研究[J].新闻大学,2010(4):48-55.

程。1997年解决"有与无"的问题（奠基），1998年解决"生与死"的问题（摆脱对手堵截），1999年解决"上与下"的问题（解决温饱），2000年解决"大与小"的问题（由边缘走向主流），2001年解决"强与弱"的问题（走向强大建立现代企业）。《南方都市报》的十余年发展历程，就是从"小报"向"主流大报"的转变过程。（2）新闻场域的历史建构及其惯习。围绕场域理论的三个关键词（场域、资本、惯习）对《南方都市报》新闻场域的历史建构及其实践惯习进行具体阐释。从《南方都市报》新闻场域历史变迁过程发现，其典型特征是不断试图摆脱"他治性"的困境，争取和获得"自主性"。

本案例文章的落脚点是：准确探索《南方都市报》报社的场域特征。将《南方都市报》报社作为一个整体性、组织化的新闻场域来进行历时性的分析，关注其从小到大、由弱变强的过程中，新闻场域"自主性"的变化（权力的空间位置）、资本力量的争夺和转换、生产惯习的典型特征等。分析发现，《南方都市报》新闻场域距离权力场/政治场的位置，不是更远了，而是更近了，在整个集团新闻场域中的位置也逐渐从"边缘"向"中心"转移。此外，其整体的生产惯习糅合了"新闻专业主义"（以深度报道为主）、"市场导向新闻学"（以社会新闻和娱乐新闻为代表）、"文人论政传统"（以时评为代表）的多元特征，具有分裂感和矛盾性，但拥有公共意识和独立立场的诉求和指向也非常明显，其新闻场域的"自主性"在不断增强，获取这种自主性的过程就是对各类型资本（主要是经济资本、政治资本）不断争夺、转换的结果。

（四）科研训练

参考下面的文章，结合该理论，设计一个研究思路，包括研究价值、研究假设、论证方法、写作思路等，开展科研训练。

[1] 彭文.布尔迪厄新闻场域理论研究[D].长沙：湖南师范大学，2013.

[2] 丁莉.媒介场域：从概念到理论的建构[J].社科纵横，2009（8）：106-108.

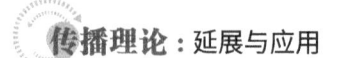

十五、刻板印象理论

（一）理论溯源

最早将刻板印象（Stereo Type）作为一个社会科学术语使用的是美国政治专栏作家沃尔特·李普曼（Walter Lippmann）。他在《舆论学》（*Public Opinion*）中认为，刻板印象或者说个人"头脑中的图像"，是"按照性别、种族、年龄或职业等特征进行社会分类，形成的关于某一类人的固定印象"。也有学者认为，刻板印象是"一种涉及知觉者的关于某类人群或事件的知识、观念与预期的认知结构"[1]。

此后，刻板印象被引入社会心理学、新闻学、传播学等领域。郭庆光认为，刻板印象"指的是人们对特定事物所持有的固定化、简单化的观念和印象，它通常伴随着对该事物的价值评价和好恶的感情，刻板成见可以为人们认识事物提供渐变的参考标准，但也阻碍着对新事物的接受"[2]。

刻板印象是一种带有偏见的社会认知，又称定式或定型观念，心理学认为刻板印象是指"社会上较为普遍地存在着的对于某一类事物产生的比较固定的看法，是一种对交际对象（认知对象）类型化的判断"[3]。刻板印象具有五个基本特点：过分简单化、以偏概全、有影响力、有顽固性、有可变性。[4]

刻板印象涉及个体层面和群体层面：在个体层面，刻板印象是某一个体的特别信念；在群体层面，刻板印象是个体成员之间共享的信念体系。[5] 刻板印象包括描述性部分和评价性部分。其中描述性部分指信念，评价性部分

---

[1] HAMILTION D L, TROLIERT K, Stereotypes and stereotyping: an overview of the cognitive approach[M]//DOVIDIO J F, GAERTNER S K. Prejudice, discrimination, and racism, orlando: Academic Press.1986: 127-163.

[2] 郭庆光.传播学教程[M].2版.北京：中国人民大学出版社，2011：248.

[3] 钱凤莲，唐德根.跨文化交际中的刻板印象与大众传播[J].湘潭师范学院学报（社会科学版），2004（4）：111-113.

[4] 同[3]。

[5] HARASTYA S. The interpersonal nature of social stereotypes: differential discussion patterns in-groups and out-groups[J].Personality and social psychology bulletin, 1997 (23): 270-284.

指态度。[1]

(二) 理论延展

钱凤莲、唐德根（2004）认为刻板印象与大众传播存在着一种必然的关系，则跨文化传播过程中可能存在刻板印象现象。[2]大众传播不合适的报道会强化刻板印象，而跨文化传播或者国际传播就很可能存在一些与实际不符的报道，久而久之，就会形成刻板印象。

而李锦认为网络新闻传播对刻板印象的消解与重构的原因在于：（1）网络新闻传播的超文本性彰显刻板印象的话语张力。（2）网络新闻传播的互动性动摇刻板印象的偏见话语。（3）网络新闻传播的快捷性沿袭刻板印象的认知传统。（4）网络新闻传播的全球性弱化刻板印象的话语强度。[3]当然，也应辩证地对待网络传播，因为网络传播领域同样存在各种偏见、误导信息，形成相关的刻板印象。

刻板印象对决定个体关于人与事的知觉、判断的影响很大。一方面，刻板印象是一种"心理功能装置"，可以节省认知资源，提高认知加工的效率，较快地判断人与事物；[4]另一方面，刻板印象在帮助人们理解同类事物的共性以及不同事物之间的差异性时，容易出现"过度概括""一律化判断"或"指认不当"现象，影响判断的准确性。[5]

(三) 案例解析：跨文化交际中的刻板印象与大众传播[6]

建立在刻板印象基础之上的标签式舆论可能会有失客观公正，长此以往

---

[1] SEITER E. Stereotypes and the media : a reevaluation[J]. Journal of communication, 1986 (36)：16-26.

[2] 钱凤莲，唐德根. 跨文化交际中的刻板印象与大众传播[J]. 湘潭师范学院学报（社会科学版），2004（4）：111-113.

[3] 李锦. 刻板印象在网络新闻传播中的嬗变[J]. 青年记者，2008（32）：82.

[4] 康初莹. 电视广告中人物角色表现的刻板印象调查[J]. 齐齐哈尔大学学报（哲学社会科学版），2007（4）：78-82.

[5] 王艳. 表征变迁、大众传播与改写中的刻板印象——以媒介对高校教师的报道为例[J]. 现代传播（中国传媒大学学报），2007（3）：125-127.

[6] 钱凤莲，唐德根. 跨文化交际中的刻板印象与大众传播[J]. 湘潭师范学院学报（社会科学版），2004（4）：111-113.

会影响人们对事物的正确认识，容易激发社会对立情绪。本案例研究主要采取案例分析法，结合新闻传播过程中标签式舆论事件进行分析。❶

本案例文章首先阐释了刻板印象的积极意义和消极作用，并结合具体案例分析媒体在进行新闻报道时的刻板印象现象。

然后分析新闻传播中刻板印象的作用机制，公众对社会阶层固化和既得利益者不满的符号。受众会借机肆意宣泄自己的不满情绪，推动标签式舆论的盛行。

本案例文章接着分析新闻传播中以刻板印象为基础的标签式舆论的破坏机制，标签式舆论很容易受到受众的广泛认可，成为新闻事件中的意见领袖，让公众失去理性。

最后，本案例文章论证了新闻传播过程中如何消除标签式舆论的不良刻板印象，首先要从生成源头的受众入手，受众应当理性看待问题，做到具体问题具体分析。然后，媒体也应该避免标签化，应公正客观地报道。相关职能部门应该增强公信力，消除传播过程的不同的声音，让主流消息获得广泛认可。

本案例研究的落脚点旨在消解群众以刻板印象为基础的标签式舆论而形成的社会偏见，减少群体之间的对立情绪，有助于构建和谐社会。

（四）科研训练

参考下面的文章，结合该理论，选择新闻传播过程的刻板印象案例，设计一个研究思路，探索如何消解刻板印象在新闻传播过程中的不良影响。

[1] 周大勇.重塑东北形象：刻板印象的转变与积极传播[J].吉林师范大学学报（人文社会科学版），2019，47（4）：63-70.

[2] 薛雨菲.刻板印象在新闻反转事件中的作用与化解——以"奥数天才坠落"事件为例[J].新闻研究导刊，2018，9（24）：46-47，50.

[3] 钱凤莲，唐德根.跨文化交际中的刻板印象与大众传播[J].湘潭师范学院学报（社会科学版），2004（4）：111-113.

[4] 李艳."拟态环境"与"刻板成见"——《公众舆论》的阅读札记[J].东南传播，2010（5）：86-88.

---

❶ 钱凤莲，唐德根.跨文化交际中的刻板印象与大众传播[J].湘潭师范学院学报（社会科学版），2004（4）：111-113.

十六、框架理论

（一）理论溯源

"框架"的概念来自英国人类学家贝特森，他在1955年发表的《游戏与幻觉理论》中首次提出"框架"的概念。20世纪50年代，社会学以及心理学领域出现框架理论。1974年，社会学家戈夫曼在专著《框架分析：关于经验组织的一篇论文》中明确为"框架"做出如下定义："框架是指人们用来认识和阐释外在客观世界的认知结构，人们对于现实生活经验的归纳、结构与阐释都依赖一定的框架，框架使得人们能够定位、感知、理解、归纳众多具体信息。"❶ 戈夫曼的框架定义具有心理学以及社会建构主义倾向，当一个人处在特定情境时，通过头脑中已经存在的框架进行判断、选择以及处理外在对象，具有心理学倾向；而个人又不断地根据已有经验建构框架，则具有社会学特征。

学者瑞兹（Reese）将框架理论的定义分为三类。

第一类定义侧重于新闻框架的效果。如恩特曼认为，"框架涉及选择和凸显，框架一件事，就是选择所感知的现实的某些方面，并使之在传播文本中更加突出，用这样的方式促成一个独特问题的界定、因果解释、道德评价以及如何处理的忠告。"❷ 他认为新闻工作者对于内容的选择与凸显会影响受众对于特定内容的理解。

第二类定义是把框架看作意义的生产过程。美国学者盖姆森指出，"框架是有组织的中心观点或线索故事，为一系列的事件提供意义"❸。臧国仁教授认为，"框架是人们藉以观察世界的镜头，凡被纳入此镜头实景，都成为人们认知世界中的一部分。人们藉由框架来建构意义，以了解社会事件发生

---

❶ GOFFMAN E. Framing analysis : an essay on the organization of experience[M]. New York : Harper and Row, 1974 : 21.

❷ Framing : toward clarification of a fractured paradigm[J]. Journal of communication. 1993, 43 (4) : 51-58.

❸ 黄小雄，沈国麟，杜旭赟. 新华社台湾地区领导人选举报道的框架分析[J]. 新闻大学，2009（1）：90-95.

的原因与脉络。前者代表了取材的范围，后者则显示意义的结构，是一种观察事物的世界观。"❶也将框架定义为两个层次，第一个层次是指人们观察世界的认知都是框架，第二个层次是指人们通过框架来建构意义。

第三类定义是戈夫曼将框架定义为一种认知结构。它"能够使它的使用者定位、感知、确定和命名那些看似无穷多的具体事实"❷。人们通过这样一种认知结构来认知以及解释社会生活经验。认为框架不单纯是建构意义，还有一种选择手段。

（二）理论延展

第一，词性不同，意义有别。框架具有多重意义，张洪忠认为，作为动词，是界限外部事实和心理再造真实的框架过程；作为名词，就是形成了的框架。❸对于作为动词的框架，学者们有许多研究，并且有不同的说法，如基特林（Gitlim，1980）认为是选择、强调和排除，恩特曼（Eentman）指出是选择与凸显，我国台湾的钟蔚文与藏国仁认为是选择与重组等。❹

第二，新闻框架是多方权力互动与博弈的结果。对于新闻媒体的框架研究，坦克德（Tankard，1991）认为框架是新闻的中心思想。恩特曼认为框架包含了选择和凸显两个作用，框架一件事就是把认为需要的部分挑选出来，在报道中特别处理，以体现意义解释、归因推论，道德评估及处理方式的建议。在对新闻框架的形成因素的研究中，伍（Woo，1994）等认为，"框架是新闻工作人员、消息来源、受众、社会情境之间的互动的结果"❺。张雅君认为，随着新媒体的发展，传统新闻框架出现了一定的消解，受众不再只接收传统媒体的新闻报道，多种信息源的出现使受众能了解到媒体报道背后的

---

❶ 减国仁.断闻嫌体与消忽来源——媒介框架与真实建构之论述[M].台北：三民书局，1999：33.

❷ GOFFMAN. Framing analysis : an essay on the organization of experience[M]. New york : Harper and Row, 1974 : 21.

❸ 张洪忠.大众传播学的议程设置理论与框架理论关系探讨[J].西南民族大学学报（哲学社会科学版），2001（10）：88-91.

❹ 同❸。

❺ 同❸。

信息，传统媒体和新媒体共同构成了新的新闻框架。❶

框架研究具有多范式特点，陈阳认为，"新闻生产和媒体内容研究领域内的框架分析往往采取了批判立场，效果研究领域内，框架分析往往遵从行为主义范式"❷。框架分析在新闻传播学研究中被广泛应用，万小广认为，"分析对象涵盖话语、话语的建构、话语的接收各个环节，分析手段整合定性方法和定量方法，分析层次位于综合性理论和具体经验命题之间，适合建构中层理论。"❸

王雷、申从芳提出，框架理论不仅仅是一种研究方法，新闻记者也可以用它来指导新闻报道。他们认为，对新闻材料的选择和建构是两种媒介框架，而受众会通过自己的先前经验与媒介框架进行趋同、协商和对立。作为新闻报道者，使用框架理论进行报道可以有效引导读者"想什么"，从而收到更好的报道效果。❹

刘思彤认为，"从认知结构角度来看，为了达到某种认知效果，新闻传播过程中会对客观事实进行相应的编辑和加工，以满足受众的认知需要"❺。但是，不同人的认知框架受阅历和学历的影响，可能导致人们的认知偏差。

（三）案例解析：后 SARS 时代中国大陆艾滋病议题的媒体呈现❻

本案例文章的研究起点是：SARS 疫情暴发使"公共健康"议题备受瞩目。而在诸多公共健康议题中，艾滋病最受公众、学术界和政策制定者关注。而传媒不仅是公众健康信息的主要来源，也型塑着公众思考、了解与践行健康行为的方式，并对公共健康政策的制定和实施产生影响。检视我

---

❶ 张雅君.报纸新闻报道框架在新媒体环境下的消解与重构[J].中国报业，2016（14）：45-46.

❷ 陈阳.框架分析：一个亟待澄清的理论概念[J].国际新闻界，2007（4）：19-23.

❸ 万小广.论架构分析在新闻传播学研究中的应用[J].国际新闻界，2010，32（9）：6-12.

❹ 王雷，申从芳.框架理论在新闻报道中的应用[J].东南传播，2009（5）：137-138.

❺ 刘思彤.新闻传播框架理论研究[J].新闻传播，2017（2）：17-18，20.

❻ 张明新.后 SARS 时代中国大陆艾滋病议题的媒体呈现：框架理论的观点[J].开放时代，2009（2）：131-151.

国传媒对以艾滋病为代表的公共健康议题的可能呈现/再现模式（Patterns of Representation）具有理论和现实价值。

本案例文章研究方法是：主要采用框架分析法和比较研究法。本案例文章选择《人民日报》《河南日报》《南方都市报》和《中国青年报》四家日报以艾滋病为主要报道内容的新闻作为考察对象，分别从概念系统层次、议题定位层次和文本结构层次框架进行研究。

本案例文章的落脚点是：归纳中国大陆艾滋病报道的框架特征。中国的艾滋病报道在概念系统层次绝大多数新闻采用事件框架（87.3%），即这些报道关注一个个具体的艾滋病相关事件、人物或活动，而缺乏对诸如生命、公正等永恒价值的叙述与表达。中国的艾滋病报道在议题定位层次主要采用防治框架、政治框架和社会框架3种（合计近80%），即绝大多数报道将艾滋病视为疾病防治问题、政治问题或社会问题，尤其是防治和政治问题（合计近60%）。将艾滋病视为社会问题，主要关注艾滋病的社会蔓延（如某地艾滋病疫情如何）和社会影响（如艾滋病致孤儿童的学习和生活、公众对艾滋病的误解等）等。

中国的艾滋病报道在文本结构层次上，主要采用片段框架（74.9%），表明对艾滋病相关事件、人物或活动的呈现颇为碎片化，未交代事件的社会背景、来龙去脉和相关事件及人物。市场化媒体比党政媒体更倾向于以价值框架、社会框架和主题框架报道艾滋病议题。整个研究将框架理论具体化，并针对四家典型媒体的相关报道进行逐项统计分析，以事实为依据，探索其新闻报道的框架特征。

（四）科研训练

参考下面的文章，结合该理论，选择特定研究对象，探究其新闻框架特征。

[1] 袁红梅，汪少华. 框架理论研究的发展趋势和前景展望 [J]. 西安外国语大学学报，2017，25（4）：18-22，66.

[2] 张俊睿. 框架理论在新闻传播领域的研究与运用 [J]. 新媒体研究，2016，2（17）：31-32.

[3] 侯欣洁，王灿发. 框架理论视域下"涉谣报道""证伪"研究——以人

民网"求真"栏目为例[J].新闻与传播研究,2013,20(6):101-107,127.

[4] 韩笑.浅析框架理论下新闻媒体的社会功能[J].新闻传播,2011(11):85.

[5] 孙彩芹.框架理论发展35年文献综述——兼述内地框架理论发展11年的问题和建议[J].国际新闻界,2010,32(9):18-24,62.

[6] 刘丰,田春燕.用框架理论分析媒体导向——以"9·11"事件后美国主要媒体报道的分析为例[J].西南交通大学学报(社会科学版),2005(6):33-36,46.

十七、媒介失控论

(一)理论溯源

20世纪50年代,多伦多学派的伊尼斯、麦克卢汉、戈夫曼等在某种程度上开启了媒介生态研究的历史先河。其后,纽约学派在研究方法、思维方式、观点表达、学科联系等与多伦多学派一脉相承。当然,纽约学派亦有其独特之处,媒介特别是电视媒介异常发达,并呈现出明显的独特性。❶也带来一些学者的担忧。兹比格涅夫·布热津斯基所提出的媒介失控论便是其一。严格来说,兹比格涅夫·布热津斯基算不上传播学者。他在美国哈佛大学获得哲学博士学位,曾任美国前总统卡特的国家安全顾问、哥伦比亚大学战略学教授并兼任该校共产主义事务研究所所长,长期担任乔治敦大学战略和国际问题研究中心高级顾问,是美国政府地地道道的谋士。《失去控制:21世纪前夕的全球混乱》是布热津斯基的代表作之一。该书出版后,美英报刊纷纷发表评论,认为该书"从思想和政治史的角度对冷战后的世界形势做了权威性的概述"❷。布热津斯基在该书中阐述了媒介发展失控论,"只是他对全球变化失控论述中的一部分,但这一部分无疑是引人瞩目的"❸。

---

❶ 邵培仁,廖卫民.思想·理论·趋势:对北美媒介生态学研究的一种历史考察[J].浙江大学学报(人文社会科学版),2008(3):180-190.

❷ 邵培仁.传播学[M].北京:高等教育出版社,2000:207.

❸ 布热津斯基.大失控与大混乱[M].潘嘉玢,刘瑞祥,译.北京:中国社会科学出版社,1995.

布热津斯基在《失去控制：21 世纪前夕的全球混乱》中预警全球的大失控和大混乱，而媒介更是如此。布热津斯基既强调美国优势，也担忧美国全球传播价值正在面临严峻挑战。布热津斯基认为，"电视是接触社会和接受教育的最重要的工具。在这方面，它正迅速地替代历来由家庭、教会和学校所起的作用。"但是，电视传播带来明显的负面影响：电视"刺激了全球群众在物质上的攀比欲望"，引发"全球范围内的精神危机"，导致"道德败坏和文化堕落"，煽动"物质享受"。❶ 布热津斯基指出，如果不对这种状况加以控制，美国将丧失全球的控制力。他批判美国电视所展示的极端庸俗和精神空虚的美国形象，消解了美国文化的影响力。

（二）理论延展

学界针对布热津斯基的思想存在不同视角的解读：有肯定视角的解读，也有否定视角的解读，以及结合网络环境的创新解读。

第一，肯定视角的解读。邵培仁教授辩证地审视布热津斯基的思想："说它是佳作，是因为当时西方世界正处于'苏联崩溃'的喜悦之中，布热津斯基能够居安思危，看到了全球可能出现的大混乱大失控局面。但又说它是一首挽歌，原因在于布热津斯基虽用其敏锐的观察力看到了美国社会存在的种种弊端，但其提出的解决方案却难以治疗病入膏肓的美国巨人。"❷ 布热津斯基的观点引发我们对美国全球影响力的思考，也促使我们探索"全球可能出现的大混乱大失控局面"的应对路径。

第二，否定视角的解读。布热津斯基的媒介失控论立足于美国全球利益的现实，分析问题也总是以是否符合美国利益为出发点。在他眼中，美国利益不仅高于他国利益，甚至高于人类利益。布热津斯基认为，全球性识字的普及造就了无数政治觉醒的群众，而这加速了以欧洲为中心的世界范围内帝国的分崩离析，也对美国的超级大国地位造成威胁。但电视所煽动的"风险"才是最可怕的，这种风险体现在，当穷人看到富人阔绰的生活方式之

---

❶ 兹比格涅夫·布热津斯基. 大失控与大混乱 [M]. 潘嘉玢，刘瑞祥，译. 北京：中国社会科学出版社，1995.

❷ 邵培仁. 预警·审判·挽歌——评布热津斯基的媒介失控论 [J]. 国际新闻界，1996（5）：47–50.

后，其熊熊燃烧的嫉妒之火极有可能被利用，从而破坏社会稳定。至于美国文化输出造成的消极影响，以及世界多国对美国"文化帝国主义"的指控，布热津斯基未加理睬，反而倒打一耙，认为这是外国对美国的刻意模仿、亦步亦趋。归根结底，布热津斯基最关心的是 21 世纪美国能否依旧位居第一，能否继续发挥催化作用，而电视则是最坏的颠覆者和教唆者。

与伊尼斯、麦克卢汉以及梅罗维茨的媒介理论不同——他们都是科技决定论的因果模式，即认为传播科技是自发自生的，按照本身孤立的逻辑发展，不受社会秩序和社会制度的制约。邵培仁教授认为，布热津斯基的媒介失控论堪称"征候模式"的典型。这种模式认为，传播新科技发明之后，其影响与效果不是由其本身决定的，而是源于各种社会力量的博弈结果。但不论是因果模式还是征候模式，他们都认为科技仍是造成传播效果的不可避免的重要原因，这也就不难理解布热津斯基在以美国立场为出发点，面临电视所带来的冲击时，为何会显得如此忧心忡忡。

第三，网络环境的新解读。布热津斯基的媒介失控论是对 20 世纪 90 年代电视传播的担忧，互联网盛行的当下，媒介失控迁移至网络媒介。邵鹏总结网络媒介失控的主要特征是：（1）无理性的盲从化倾向。网络传播信息鱼龙混杂，受众容易失去观察能力，而陷入无理性的盲从与迷思中。（2）极端舆论的高速失控状态。在网络时代，部分极端舆论借助网络几乎无时差的传输速度，呈现高速失控状态。（3）传统媒介的失效倾向。传统媒介在传播频次、传播及时性以及传播的互动、反馈效果的接受上，都不具有网络媒介的优势，这极有可能导致传统媒体的"暂时性失语"与失效。❶

布热津斯基的媒介观仅仅是其全球战略论述中的一部分。尽管他站在美国全球战略的高度来审视大众传媒，但对媒介生态恶化现实的担忧，依然具有振聋发聩的警示作用。

（三）案例解析：媒介失控 ❷

1993 年，布热津斯基曾预言：在 21 世纪初，我们将面临媒介的全面失

---

❶ 邵鹏.媒介失控：谁来挽救网络传播的混乱局面？[J].东南传播，2008（9）：27-29.

❷ 同❶。

控。而网络传播的兴起，网络媒介面临失控的现象更为明显，成为值得关注的学术问题。本案例文章主要采用文本分析法，结合文献及相关数据分析网络媒介失控现象及原因。

布热津斯基所言的"媒介失控论"在互联网高速传播中再次得到印证。面临网络媒介对人类生活的全面渗透，这次的媒介失控将会产生比电视传播时代更剧烈的影响。本案例文章从传播学角度，探索网络媒介失控背后深层的历史根源和复杂的社会动因。

首先，本案例文章引用布热津斯基在《失去控制：21世纪前夕的全球混乱》一书中的预言，指出当前网络媒介迅速发展的背后同样面临新的失控。学术界目前对网络媒介失控的担忧集中在两方面：关注新媒介失控对未成年人的不良影响，以及对于未来网络控制趋势的紧张心态。

其次，本案例文章认为网络媒介失控所产生的恶果受到"群体精神统一性的心理学法则"的影响呈现以下特征：无理性的盲从化倾向、网络舆论的过激化倾向、极端舆论的高速失控倾向以及传统媒介的失效倾向。

再次，本案例文章分析网络媒介失控背后的动因。本案例文章认为网络媒介失控与传播者角色模糊化、重叠化倾向，守门人角色的缺失，舆论领袖的泛滥，受众上网兴趣的转移有关。

本案例文章从布热津斯基的媒介失控论出发，指出他对电视媒介引发的"道德危机"的担忧，从而引申至当前互联网传播时代的网络失控现象，并分析其成因。值得注意的是，在阐述网络媒介失控现象之时，本案例文章集中于网络舆论层面分析。布热津斯基对21世纪媒介失控的担忧，在当前网络时代逐渐显现甚至加剧。我们看到，在过去，布热津斯基所担忧的电视媒介仍只是一个单向线性媒介，而今在网络赋权之下，传受合一，当传播者不再是媒介，而是任意一个互联网用户之时，复杂的传播环境必然会加重媒介失控问题。

（四）科研训练

参考下面的文章，结合媒介失控论，选择一个较为典型的社交平台，举例谈谈该平台出现的媒介失控现象，你认为这种现象随着技术更迭，是继续恶化还是逐渐转好？为什么？

[1] 邵培仁，廖卫民.思想·理论·趋势：对北美媒介生态学研究的一种历史考察[J].浙江大学学报（人文社会科学版），2008（3）：180-190.

[2] 邵培仁.预警·审判·挽歌——评布热津斯基的媒介失控论[J].国际新闻界，1996（5）：47-50.

[3] 邵鹏.媒介失控：谁来挽救网络传播的混乱局面？[J].东南传播，2008（9）：27-29.

十八、电子乌托邦理论

（一）理论溯源

1889年，美国政治学家J.布莱士出版的《美利坚民主国》一书认为，"现实的舆论是一个由分散的、具有情绪性和偏颇性的个人印象或观点，经过传播而结晶为合理的公众意见（舆论）的过程，而在这个过程中，报刊作为核心的传播媒介起着重要作用"❶。威廉·米切尔在《电子乌托邦》一书中提出"电子乌托邦"的概念，饱含对新媒介技术特性的期待，认为新的传播技术必将把人类带入一个高度自由、民主和平等的理想国。❷

郭庆光教授在《传播学教程》中总结学者对电子传播优势的认可，电子传播网络的双向性将改变传统的大众传播过程受到传播者支配的局面，使传播过程变得更加平等，而这种平等也必然带来社会关系的平等；新媒介将保障每个人自主发表言论的权利和机会，并形成"真正的观点的自由市场"；电子投票系统为全体公民参与公共事务或参加政治选举提供了可能性，将会带来一个普遍民主的社会等。❸当然，这些观点有过于乐观之嫌，实际的电子媒介并未带来真正的理想社会。

（二）理论延展

众多学者对"电子乌托邦"思想进行否定的评断。郭庆光教授认为，新的媒介技术会带来较大的社会变化。但是，媒介本质上仍然是人的创造物，

---

❶ 郭庆光.传播学教程[M].2版.北京：中国人民大学出版社，2011：109.
❷ 同❶：125.
❸ 同❶：125-126.

传播媒介的社会影响最终还是取决于掌握和运作它的人和社会组织，取决于传播的信息内容。[1]"电子乌托邦"思想有技术决定论倾向。研究认为，"网络媒介被赋予了强大的去中心、反权威和开放、平等的解放性文化力量"[2]。似乎可以逃避集权及话语霸权的制约。但有学者持质疑态度。

徐翔在审视网络文化去中心性时指出，"话语表达上的去中心不等于话语传播和话语影响力的去中心，物理拓扑结构和信息渠道上的去中心不等于信息传播上的去中心，传统威权中心的弱化不等于网络权力中心的弱化而只是意味着它的型变"[3]。相反，我们要冷静反思网络文化表层的碎片化和"狂欢化"并未消解隐蔽的文化霸权，去中心、碎片化、狂欢化恰恰暴露出网民的肤浅，并未触及网络传播深层次的话语霸权。

彭鹏在谈及网络民主时认为，单纯依靠新媒介技术无法产生社会民主。"不是网络媒介带来民主，而是在民主政治制度中，网络媒介才能发挥出积极作用。"[4]可见，网络本身不能带来民主，而控制网络的制度才具有民主的主导权。

（三）案例解析：异化的"去中心"[5]

研究认为，"网络媒介被赋予了强大的去中心、反权威和开放、平等的解放性文化力量"[6]。但看似去中心的网络空间，真的是"电子乌托邦"吗？引出本案例文章的研究问题。本案例文章主要采用举例论证法，结合温州市官员低价购拆迁安置房、罗彩霞维权事件等实例，揭示网络文化背后异化的"去中心"。

尽管有众多学者指出网络文化的负面影响，但这种思考是对网络文化负面性的外部思考而不是深入内部反思的层面。[7]本案例文章点明网络文化的

---

[1] 郭庆光.传播学教程[M].2版.北京：中国人民大学出版社，2011：126.
[2] 徐翔.异化的"去中心"：审视电子乌托邦[J].南京社会科学，2010（10）：120-126.
[3] 同[2]。
[4] 彭鹏.电子乌托邦：网络民主的神话[J].南京政治学院学报，2003（5）：115-117.
[5] 同[2]。
[6] 同[2]。
[7] 同[2]。

"去中心性"是一种表象,并非所谓的"电子乌托邦",是一种"中心化"异化的后果。作者从"话语表达上的去中心化与话语传播上的中心化""信息渠道上的去中心化与信息传播上的中心化""传统威权中心的弱化与中心方式的转变"三方面展开论述,强调网络文化"去中心性"的异化。最后,本案例文章总结说明网络文化所蕴含的开放、平等的逻辑是表象,其具有自我异化的集权与中心化。

电子乌托邦的提出对新媒体技术寄予了无限期待,尽管有众多学者对网络"电子乌托邦"予以批判,但批判仅留于表层,未从网络技术本身进行深层思考。对网络"电子乌托邦"的批判式审视可以由表及里,由人谈及技术,更全面地辨析所谓的网络文化带来的"去中心性"究竟是什么,这值得更多学者进一步深思。

(四)科研训练

参考下面的文章,结合"电子乌托邦"理论,以新浪微博作为研究对象,设计一个研究思路,进一步思考新媒介语境中,所谓的"电子乌托邦"是否真的存在。

[1] 徐翔.异化的"去中心":审视电子乌托邦[J].南京社会科学,2010(10):120-126.

[2] 彭鹏.电子乌托邦:网络民主的神话[J].南京政治学院学报,2003(5):115-117.

[3] 陈浩,沈蔚.传播技术理论的现代历程及文化反思[J].东南传播,2008(3):24-26.

十九、媒介依赖理论

(一)理论溯源

1974年,鲍尔·洛基奇在全美社会学协会年会上宣读的论文《信息观念》涉及媒介依赖。1976年,她和德弗勒合作发表的论文《大众传播媒介效果的依赖模式》首次明确使用"依赖模式"这一概念,并详细阐述"媒介系统依赖论"的主要观点。1986年,鲍尔·洛基奇等主编的《媒介、受众与社会结构》一书中进一步阐述了这一理论。1989年德弗勒与鲍尔·洛基奇出版的《大众传播学诸论》中再度拓展了该理论。❶

媒介依赖理论的基本思路是把媒介作为"受众—媒介—社会"系统中的一个有机组成部分,其核心思想是:受众依赖媒介提供的信息去满足他们的需求并实现他们的目标。❷这一思想同使用与满足理论的基本思想是一脉相承的,不同的是,媒介依赖理论把媒介的传播效果放在了一个更大的社会系统中进行考察。受众、媒介和社会作为这一系统的三个组成部分,分别具有各自的行动目标和资源,各自的性质决定了系统中的各种依赖关系。❸由此可见,媒介依赖不是简单的受众与媒介的双边关系,而是受复杂的社会环境诸多因素制约的动态影响关系。

鲍尔·洛基奇和德弗勒认为,受众和媒介关系的特征是非对称性:媒介资源对于受众比受众资源对于媒介更为稀有和独特。同时他们认为这种关系也是非单向的。当媒体和社会系统影响着受众对媒介的依赖时,受众身上变动着的认知、情感、行动状况也同时反馈给了社会和媒体。❹也正因为媒介拥有比受众更多的媒介资源,且这些资源对于受众是"稀有和独特",才致使受众产生对于媒介的依赖。当然,也应该看到另一面,这是一种非单向关系,受众认知的变化也是媒介发展的依据。

个人对于媒介的依赖类型比较多,有的是信息需求,有的是行为习惯,也有的是打发时间的需要等。鲍尔·洛基奇等认为个体对媒介的依赖有三种类型:第一种是了解依赖,指个人依赖媒介了解自己与社会;第二种是导向依赖,指个人需要媒介提供行动及互动的指引;第三种是游戏依赖,指个人

---

❶ 张咏华.一种独辟蹊径的大众传播效果理论——媒介系统依赖论评述[J].新闻大学,1997(1):27-31.

❷ 林爱珺,张晓锋,童兵.我国社会的媒介影响与媒介依赖[J].新闻界,2007(6):8-10.

❸ 谢新洲."媒介依赖"理论在互联网环境下的实证研究[J].石家庄经济学院学报,2004(2):218-224.

❹ 常启云.试析信息社会受众对大众传媒的依赖性[J].天中学刊,2009,24(4):60-62.

依赖媒介提供的游戏（逃避、娱乐、消遣等）活动。❶这样的分类将庞杂的媒介依赖行为比较清晰地归入上述三类。当然，也有学者跟进丰富媒介依赖类型。可见，伴随媒介的技术进步，受众对于媒介依赖的程度和类型也在逐渐拓展。

（二）理论延展

1. 积极意义

张咏华教授认为，"媒介依赖论"作为一种系统性研究大众媒介和受众关系的理论，提出有以下几点意义。

第一，为大众传播效果研究提供了新的视角。张咏华教授认为，"'媒介依赖论'较为完整地阐述了媒介信息系统与社会成员个人、群体、组织及其他社会系统的关系，并专门从这种关系的角度考察媒介社会效果的理论，以独特视角审视大众传播效果背后的媒介—受众—社会关系"❷。由此可见，媒介与受众的关系并非单纯的直接对应关系，还涉及群体、组织和其他社会系统等复杂因素，这些因素同样对于传播效果具有不同程度的影响。

第二，强调媒介依赖关系的双向性。"媒介依赖论"容易理解为强调受众对于媒介的单向依赖。其实，媒介同样依赖受众，没有受众的媒介同样没有存在的价值。鉴于此，"媒介依赖论""强调媒介系统依赖关系的双向性，认为这种关系是媒介与受众，以及与社会群体、组织和其他社会系统互为依赖的关系"❸。

第三，将社会学和心理学引入大众传播效果研究中。"媒介依赖论"吸收了"结构功能论""社会冲突论""象征互动论"和"认知结构理论"的一些主要思想。❹媒介依赖是一种现象，而这种现象背后蕴含多重理论视角的解读，社会学与心理学是其中主要解读路径。

第四，指出了媒介依赖关系结构的动态性。该理论认为媒介与其他社会

---

❶ 张洪忠，李楷.受众对新媒体与传统媒体不同内容的依赖比较——以成都地区居民调查为例 [J].当代传播，2009（1）：29-32.

❷ 张咏华.一种独辟蹊径的大众传播效果理论——媒介系统依赖论评述 [J].新闻大学，1997（1）：27-31.

❸ 同❷。

❹ 同❷。

系统互为依赖的关系导致相互间的合作与冲突。媒介依赖关系的结构可能是对称的，也可能是不对称的。❶媒介依赖是在复杂的社会系统中存在的，不同社会系统及其构成要素都具有变动性，由此带来媒介依赖关系结构的动态性。

2. 局限性分析

诚然，提出"媒介依赖论"具有建设性的意义，但其仍具有一定的局限性。关于这点，鲍尔·洛基奇与她的学生在《从"媒介系统依赖"到"传播机体"——"媒介系统依赖论"发展回顾及新概念》一文中做出了详细的阐述。

第一，"依赖性"这个术语倾向于暗示人们：关系中提到的两方存在着固有的非对称性。这就是人们经常误解媒介系统依赖论中社会生态关系的原因所在，尤其是在微观层次的媒介系统依赖论中，人们认为是弱的个人依赖于强的媒介。

第二，媒介系统依赖论将个人与媒介间的关系特征定义为非对称性，但这种非对称性正在变化，传播科技的变化使二者间的关系成为一个变量而非常量。个人介入信息生产全过程的能力不断变化，这使个人与传媒间的依赖关系更为多样化。在新的媒介环境里，先前假定的非对称关系需要重新考察。

第三，在媒介系统依赖论的概念中，中观层次的动因未被充分地解释。尽管鲍尔·洛基奇后来将中观的人际网络引入媒介系统依赖模型，但从整体上看，媒介系统依赖论仍然聚焦于微观层次和宏观层次所涉及的个人媒介与社会系统之间的关系。

第四，以往的媒介系统依赖研究未能充分寻找到关于个人环境的实证方法。媒介系统依赖论假设个人在与媒体形成依赖关系中，个人周围的环境更易影响个人目标的强度和范围，但个人环境与媒介系统依赖论的关系未被清晰地考察过。❷

---

❶ 张咏华. 一种独辟蹊径的大众传播效果理论——媒介系统依赖论评述 [J]. 新闻大学, 1997 (1): 27–31.

❷ 鲍尔·洛基奇, 郑朱泳, 王斌. 从"媒介系统依赖"到"传播机体"——"媒介系统依赖论"发展回顾及新概念 [J]. 国际新闻界, 2004 (2): 9–12.

3. 补充完善

其实在"媒介依赖论"提出后，包括鲍尔·洛基奇本人在内的众多学者对该理论进行了进一步补充、完善。

第一，关于媒介依赖关系的方面（dimension）的研究。20世纪90年代鲍尔·洛基奇等人在一篇论文中阐述了除结构和强度以外媒介依赖关系的另一方面：范围（或广或窄）。而范围本身又包括三个方面：资源范围、实体范围和媒介范围。❶

第二，关于影响媒介依赖关系的微观因素的研究。鲍尔·洛基奇提出"目标"作为更合适的概念，区别于使用与满足研究框架中的"需求"。她陈述说，"需求"包含了理性的与非理性的动机、有意识的与无意识的动机、真实的与虚假的利益；然而，"目标"所暗含的要解决问题的动机，对于一个建立在依赖关系基础上的媒介理论而言更为恰当。"目标"是构成先于媒介依赖关系而存在的个人动机的重要维度。鲍尔·洛基奇提出了影响个人媒介依赖的"目标"所蕴含的一系列意义：理解、定向和娱乐。

第三，关于媒介依赖的影响因素研究。罗格斯（William E. Loges）研究发现，媒介依赖的强度与感知的环境威胁成正相关关系。而威胁与依赖范围成反比。威尔逊·劳瑞（Wilson Lowrey）认为，社会经济地位等与依赖程度或者依赖产生的后续效应关系很小。❷ 媒介依赖受众多种社会和个体因素影响，包括"感知的环境威胁""社会经济地位"，还可能有其他更多因素，这些是后续研究值得探索的空间。

4. 新媒介环境的创新解读

第一，大众对媒介的依赖性增强。媒介依赖包括工具性依赖。林爱珺等人调查研究指出，社会信息化程度的提高，提升信息资源的社会价值，推动以信息资源为工具的媒介依赖。❸ 还有一种媒介依赖是精神性依赖。王怀春

---

❶ 张咏华.一种独辟蹊径的大众传播效果理论——媒介系统依赖论评述[J].新闻大学，1997（1）：27-31.

❷ 张洪忠，李楷.受众对新媒体与传统媒体不同内容的依赖比较——以成都地区居民调查为例[J].当代传播，2009（1）：29-32.

❸ 林爱珺，张晓锋，童兵."科学发展观与媒介化社会构建"系列报告之三我国社会的媒介影响与媒介依赖[J].新闻界，2007（6）：8-10.

认为，新媒介延续了传统媒介时代的精神依赖，而且新媒体技术的发展使依赖的程度更深。❶结合媒介演化的"人性化趋势"，新媒体技术更好地服务受众，受众因此产生的依赖更加明显。

第二，过度依赖媒介将导致人的异化。新媒介是一把双刃剑，带给受众的有积极影响也有消极影响。林爱珺等人认为，新媒介给受众带来贴心服务，也带来庸俗信息等不良影响。❷当然，媒介依赖症中的"症"本身就是一种病，过度依赖肯定会带来负面影响，需要受众个体的自我管控和自我约束。

第三，媒介依赖群体在结构上发生变化。新媒介的依赖呈现低年龄高学历特征，而传统媒介依赖呈现高年龄低学历特征。❸不同的媒介类型产生依赖的人群不同，依赖的类型也存在差异。

第四，大众从对媒介内容的依赖转向对媒介"拟态环境"的依赖。大众生存于现实社会的同时，又与媒介共处于一种由新媒介制造的拟态环境之中。❹媒介依赖的关键是媒介塑造的"拟态环境"，这时候的过度依赖产生的社会影响更大。

第五，大众对新媒介的依赖更聚焦于人际依赖与群体依赖。在鲍尔·洛基奇的媒介系统依赖论的概念中，仍然聚焦于微观层次和宏观层次所涉及的个人、媒介与社会系统之间的关系，中观层次的群体依赖没有被充分地考虑。❺其实微博、微信、客户端等新兴媒介类型的依赖尤其明显，更值得深入探索。

（三）案例解析：一种独辟蹊径的大众传播效果理论——媒介系统依赖论评述❻

媒介依赖论完整阐释了媒介信息系统与整个社会结构中的各个其他组成

---

❶ 王怀春.新媒介时代受众对媒介依赖的变化[J].当代传播，2009（2）：90-92.

❷ 林爱珺，张晓锋，童兵."科学发展观与媒介化社会构建"系列报告之三我国社会的媒介影响与媒介依赖[J].新闻界，2007（6）：8-10.

❸ 张洪忠，李楷.受众对新媒体与传统媒体不同内容的依赖比较——以成都地区居民调查为例[J].当代传播，2009（1）：29-32.

❹ 于旻生.新媒介环境下的受众媒介依赖研究[D].长沙：中南大学，2012.

❺ 同❹。

❻ 张咏华.一种独辟蹊径的大众传播效果理论——媒介系统依赖论评述[J].新闻大学，1997（1）：27-31.

部分的关系，并以独特的视角揭示出大众传播效果背后媒介——受众——社会三者的关系。媒介依赖论的提出富有启示意义，评析理论内涵、优势与问题，对于学界具有参考、借鉴意义。

媒介依赖论是一种颇有启迪意义的理论：它从"媒介——受众——社会"的关系视角解释媒介的社会效果，它关于媒介系统依赖关系乃是解释媒介社会效果的关键因素的论点，为传媒效果研究独辟蹊径，激发了许多有关研究。❶本案例文章试图观察媒介和整个社会系统中的各个其他部分怎样相互发生关系，并根据这些关系来解释媒介的社会效果。❷媒介依赖是一种极端的传播效果，合理利用则对社会和个人都有积极意义，而过度依赖则会带来负面社会影响。

本案例文章分析媒介依赖论的长处。媒介依赖论将社会学和心理学引入大众传播效果研究，强调媒介依赖关系的双向性，同时指出了媒介依赖结构的动态性。

本案例文章梳理出媒介依赖论的后续发展。研究媒介系统依赖关系的变化对社会行为的社会、政治、文化及其他方面的影响。❸

最后，本案例文章认为媒介依赖论仍有待完善之处。媒介依赖论中所包含的一系列设想需要在宏观层次上进行客观检验。此外，理论本身虽适应于多层次的媒介依赖关系分析，但不同层次间的分析难以进行有效比较。媒介依赖论与其他相关理论存在相似之处，读者难以区分。

（四）科研训练

参考下面的文章，结合"媒介依赖论"与新媒体的特性，探究新媒体语境中媒介依赖展现出的新特征以及媒介依赖论的变化。

[1] 张咏华.一种独辟蹊径的大众传播效果理论——媒介系统依赖论评述[J].新闻大学，1997（1）：27-31.

[2] 鲍尔·洛基奇，郑朱泳，王斌.从"媒介系统依赖"到"传播机

---

❶ 张咏华.一种独辟蹊径的大众传播效果理论——媒介系统依赖论评述[J].新闻大学，1997（1）：27-31.

❷ 同❶。

❸ 同❶。

体"——"媒介系统依赖论"发展回顾及新概念[J].国际新闻界,2004(2):9-12.

[3] 林爱珺,张晓锋,童兵."科学发展观与媒介化社会构建"系列报告之三 我国社会的媒介影响与媒介依赖[J].新闻界,2007(6):8-10.

[4] 张洪忠,李楷.受众对新媒体与传统媒体不同内容的依赖比较——以成都地区居民调查为例[J].当代传播,2009(1):29-32.

[5] 王怀春.新媒介时代受众对媒介依赖的变化[J].当代传播,2009(2):90-92.

[6] 谢新洲."媒介依赖"理论在互联网环境下的实证研究[J].石家庄经济学院学报,2004(2):218-224.

第四章 媒介环境学派

20世纪30年代,媒介环境学(Media Ecology)在北美萌芽,70年代逐步成型。经过三代学者的努力,它已成为与经验学派和批判学派并列的第三学派——媒介环境学派(Media Ecology School)。这些学者主要集中在加拿大和北美。第三流派的命名还没有定论,有人称其为"技术决定论""媒介决定论",也有人称其为"媒介环境学派""媒介生态学派""媒介技术学派"。但是,这些并未影响这一学派最近几年的快速发展,形成一大批富有启发意义的学术成果。我们应熟悉这些研究成果以明确继续探索的领域与话题。

一、媒介环境学

(一)理论溯源

20世纪60年代,马歇尔·麦克卢汉提出"媒介环境"一词,直到20世纪60年代晚期,尼尔·波兹曼在纽约大学使用"媒介环境"这一术语后,它才成为代表一种媒介研究领域的专有名词。波兹曼整合芒福德、伊尼斯以及麦克卢汉等学者有关媒介技术的研究思想,并开创一个新的传播学研究范式——媒介环境学派,致力于传播技术及其所建构的媒介环境影响人和社会的作用机制及后果的相关学术研究。何道宽教授强调:"媒介环境学主张泛技术论、泛媒介论、泛环境论、泛文化论。换言之,一切技术都是媒介、环境和文化。"[1]即这里讨论的媒介不局限于传播的报纸、广播、电视或互联网等新媒体,还涉及更广泛的媒介类型。

波兹曼(1970)首次公开定义该学科时的表述为:"媒介环境学把环境当作媒介来研究……媒介环境学强调人在媒介研究中的重要角色,其重点关

---

[1] 何道宽.媒介环境学:从边缘到庙堂[J].新闻与传播研究,2015(3):118–126.

怀如何研究人与传播媒介的关系。"❶ 媒介环境学的学科名称就此延续下来，它具有强烈的人文关怀与社会关怀。

第一代代表人物有伊尼斯和麦克卢汉，他们是该学派的奠基人。麦克卢汉继承并超越了伊尼斯的"媒介偏向论"，出版了《机器新娘》《古登堡星汉》等著作，引起了全球关注。20世纪70年代，第二代代表人物尼尔·波兹曼的《童年的消逝》《娱乐至死》和《技术垄断》带来更多的社会思考。第三代代表人物林文刚作为美国媒介环境学会的副会长，也是学会创始人之一。通过几代学者学术思想的传承，媒介环境学派逐步建构了一个完整的理论体系。

陈世华教授将媒介环境学派讨论的环境分为四个维度：其一是作为知悉环境的媒介。媒介环境学认为每一种媒介皆可设想为一种感知环境。其二是作为符号环境的媒介。媒介是由特定的代码与句法层次分明地构造出的符号环境。其三是作为媒介的环境。提出媒介即是环境的理念，注重媒介/技术与社会、人的互动关系。其四是多重环境论。说明包罗万象的媒介构造社会环境，阐述单一性媒介与多重媒介功能性的不同之处。❷"作为知悉环境的媒介"和李普曼的"拟态环境"有相同之处，媒介是受众感知周围环境的一个对象或渠道，借以拓展对周围世界的认知。而这个媒介环境的构建需要丰富多彩的媒介符号，也即"作为符号环境的媒介"。同时，从泛媒介观角度看，媒介本身也是环境的构成要素，多重环境叠加，共同影响受众对社会的感知。

林文刚在《媒介环境学：思想沿革与多维视野》的绪论里，提出媒介环境学的三个理论命题。

（1）传播媒介不是中性的。林文刚认为，传播媒介不是中性的、透明的和无价值标准的渠道，只管把数据或信息从一个地方传送到另一个地方。……一种媒介的符号形式产生它编码的特征，而媒介则用这样的编码来表达信息（比如模拟式符号和与之相对的数字式符号）；同时，媒介的符

---

❶ 林文刚.媒介环境学：思想沿革与多维视野[M].何道宽，译.北京：北京大学出版社，2007：4.

❷ 陈世华，陶杰夫.媒介即环境：媒介环境学的理论溯源[J].南昌大学学报（人文社会科学版），2017（3）：100-105.

号形式又决定着符号组合的结构（比如命题式结构和与之相对的表现式结构）。❶ 不同的媒介与生俱来地带有不同的符号类型，电视、短视频等视觉传播注定具有广泛的受众群体，而印刷媒体则是慢阅读的理性思考的工具。

（2）传播媒介有六种偏向。"思想和情感偏向，时间、空间和感知偏向，政治偏向，社会偏向，形而上偏向，内容偏向。"❷

（3）传播技术对社会、文化、政治、经济、心理各方面产生影响。"传播技术促成的各种心理或感觉的、社会的、经济的、政治的、文化的结果，往往和传播技术固有的偏向有关系。"❸ 传播技术深度影响社会环境的多个层面，当然，社会环境也是推动媒介技术发展的重要推动因素。

（二）理论延展

对于麦克卢汉的一些观点如"媒介即环境""媒介即文化"等，众多学者主要关注麦克卢汉的观点是否具有"技术决定论"特征。针对麦克卢汉的媒介思想是否具有"技术决定论"特征，中国学者经历了长期的争论。李明伟的论文《媒介形态理论研究》主张实事求是地评价，麦克卢汉在对新媒介的态度上表现出罕有的冷静、务实和周全。实际上，麦克卢汉自始至终都抱有这种认真的态度：理解媒介，而不是哗然或愕然。另外，他表示，给媒介形态理论冠以'技术决定论'的称号，不是一件简单的事情……媒介形态理论的贡献首先在于开辟了一个新的研究传统和研究社会历史变迁的新视角。❹ 张咏华主张重新评价麦克卢汉，"我们应将麦克卢汉肯定科技的决定作用的观点，同他在认识论上的机械化，区分开来"❺。学者们在研究的过程中逐渐从"技术决定论"的框架中走出来，更加支持麦克卢汉是一位面向未来技术乐观派的学者，只是注重广义的技术、环境、媒介、文化的发生和发展，具有强烈的人文关怀和道德关怀。

---

❶ 林文刚.媒介环境学：思想沿革与多维视野[M].何道宽，译.北京：中国人民大学出版社，2007：绪论.

❷ 同❶。

❸ 同❶。

❹ 李明伟.媒介形态理论研究[D].北京：中国社会科学院研究生院，2005.

❺ 张咏华.新形势下对麦克卢汉媒介理论的再认识[J].现代传播（中国传媒大学学报），2000（1）：33-39.

在新媒体环境下，很多学者关注短视频传播。"短视频的景观符号放大影像的效果，是情境化的场景变革对生活的艺术化改变，片段式的场景实时宣泄着人们的欲望，满足了用户在情景化场景中个人个性的暂时解放。"❶ 短视频的视觉传播本身就包含丰富的传播符号和强劲的传播优势。仅仅停留在批判层面已经无济于事，客观辩证地审视其积极意义和消极影响，并合理利用才是学者应用的人文关怀。"现实生活变成被符号建构和控制情境、网络社群对现实社交网络的冲击和消解、沉浸式传播和用户接受的惯性导致的媒介沉溺，易造成用户在时间与生命体验方面的浪费。"❷ 新媒体技术给受众个体和整个社会带来深远的影响，不应简单地批判或排斥，而应理性客观地分析其多重影响，并合理应用。由此，研究者建议"以积极的态度思考和运营短视频为代表的新媒体，使之更好地为人类社会服务。与此同时，以批判的态度审视与反思这类媒体带来的消极影响"❸。

（三）案例解析：媒介环境学视角下短视频传播的场景规则 ❹

短视频不仅影响人们的信息传播习惯，也深度改变人们的现实社会。本案例文章以媒介环境学的视角关照短视频场景中的信息互动、社交网络、文化生态的变化，避免新媒体的滥用对社会良性生态的破坏与消解。本研究主要采取内容分析法分析短视频对空间与环境、用户实时状态、用户生活惯性、社交氛围等的影响。

首先，本案例文章分析短视频易生产、快分享的空间偏向，短视频低门槛准入导致个人主义盛行，带来短视频传播环境与传统主流媒介迥异的传播环境。

其次，短视频相对开放的状态，更容易暴露传播者的现实个性、情绪表达和社会行为，而这些建构的媒介环境与实际状况的比较值得关注。

最后，本案例文章分析短视频碎片化传播导致用户的沉浸式生活惯性。

---

❶ 何道宽.媒介环境学：从边缘到庙堂[J].新闻与传播研究，2015（3）：117-125.
❷ 刘磊.媒介环境学视角下短视频传播的场景规则[J].当代传播，2019（4）：80-83.
❸ 同❷。
❹ 同❷。

短视频凸显微观叙事、碎片化传播、移动收看等，冲击受众的生活方式，让受众时刻沉浸在短视频建构的拟态环境里，受众的行为方式深受影响。

从媒介环境学的批判视角来看，短视频是把双刃剑。本案例文章认为："一方面创造着流量，推动着个性的解放和生活的改变；另一方面狂热的'短视频文化'及其内部对场景的激烈争抢和控制，即时快感的瞬时产生和消亡对现实生活的侵占和现实感受的空虚，正侵蚀着人们，又不免伤及生态、挑战伦理。"❶

"存在即合理"，短视频盛行已经无法阻挡，理性对待短视频是学者应有的态度。本案例文章强调："以媒介环境学的视角关照现实，以积极的态度思考和运营以短视频为代表的新媒体，使之更好地为人类社会服务。"❷ 与此同时，"以批判的态度审视与反思这类媒体带来的消极影响，提倡个人相对完整、独立、理性、克制的认知和实践，厘清和保持现实场景与媒介场景之间的有效距离，避免新媒体的滥用对社会生态的消解"❸。从媒介环境学角度审视短视频具有新意，相关的探索还有很多角度，合理利用其优势并规避其负面影响，还需要继续探索。

（四）科研训练

参考下面的文章，结合该理论与上述案例，用媒介环境学的理论来解读全民视频狂欢的现象，设计一个研究思路，包括研究价值、研究假设、论证方法、写作思路等，开展更为细致深入的分析，探索全民视频的媒介环境的原因影响。

[1] 张咏华. 新形势下对麦克卢汉媒介理论的再认识 [J]. 现代传播（中国传媒大学学报），2000（1）：33-39.

[2] 何道宽. 媒介环境学：从边缘到庙堂 [J]. 新闻与传播研究，2015（3）：117-125.

[3] 陈世华，陶杰夫. 媒介即环境：媒介环境学的理论溯源 [J]. 南昌大

---

❶ 刘磊. 媒介环境学视角下短视频传播的场景规则 [J]. 当代传播，2019（4）：80-83.

❷ 同❶。

❸ 同❶。

学学报（人文社会科学版），2017（3）：100-105.

［4］刘磊.媒介环境学视角下短视频传播的场景规则［J］.当代传播，2019（4）：80-83.

［5］何道宽.媒介环境学辨析［J］.国际新闻界，2007（1）：46-49.

二、媒介偏倚理论

（一）理论溯源

其一，受早期的学科背景影响。伊尼斯早年聚焦加拿大经济史研究，著有《加拿大的皮货贸易》《加拿大经济史》，直到生命最后十年才聚焦传播学研究。伊尼斯在研究加拿大经济史的过程中认识到交通工具的进步促进加拿大西部地区的移民开发。保罗·海耶尔在《传播与历史》中认为，伊尼斯在对木材、矿产品、捕鱼业等大宗产品的研究中认识到商品和信息运输的重要性，也正是对大宗产品之一的纸浆和纸张的研究，从而开始追溯到报纸、新闻和书籍、广告，而那些控制信息、知识的人便拥有了权力。伊尼斯创造性地将经济学研究方法引入传播学领域，衍生出"偏向"的思想，并探索这种"偏向"带来的文化和社会意义。

其二，受生活的社会环境影响。时代环境对伊尼斯的《帝国与传播》和《传播的偏向》产生较大影响。伊尼斯生于中日甲午战争爆发之年，逝世的时候世界正处于冷战之中。他的一生正好经历了"一战"和"二战"。同时伊尼斯还作为一名炮兵信号员在法国战场参加了"一战"。通过"一战"，伊尼斯敏锐地意识到当印刷业为帝国的扩张提供可能时，空间偏向的过度导致均衡的破坏，最终带来战争，西方文明的危机就是扰乱了时间和空间的平衡。进入"二战"爆发的那段历史时期，一种新兴的媒介开始成为新的"扩张宠儿"，即广播。广播的发明使由报纸分散的社会又开始重新聚集起来，晚饭后收听广播的时光恰如古希腊时期的"公民"聚集在广场上听演说，只不过广播这个"演说"能横跨大西洋。在伊尼斯看来，广播依靠耳朵而不是眼睛，强调集中，导致空间垄断。

其三，受凡伯伦经济学研究方法的影响。托尔斯坦·邦德·凡伯伦（Thorstein Bunde Veblen）的思想对伊尼斯的理论也产生极大影响。凡伯伦突破研究经济学的框架，将社会学、心理学、人类学等多学科的知识理论作为研究经济学的工具，其基本逻辑是人类的经济行为并不是单纯的经济行为，背后隐含着社会学、心理学、人类学等多方面的因果关系，因此要将整个社会制度纳入经济学的研究对象。由此，"他将经济学领域中的'偏向'等范畴应用到传播学领域，发现事物本身的物理特征会带来传播的偏向与差异……而伊尼斯则以此延伸到传播学领域，认为媒介也是带有不同偏向的。"❶

其四，伊尼斯受马克思主义影响。首先是马克思的时空观中的"用时间消灭空间"理论，伊尼斯将其引入传播学研究领域，从时空的维度来审视整个社会的进化变迁，具体而言便是从媒介这个关键点着手来研究传播媒介对人类社会形态延续的作用。其次是马克思主义对西方社会的关注与批判。如果我们回顾对历史的学习，可以从字里行间发现一个隐藏的、贯穿始终的脉络，即所有的历史均是"权力的游戏"。也就是马克思主义历史观中的一个阶级推翻另外一个阶级从而获得权力。伊尼斯将这种"推翻"具化为任何一种媒介都反映重构了权力关系，媒介的变革带来的"偏向"会影响"帝国"的兴衰，因此他开始研究传播媒介对知识控制的影响及其背后的权力运作。

简言之，伊尼斯受到帕克、马克思、恩格斯以及凡伯伦等人思想的启发，并结合自己的经济史研究和对战争的反思，逐步意识到传播技术的革命性意义。由此，伊尼斯关注媒介技术对人类社会和文明存续的作用。将媒介分为有利于空间上延伸的媒介和有利于时间上延续的媒介。他还担忧西方社会时间和空间平衡的破坏导致知识的垄断，进而阻碍西方社会精神和思想观念的进步，为西方社会敲响警钟。

（二）理论延展

1. 从历史的角度来观察

伊尼斯的思想观点深受多方影响，不论是自身最初的研究方向或是芝加哥学派的影响，马克思、凡伯伦的影响，以及他亲身经历"一战"的影响，这些共同组成了伊尼斯所有观点之后的一个大的目的、逻辑，即从历史的角

---

❶ 梁艳芬.伊尼斯传播理论的学术渊源研究［D］.吉首：吉首大学，2014：9.

度展现出对人文社会的关怀。伊尼斯赖以成名的《帝国与传播》《传播的偏向》首先是从一个独特的视角来观察人类社会的演变。其次，更是从这些历史的演变中发现媒介的"偏向"对人类社会组织、文化形态整体模式上的调整和重构的重要性。要想考察评价其观点思想，就需要有一个宏观的历史视角，从人类整体发展历史去看待。正如杨保军教授所言，伊尼斯更多是以史学家（文化史）的眼光和方法描述了媒介、知识传播与文明、文化转移、变迁的关系。这看上去不像理论表述那么清晰或逻辑严谨，同时对阅读理解提出了很高的要求。一个读者只有拥有'藏书馆'特别是具有世界文化史意义的藏书馆，才能真正比较顺畅且有所收获地阅读这样的写作。其实，这又是很自然的事情，因为伊尼斯要揭示的是媒介偏向与文明、文化偏向间的关系。❶ 而这一点也得到了伊尼斯本人的论证，1948年，他在"英联邦大学研讨会"上指出西方文明的局限性，"用历史学家、哲学家和社会学家的观点，来批判科学技术进步给现代社会带来的结构变化和道德变化"❷。在伊尼斯看来，这些媒介的"偏向"最终会导致一个社会组织发生兴衰演变。伊尼斯的最终目的仍是希望"以史为鉴"来为西方社会敲响警钟，其根本还是对西方社会的关怀。

2. 从当代的角度来审视

伊尼斯理论缺陷在于，"过分放大了传播媒介在人类发展历程中的影响，而未清晰呈现出媒介与社会其他因素相互联系的复杂逻辑结构"❸。即使抛开整体的宏观历史视角，伊尼斯的理论在当代社会也需要重新加以审视。伊尼斯生活在传统媒体时代，其所考察的多为一些类似纸质之类的传统媒介，最新的也不过是广播。但自从互联网出现后，传播学中许多原有理论都经过了互联网的重新检验。

其一，伊尼斯对传播媒介的偏向的划分并不是十分严谨，例如前文已经提到，伊尼斯认为媒介可以分为两大类：有利于空间上延伸的媒介和有利于

---

❶ 杨保军.坚定"偏向"中的观察与洞见——读伊尼斯《传播的偏向》眉批录[J].新闻记者，2017（11）：82-92.

❷ 伊尼斯.传播的偏向[M].何道宽，译.北京：中国人民大学出版社，2003：序言.

❸ 张炜.传播偏向论解析西方文明扩张史[N].中国社会科学报，2014-05-21（A06）.

时间上延续的媒介。偏向空间的媒介难以保存，却便于知识传播，利于经贸发展和政权巩固。基于此观点我们马上可以提出反驳，中国古代秦帝国、汉帝国都是当时的超级帝国，帝国疆域从漠北一直到岭南，而当时纸还未发明；古罗马帝国将地中海变为帝国内湖，同样没有依赖纸张，凡此种种，不胜枚举。

其二，互联网属于哪种类型的媒介尚无定论。互联网自然是具有较强的空间偏向，全世界的任何一条信息能在几秒钟内借助互联网传遍全球；同时互联网也具有很强的时间偏向，互联网的"记忆"可以通过硬盘存储等形式使其在理论上是永久的，这比伊尼斯时代任何媒介都要久远。因此，用时空偏向的标准来衡量当今的互联网似乎有些不合时宜。

其三，新媒体环境带来新偏向的思考。诚如梅纳海姆·布朗德海姆所指出的："经典文本之所以值得尊敬，恰在于其潜在的自我更新能力；其启发性功效集中体现为研究者能够从经典文本中不断引申出新的内涵来。"[1]伊尼斯的偏向论对我们今天审视互联网在人类社会组织、文化形态整体模式调整和重构中的作用有着重要的启发意义。虽然时空偏向这个标准有些"不合时宜"，但我们可以以此来拟定出一个新的标准，即速度偏向和存量偏向。同时可以进一步发现，互联网因其特殊性，不像石刻文字具有较强的时间偏向或者莎草纸具有较强的空间偏向这样，某一种偏向特别突出，互联网的两个偏向无法确定其在哪一方面更突出，或者说互联网具有"四重偏向"，即时间、空间、速度、存量。"当信息的时与空都发生变化，变得无时不在、无处不在时，移动网络社会就不再是'撕裂时空'，而是'融合时空'。消失的边界，不仅发生在各个媒介之间，更发生在时间与空间之间，是一种完全沉浸于其中的传播，人类的一切时空都是传播发生的空间和时间。"[2]这些新现象给传统的传播理论带来挑战，但也带来很多启发和思考，结合传播新趋势和新现象，进行深入探索无疑是推动传播理论补充和完善的较好路径。

首先，从当代的角度来重新审视伊尼斯的偏向论也可以更好地从宏观历

---

[1] 张炜.传播偏向论解析西方文明扩张史[N].中国社会科学报，2014-05-21（A06）.

[2] 李沁.泛在时代的"传播的偏向"及其文明特征[J].国际新闻界，2015，37（5）：6-22.

史角度窥探互联网在人类社会历史发展过程中的作用，互联网的发展方向、趋势等。其次，要想深入理解伊尼斯的思想观点就必须着眼于历史、文化的角度；最后，伊尼斯的偏向论在新的历史环境和媒介技术手段下依然具有很高的价值，其以开创性的视角研究了媒介与人类、世界发展演进的关系，使传播学更具实用性，也极大丰富了传播学的研究视角与内容。

（三）案例解析：泛在时代的"传播的偏向"及其文明特征[1]

互联网传播在时间和空间上都与以前所有形态的媒介不同，进入泛在传播时代，其传播模式是沉浸传播，时空关系变得更为均衡，那是否还存在传播的偏向？如果存在，是怎么偏向的？由此引出本案例文章的研究问题。

本案例文章主要采用对比法，通过介绍伊尼斯传统媒介中的偏向引申出泛在时代沉浸传播中的"偏向"，并进一步将伊尼斯传播的偏向中的"偏向"与泛在时代沉浸传播中的"偏向"对比，突出泛在时代沉浸传播中偏向的特性。

本案例文章认为，互联网传播在时间和空间上与此前所有媒介不同。尤其是进入泛在传播时代，在时间上无时不在，在空间上无处不在，时间与空间都较之广播时代更为均衡。[2] 按照伊尼斯的理论，这种媒介时空偏向的变革也会导致社会文明形态发生变革。本案例文章认为，"沉浸传播以'人'为偏向，沉浸人的特征决定了互联网文明的特征"[3]。这种偏向带来的后果是，"国家的发展不再是土地战争，而是文化战争，更直接地说是对人的争夺"[4]。

首先，本案例文章对伊尼斯的观点进行了回应，并以此提出互联网传播在时空上的根本性变化和泛在传播时代的传播模式——沉浸传播，这是一种更为均衡的传播，在此埋下泛在传播的偏向的伏笔。

其次，本案例文章论述关于"媒介时空"理论变迁及其关联逻辑，媒介发展到互联网时代将"撕裂时空"转变为"融合时空"，进一步论述泛在传

---

[1] 李沁.泛在时代的"传播的偏向"及其文明特征[J].国际新闻界，2015，37（5）：6-22.

[2] 同[1]。

[3] 同[1]。

[4] 同[1]。

播时代沉浸传播打通了人类媒介环境的时空。

再次，本案例文章具体论述泛在时代沉浸传播的偏向。在沉浸传播下，沉浸媒介可以融入所有空间，没有指定时间，时空不只是融合更是变为彼此，指出"沉浸传播的偏向是'人'"❶。

最后，本案例文章从移动互联网传播偏向的维度来阐释"沉浸人"的特征，从而推出"沉浸人"所偏向的文明形态及泛在传播时代下对文化的争夺和对人的争夺。

（四）科研训练

参考下面的文章，结合该理论，分析社交媒体的偏倚特征及其社会影响。

[1] 李沁. 泛在时代的"传播的偏向"及其文明特征 [J]. 国际新闻界，2015，37（5）：6-22.

[2] 杨保军. 坚定"偏向"中的观察与洞见——读伊尼斯《传播的偏向》眉批录 [J]. 新闻记者，2017（11）：82-92.

[3] 何道宽. 加拿大传播学派的双星：伊尼斯与麦克卢汉 [J]. 深圳大学学报（人文社会科学版），2002（5）：93-99.

三、人体延伸论

（一）理论溯源

1. 麦克卢汉"媒介是人的延伸"理论的思想渊源

马歇尔·麦克卢汉（Marshall McLuhan，1911—1980），加拿大文学批评家、传播学家、媒介环境学派开拓者之一。何道宽教授称他为"真正的思想大师，一代又一代人不得不用他指出的方式去感知世界"❷。要理解一种思想理论或一位人物，不妨回溯到其理论源头。麦克卢汉不是纯粹的传播学者，他年轻时在加拿大曼尼托巴大学学习文学和哲学并获得学士、硕士学位。其

---

❶ 李沁. 泛在时代的"传播的偏向"及其文明特征 [J]. 国际新闻界，2015，37（5）：6-22.

❷ 麦克卢汉. 理解媒介：论人的延伸 [M]. 何道宽，译. 北京：商务印书馆，2000：中译本第一版序.

"媒介是人的延伸"理论思想深受多重因素的影响。

首先,麦克卢汉受新批评学派的影响。1934年,他来到新批评学派发源地的剑桥大学三一学院,师承有文学新批评"教父"之称的理查兹。新批评学派在文艺理论领域的转变是从文本内容的研究转向文学形式的研究,这种转变无疑对麦克卢汉产生了极为重要的影响。麦克卢汉曾这样评价他在剑桥大学三一学院的经历,"就像是回家,就像回到我成长之地,回到我想象之中的大本营"❶。剑桥大学三一学院的经历影响麦克卢汉研究方法的确立,新批评给予了麦克卢汉在日后媒介研究的影响:将研究视线转移到媒介本身,即重视对具体媒介本身的研究;媒介对受众和社会的影响;媒介与环境的关系以及媒介如何构成环境从而影响人类行为。

其次,《探索》杂志开阔了麦克卢汉的多学科视野。1953—1955年,麦克卢汉主持一个多学科的"文化与传播研究班"。其间,他与人类学家埃德蒙·卡彭特合作创办并编辑了《探索》杂志,涵盖语言学、跨文化学、历史学和艺术学等多个学科,为麦克卢汉展开后续研究开阔了视野。❷麦克卢汉还批评了既往的那种忽视形式的看法。"因为媒介的'内容'好比是一片滋味鲜美的肉,破门而入的窃贼用它来涣散思想看门狗的注意力……但是读者几乎完全没有意识到印刷这个媒介形式,也没有意识到言语这个媒介。"❸由此引发麦克卢汉对于媒介技术本身的关注和思考。由此理解为,传播是以内容为诱饵,吸引受众使用特定媒介,并形成对某种媒介的依赖。

再次,麦克卢汉对芒福德学术思想的承袭。芒福德(Lewis Mumford)在《技术和文明》一书中提出其学术观点,即传播技艺是"人的延伸",这是后来麦克卢汉"媒介是人的延伸"思想的直接起源。1964年,麦克卢汉在《理解媒介:论人的延伸》中提出"媒介即人体的延伸",传统三大媒介中报纸是眼睛的延伸,广播是耳朵的延伸,电视是耳朵和眼睛的延伸。泛媒介角

---

❶ 莫利纳罗,麦克卢汉,托伊.麦克卢汉书简[M].何道宽,仲冬,译.北京:中国人民大学出版社,2005:6-7.

❷ 王润.论麦克卢汉与芒福德"媒介"延伸观[J].国际新闻界,2012(11):42-47.

❸ 麦克卢汉.理解媒介:论人的延伸[M].何道宽,译.北京:商务印书馆,2000:45-46.

度认为，轮椅是腿的延伸，衣服是皮肤的延伸，斧头是手的延伸……。"一切技术都是肉体和神经系统增加力量和速度的延伸。""媒介是人的延伸"思想逐渐成熟。

2. 麦克卢汉"媒介是人的延伸"理论的核心思想

首先，意指各种媒介是相应的人体器官的人工存在形式。在麦克卢汉看来，"如果说轮子是脚的延伸，工具是手、腰背、臂膀的延伸，那么电磁技术就是神经系统的延伸"❶。需要说明的是，这里的媒介依然是泛媒介，超越传统的报纸、广播、电视等媒介，涵盖更为广泛的媒介类型。

其次，意指不同性质的媒介使人体不同功能在空间上的拓展放大。他认为，人类借助于机械技术实现了身体在空间中延伸，而借助于电子技术实现中枢神经系统的延伸。❷

最后，媒介技术对人体器官功能的延伸是一种"功能等价"意义上的延伸。麦克卢汉强调："一切人造的东西都可以当作过去用身体或身体的一部分所行使的功能的延伸。"❸人造的工具延伸人类器官的功能，代替人类原初器官服务人类生活。

（二）理论延展

首先，麦克卢汉的媒介观包含对于"人"的关注。每一项新媒介的创造都会引起个人和总体环境的变化，"任何媒介的使用或人的延伸都改变着人际依存模式，正如它改变我们的各种感觉的比率一样"❹。在人体延伸论中，麦克卢汉的着眼点在"人"，即使麦克卢汉有"部落化—非部落化—重新部落化"的论述，但其着眼点仍是人，是媒介作用于人才导致上述变化。麦克卢汉梳理发现，远古时代，人类感知世界的方式是整体的、直观的把握，人的技艺是全方面、多样发展的。……由于劳动分工的出现和拼音文字的发

---

❶ 麦克卢汉 M，麦克卢汉 S，斯坦斯. 麦克卢汉如是说：理解我 [M]. 何道宽，译. 北京：中国人民大学出版社，2006：43.

❷ MCLUHAN M. Understanding media [M]. 2nd ed. New York：McGraw-Hill Book Company, 1964：19.

❸ 麦克卢汉，秦格龙. 麦克卢汉精粹 [M]. 何道宽，译. 南京：南京大学出版社，2000：118–119.

❹ 麦克卢汉. 理解媒介：论人的延伸 [M]. 何道宽，译. 北京：商务印书馆，2000：127.

明，人学会了分析，同时也使自己成为被分裂切割的、残缺不全的非部落人。机械印刷术和工业化则把人推向了非部落化的极端。电子时代，人的感知系统不再只偏重视觉，人们认识世界的方式不再只偏重视觉、文字和线性结构。❶从原始社会、文字时代、印刷时代，到电子时代，媒介变迁，符号随之改变，也催生人类由完整、割裂到重新完整，分别实现人的不同延伸，但是，都围绕"人"的人文关怀。

其次，新旧媒介延伸特征有非常大的差别。麦克卢汉认为，"电子媒介是中枢神经系统的延伸，其余一切媒介（尤其是机械媒介）是人体个别器官的延伸"❷。其中，电子媒介是中枢神经系统的延伸的观点在20个世纪60年代刚一提出便引起轰动，经过半个世纪的发展、检验，如今对我们如何看待当代互联网技术的应用与发展也大有裨益。而这种体外的中枢神经系统延伸恰恰说明了人是有自主能动性的，人能根据外部环境的变化及自身的需求进一步延伸出新的媒介，人与技术、媒介是共生的。当然，媒介离开人类社会也不具有意义。鲁滨逊漂流到荒岛之后在沉船里找到许多金币，但对他毫无用处，因此"一切媒介（即人的延伸）也是自然资源，它们的存在依靠社区共享的知识和技能"❸。就人类而言，在经历了机械时代将人分割肢解导致成为残缺不全的畸形人之后，电力时代中枢神经系统的延伸终于将人整合成一个统一的机体。人类社会重新走向部落化。

再次，麦克卢汉的媒介观蕴含媒介生态学思想。麦克卢汉的媒介技术进化规律的"媒介定律"学说揭示了新旧媒介传承的三条媒介进化规律❹："第一，每一种处在进化中的媒介技术都有放大、过时、再现和逆转四种进化效应。第二，媒介技术在进化过程中通过媒介的杂交融合所释放出新的力量和能量巨大。❺第三，在生物进化过程中子代延续亲代物种的特性这一规律，

---

❶ 麦克卢汉. 理解媒介：论人的延伸 [M]. 何道宽，译. 北京：商务印书馆，2000：中译本第一版，何道宽序.

❷ 同❶。

❸ 同❶：184.

❹ 李曦珍，楚雪，王晓刚. 媒介是人的进化式延伸——达尔文"进化论"视阈下的麦克卢汉"延伸论"透视 [J]. 甘肃社会科学，2011（4）：145-147.

❺ 麦克卢汉. 理解媒介：论人的延伸 [M]. 何道宽，译. 北京：商务印书馆，2000：82.

在媒介技术进化中也有,并视之为技术进化的基本原则。"❶麦克卢汉将媒介视为生命个体,蕴含媒介生态学思想。

最后,麦克卢汉媒介延伸论存在局限性。其一,他的进化论不是生物学意义上的,而是在哲学范畴理解媒介技术发展以及社会选择机制的一种类比性进化论。而事实上,两者存在本质差别。❷其二,这种类比的"进化论"是对媒介技术形态飞速变化现象的一种比喻或概括。它认识到了人是技术环境中的"剧中人"。但是,它没有认识到人也是推动技术进化的"编剧人"。其三,麦克卢汉主义的进化论是技术自然主义的进化论。"他的技术自然主义强调媒介是人的生物性延伸,而不是人的社会性延伸。"❸实际上,媒介进化最终还是由人选择的结果,人才是推动媒介进化的最终动力。

(三)案例解析:理解麦克卢汉 ❹

本案例文章的研究起点是:在麦克卢汉的百年诞辰之际,作者回应南京大学哲学系教授张亮关于麦克卢汉生平和思想的一篇文章《学术"超男"麦克卢汉的那些事》,尤其是针对文章中对麦克卢汉"学术超男"的论述,引出如何解读麦克卢汉的思想,如何解读对麦克卢汉的污名化问题。

本案例文章从张亮针对麦克卢汉"学术超男"的观点切入,其一,他在文学研究领域默默无闻;其二,他的媒介思想并不像他的粉丝所说的那么神乎其神,而且已经被证伪;其三,他成名以后用了一系列商业化手段炒作自己;其四,所有的学院派学者对他评价都不高。并引出与张亮完全不同的另一派观点,认为麦克卢汉是一个典型的学术超人,说他是"继牛顿、达尔文、弗洛伊德、爱因斯坦和巴甫洛夫之后的最重要的思想家",许多传播学教材都在反复炒作麦克卢汉的几个横空出世的理论,即"媒介即讯息""媒

---

❶ 莱文森.数字麦克卢汉[M].何道宽,译.北京:社会科学文献出版社,2001:248.

❷ 李曦珍,楚雪,王晓刚.媒介是人的进化式延伸——达尔文"进化论"视阈下的麦克卢汉"延伸论"透视[J].甘肃社会科学,2011(4):145-147.

❸ 切特罗姆.传播媒介与美国人的思想——从莫尔斯到麦克卢汉[M].曹静生,黄艾禾,译.北京:中国广播电视出版社,1991:195.

❹ 胡翼青.理解麦克卢汉:写于麦克卢汉的百年诞辰[J].国际新闻界,2011,33(7):13-18.

介是人体的延伸""冷热媒介说"以及"地球村",并为这些概念附加了许多本不具备的内涵。由此逐步深入,逐条分析,回应张亮的观点。

本案例文章的研究思路是:分别从"学术超男抑或学术超人:新批评视角下的麦克卢汉"和"理性主义的话语霸权:污名化麦克卢汉的背后"这两个方面展开分析。首先,囿于自身理论视野的局限,几乎没有学者认真从麦克卢汉所接受的文学"新批评"运动的思想入手研究麦克卢汉。从新批评的思想脉络入手,麦克卢汉"超越"的只是新批评的研究对象而并不是新批评的研究视角和方法。在文艺理论领域,新批评标志着文学研究从作者的思想、社会背景、社会效果等传统领域转向了作品分析,也就是说从文学的内容研究转向了文学的形式研究。这种视角对麦克卢汉的影响几乎是不言而喻的。麦克卢汉为传播研究打开了一扇窗户,他让研究的视角从显性的传播者与受众之间的控制与控制行为转向了隐性的传播行为发生的图底,这对高度意识形态化的传播效果研究是一种有力的挑战,同时也弥补了批判学派一味对意识形态操控进行攻击时留下的学术空白。麦克卢汉不仅提出"媒介即讯息"之类的概念,而同时也是研究路径的开创者,其贡献不容小觑。

本案例文章的结论是:攻击麦克卢汉的两个论调,即麦克卢汉是个媒介决定论者,以及麦克卢汉的思想缺乏有效的证据和理性的方法。本案例文章认为,从麦克卢汉那里得到的正确学术方向不应当是媒介技术决定人的感官思维或社会发展,而应当是如何透过传媒技术去理解历史和社会。现实情况是,麦克卢汉的许多学说在没有被充分解读前便被贴上了标签,被处理为主流学术研究范式的对立面,从而被学术边缘化和污名化。

(四)科研训练

对麦克卢汉的研究与争论自《理解媒介:论人的延伸》出版以来就从未停歇过,一是因为其思想观点正在不断地被证实有着独到的超前之处;二是媒介环境学派发展壮大,作为第一代旗手自然会被时常提起;三是因为其观点有许多"不合规矩"的地方。真理愈辩愈明,关于麦克卢汉的思想观点尤其是与当代媒介技术发展有关的观点,你有什么看法?参考下面的文章,结合相关案例、知识,设计一个研究思路进行探索。

[1] 麦克卢汉.理解媒介：论人的延伸[M].何道宽，译.北京：商务印书馆，2000.

[2] 莱文森：数字麦克卢汉[M].何道宽，译.北京：社会科学文献出版社，2001.

[3] 马尔尚.麦克卢汉传：媒介及信使[M].何道宽，译.北京：中国人民大学出版社，2015.

[4] 洛根.理解新媒介：延伸麦克卢汉[M].何道宽，译.上海：复旦大学出版社，2012.

[5] 胡翼青.理解麦克卢汉：写于麦克卢汉的百年诞辰[J].国际新闻界，2011，33（7）：13-18.

[6] 何道宽.加拿大传播学派的双星：伊尼斯与麦克卢汉[J].深圳大学学报（人文社会科学版），2002（5）：93-99.

[7] 何道宽.媒介即文化——麦克卢汉媒介理论批评[J].现代传播（中国传媒大学学报），2000（6）：25-31.

[8] 陈卫星.麦克卢汉的传播思想[J].新闻与传播研究，1997（4）：31-37，92.

四、媒介即讯息

（一）理论溯源

关于"媒介即讯息"，麦克卢汉认为："所谓媒介即讯息只不过是说：任何媒介（即人的任何延伸）对个人和社会的任何影响，都是由于新的尺度产生的；我们的任何一种延伸（或曰任何一种新的技术），都要在我们的事物中引进一种新的尺度。"❶不妨换一种说法，"人的任何延伸即讯息"。也就是说，这种尺度变化、速度变化和模式变化将带来"任何媒介或技术的'讯息'"。同时，在引入新尺度的过程中，"每一种延伸或加速都立刻引起总体环境出现新鲜的形貌和轮廓。"❷当然，人的这种延伸不是凭空而来的，是对外部环境的一种反应。

---

❶ 麦克卢汉.理解媒介：论人的延伸[M].何道宽，译.北京：商务印书馆，2000：33.
❷ 同❶：234.

综上，媒介即讯息的本意是"人的任何延伸即讯息"。换句话说，人所创造出来的一切媒介都是人的延伸，而这些延伸就是讯息，也就是"真正有意义、有价值的'讯息'并不是各个时代的传播内容，而是这个时代所使用的传播工具的性质、它所开创的可能性以及带来的社会变革"❶。简言之，麦克卢汉更多地关注传播媒介变革带来的意义，而不是传播内容，是对传播学研究过度关注传播内容却忽视传播媒介，以及研究方向的一种矫正。

（二）理论延展

1. 新媒体环境下"媒介即讯息"理论的启发意义

20世纪60年代，加拿大传播学者麦克卢汉提出"媒介即讯息"，其核心点是关注传播媒介本身。在报纸、广播、电视占据主导位置的大众传播时代，"媒介即讯息"理论的现实价值还不够明显，当时甚至被贬斥为"技术决定论"。而伴随互联网的兴起，以及更多层出不穷的新兴媒体的广泛使用，"媒介即讯息"的启发意义日趋明显。

第一，对内容研究与技术研究失衡状况的矫正。在麦克卢汉之前，媒介研究主要有媒介实证研究和媒介批判理论。前者关注传播技术如何助推传播效果，后者认为大众媒介是现代国家的社会控制手段。两者都只关注"媒介所传递的内容"，而麦克卢汉认为，相对于媒介技术对人和社会构型的影响来说，媒介的内容层面并不重要。不仅如此，麦克卢汉还暗示，专注于媒介内容研究的学者是步入了媒介研究的误区。❷

第二，强调媒介对人感官使用的影响。麦克卢汉主要强调媒介对人的感官比例改变的影响。而人的感官比例的改变，进而会影响到文化构型和社会组织的变迁，所谓媒介即讯息只不过是说：任何媒介（即人的任何延伸）对个人和社会的任何影响，都是由新的尺度产生的；我们的任何一种延伸（或曰任何一种新的技术），都要在我们的事构中引进一种新的尺度。❸

---

❶ 郭庆光. 传播学教程 [M]. 2版. 北京：中国人民大学出版社，2011：118.

❷ 徐凌，李宁. 对"媒介即讯息"的再审视 [J]. 扬州大学学报（人文社会科学版），2004，8（6）：63-66.

❸ 麦克卢汉，秦格龙. 麦克卢汉精粹 [M]. 何道宽，译. 南京：南京大学出版社，2000：227.

第三,"媒介即讯息"对网络时代媒介分析的借鉴意义。研究者认为,"网络传播时代,讯息传播方式从少对多变成多对多,从中心辐射变成多节点的传播环路,传者与受众'内爆',内容控制的重要性下降,而传播技术本身的理论重要性日益上升"❶。网络技术本身就带来丰富的传播内涵,麦克卢汉的理论更具阐释意义。

2."媒介即讯息"理论存在局限性

第一,"媒介即讯息"理论中所包含的极端偏重技术,忽略传播系统的其他要素。大众传播的传者、受众、内容等对于传播效果同样具有不同的影响,过分强调媒介渠道显得比较极端。

第二,忽视媒介演变背后社会关系的影响。尼克·史蒂文森在肯定了麦克卢汉对媒介技术塑造人的感知的研究有其不可忽视的批判力之后,也不得不说:"他在理论上忽视大众传播对象征意义的生产和对各主导性社会关系的维系方面所起到的作用,这种情况排斥了与体制、文化和意识形态的组织相关的各种批判性问题。"❷ 媒介演变不是在一个真空环境下进行,其演变趋势受社会体制和文化形态等多种因素影响。

第三,其"泛媒介"观忽视了大众媒介的"组织化的传播者"及其社会属性。麦克卢汉将电话、电报等纯粹的信息传播工具,与报纸、广播、电视等具有意识形态功能的传播手段相等同,认为它们都是没有传播中心、"非集中化"的"电力传播媒介"❸。麦克卢汉没有区分报纸、广播、电视这样的组织化传播媒介与电话、电报等个人信息传播工具之间的区别。忽视了由"组织化传播者"支撑的电视等大众传播媒介与政治、社会、文化的紧密关联,遭到大众传播研究者的批判。❹

第四,对于不同类型媒介特点的认知存在偏差。麦克卢汉虽然认识到

---

❶ 徐凌,李宁.对"媒介即讯息"的再审视[J].扬州大学学报(人文社会科学版),2004,8(6):63-66.

❷ 史蒂文森.认识媒介文化[M].王文斌,译.北京:商务印书馆,2001:199.

❸ 麦克卢汉,秦格龙.麦克卢汉精粹[M].何道宽,译.南京:南京大学出版社,2000:260.

❹ 徐凌,李宁.对"媒介即讯息"的再审视[J].扬州大学学报(人文社会科学版),2004,8(6):63-66.

"媒介即讯息"有其适用范围,但他在范围划分上却犯了错误:将"一对多"与"多对多"传播方式的区别,当作"机械传播媒介"与"电力传播媒介"的区别。因此,具体到报纸、电视等"内容"与"技术"同样具有重要影响的传播媒介,"媒介即讯息"观点显然有失偏颇。而20世纪90年代以来的互联网等新媒体传播才具有"多对多"传播。

第五,麦克卢汉本人没有认识到"媒介即讯息"的真正适用范围。马克·波斯特延续了其研究任务,将大众传播划分为"第一媒介时代"即广播、电视等中心辐射传播模式;"第二媒介时代"即信息高速公路等双向去中心化交流模式。❶波斯特在《第二媒介时代》中认为,以法兰克福学派为代表的媒介批判理论是面对第一媒介时代的,而以鲍德里亚为代表的对媒介技术的反思是面对第二媒介时代的批判理论。当然,"媒介即讯息"并不只适用于第二媒介时代,麦克卢汉有意忽略传播内容层面,突出强调传播技术对人的影响,这是对以往大众传播研究只关注内容控制而忽略传播技术层面的一种理论反驳。❷

(三)案例解析:麦克卢汉"媒介即讯息"的认识论原理 ❸

媒介是人体之外的人工感应系统,认识是主体借助媒介对客体的能动反映,麦克卢汉的媒介技术认识论是麦克卢汉学派关于媒介技术在人类认识活动中如何发挥结构性中介效能的哲学学说。在麦克卢汉的媒介技术认识论中,"媒介讯息论"主要体现了四条最基本的认识论原理:作为讯息的媒介对人的感官及心理造成的深刻影响;媒介的形态决定感官的感知方式;媒介的冷热度决定感官的感知参与度;每一种新媒介所产生的全新环境必定对人的感知系统产生全面深刻、潜移默化的影响。

第一,"媒介即讯息"不等于"媒介即信息"。麦克卢汉的"媒介讯息论"隐含着媒介技术历史观和认识论两个范畴的内容。就其媒介技术认识论

---

❶ 徐凌,李宁.对"媒介即讯息"的再审视[J].扬州大学学报(人文社会科学版),2004,8(6):63-66.
❷ 同❶。
❸ 李曦珍.麦克卢汉"媒介即讯息"的认识论原理[J].国外社会科学,2013(3):56-65.

而言,"媒介即讯息"指的是"媒介的形式对人的感官和心理的深刻影响"。对于这一认识论内涵还可以将它直接表述为:"媒介内容的重要性,远不及每种媒介的形式在社会心理以及感官层面上所造成的影响。"❶ 而媒介的形态决定着感官的感知模式。不同媒介投入的感觉器官不同,也会形成不同的感觉比例和感知模式。

(1)部落化的口语媒介时代是没有文本分割的感官通感时代。这一阶段多个感觉器官共同参与,协同表意。

(2)非部落化的书面媒介是"以眼睛代替耳朵"的视觉时代。拼音文字的发明,人类开始用线性逻辑传递信息,文字阅读使眼睛成为主导性感官。"变成了静态的东西,因此就失去了听觉世界非常典型的动态特征,尤其是口语世界的典型特征。书面词语失去了许多个人色彩。"❷ 文字符号主导的传播形态淹没掉听觉符号和除去文字符号以外的其他视觉非言语符号,单一通道的线性思维成为书面媒介的主要特征。印刷术是拼音文字的又一次重要延伸,具有"同一性、连续性、线条性、同质化"特征。❸ 作者认为:"以字母表和印刷机为主体的西方拼音文字和机械媒介是分裂切割、线性思维、偏重视觉、强调专门化的媒介,感官经过这类媒介塑造的人是分割肢解、残缺不全的人。"❹

(3)全球部落的"电子媒介"时代是人的"感官平衡"的时代。在麦克卢汉看来,电子媒介"促使心理意识和社会意识的结构重新部落化——瞬态化、同步化传播的电子媒介,使全人类在更高的层次上重新部落化为一个紧密相连的'全球电子部落'"❺。电子媒介的用户"不再是被机械媒介分割肢解的、残缺不全的、倚重视觉的人,而是感知系统被电子媒介重塑的人,是感

---

❶ 霍洛克斯.麦克卢汉与虚拟实在[M].刘千立,译.北京:北京大学出版社,2005:24.

❷ 麦克卢汉。秦格龙.麦克卢汉精粹[M].何道宽,译.南京:南京大学出版社,2000:139.

❸ 李曦珍.麦克卢汉"媒介即讯息"的认识论原理[J].国外社会科学,2013(3):56-65.

❹ 同❸。

❺ 同❸。

官平衡和感知整合的人，是整体思维和整体把握世界的人"❶。也就是说，电子媒介环境下的用户不再是偏向其中一种感觉器官，而是多个感觉器官的平衡发展，同时参与感知周围世界。

第二，媒介的冷热度决定着感官的感知参与度。研究认为，"一切媒介都是人的器官、感官或功能的强化和放大。'清晰度'过高的热媒介会导致人的感官因为'信息过载'而被迫'关闭'，进而导致人的中枢神经系统处于高度抑制的麻木状态。"❷也就可以理解视觉传播导致理性思考能力的丧失，"清晰度"过高导致理性思考能力参与程度日渐降低，逐步丧失这种思考能力。

第三，"媒介即讯息"等于"媒介即环境"。研究认为，"每一种新媒介都会创造一种全新的环境，这种环境对人的各种感知系统将产生全面、深刻、潜移默化的影响。"❸媒介营造不同的环境，也会给受众传递不同的信息，影响受众对于周围环境的感知。

本案例文章的落脚点在于，梳理了"媒介讯息论"四条最基本的认识论原理："作为讯息的媒介对人的感官及心理造成的深刻影响；媒介的形态决定感官的感知方式；媒介的冷热度决定感官的感知参与度；每一种新媒介所产生的全新环境必定对人的感知系统产生全面深刻、潜移默化的影响。"❹

（四）科研训练

参考下面的文章，结合"媒介即讯息"理论，选择一个新角度进行创新研究。

[1] 徐凌，李宁. 对"媒介即讯息"的再审视 [J]. 扬州大学学报（人文社会科学版），2004，8（6）：63-66.

[2] 李曦珍. 麦克卢汉"媒介即讯息"的认识论原理 [J]. 国外社会科学，2013（3）：56-65.

---

❶ 李曦珍. 麦克卢汉"媒介即讯息"的认识论原理 [J]. 国外社会科学，2013（3）：56-65.

❷ 同❶.

❸ 戴扬，卡茨. 媒介事件 [M]. 麻争旗，译. 北京：北京广播学院出版社，2000：17.

❹ 同❶.

五、冷热媒介论

（一）理论溯源

冷热媒介理论是麦克卢汉经典理论之一。冷媒介提供的信息很少，信息的清晰度比较低，大量的信息需要由听话人自己去填补，所以受众的参与程度比较高。相反，热媒介清晰度比较高，不需要受众很高的参与程度，也不需要去填补很多信息。❶冷热媒介理论对于审视媒介传播的特点具有启发意义。

第一，热媒介只延伸一种感觉，且具有"高清晰度"。"有一条基本的原则可以把收音机之类的热媒介和电话之类的冷媒介区别开来，把电影之类的热媒介和电视之类的冷媒介区别开来。热媒介只延伸一种感觉，并使之具有'高清晰度'。高清晰度是充满数据的状态。照片从视觉上说具有高清晰度。卡通画却只有'低清晰度'。原因很简单，因为它提供的信息非常之少。电话是一种冷媒介，或者叫低清晰度的媒介，因为它给耳朵提供的信息相当匮乏。言语是一种低清晰度的冷媒介，因为它提供的信息少得可怜，大量的信息还得由听话人自己去填补。与此相反，热媒介并不留下那么多空白让接受者去填补或完成。"❷

第二，热媒介具有低参与程度。"热媒介要求的参与程度低；冷媒介要求的参与程度高，要求接受者完成的信息多。"❸"任何热媒介容许的参与程度，比冷媒介容许的参与程度都要少。"❹作者讨论的媒介依然是泛媒介，"区别冷热媒介的原则，完美地表现在俗语的智慧之中：'女子戴墨镜，男子少调情'。眼镜使开朗的外观更加突出，完全填补了女性的形象。另外，墨镜使人的形象神秘莫测、难以接近。这种形象需要人去参与了解，去补充完成。"❺

---

❶ 麦克卢汉.理解媒介：论人的延伸 [M].何道宽，译.北京：商务印书馆，2000：51.
❷ 同❶。
❸ 同❶。
❹ 同❶：52.
❺ 同❶：63.

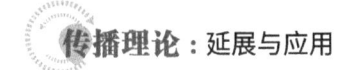

（二）理论延展

麦克卢汉并未明确界定冷热媒介。一种解释是，冷媒介是指它传达的信息量少而模糊，需要动员多种感官的配合和丰富的想象力才能理解；另一种解释是，冷媒介提供相对较少的信息，需要信息接受者耗费较多热情，需要人们发挥想象力才能构成新的意义，才能理解媒介信息。[1]

麦克卢汉的"冷热媒介"理论对于理解不同媒介的特点具有启发意义，但也引发了很多争议，批评其"冷热媒介"缺乏科学的分类标准。本文作者认为传播符号的丰富程度以及表意形式的多样程度是冷热媒介的重要影响因素。

媒介研究学者阿拉塔从参与和互动的角度认为，"'冷媒介'指具有高参与度和互动特征的媒介"[2]。与其观点一致的还有余志为，他认为网络新媒介更需要网民的参与和互动，也属于"冷媒介"。[3]照此观点，面对面的口语传播互动频繁理应属于"冷媒介"，但是面对面的口语传播信息的清晰度比较高，容易理解，却符合热媒介特征。

也有研究者从传播信息特征的角度进行区分，如张景云从"抽象数据清晰度"和"具象数据清晰度"两个维度进行区分，从"感知参与"和"思维参与"两个维度对"心理参与"性质进行区分，对"清晰度"与"心理参与"的相关性进行了重新审视，认为"清晰度"与"心理参与"具有负相关关系，即"'清晰度'越高，'心理参与'越低；反之，'清晰度'越低，'心理参与'越高"[4]。这一角度主要探索传播信息表意程度或表意机制的差异，以及由此带来的受众理解信息的参与程度与难度的差异，借以区分"冷热媒介"。

蒋晓丽和王亿本认为，传播符号的丰富程度以及表意方式的多样程度对

---

[1] 马文博.解读麦克卢汉的《理解媒介》[J].青年记者，2012（3）：43-44.
[2] 余志为.新媒体：最"冷"的"冷媒介"[J].编辑之友，2014（8）：66-69.
[3] 余志为.语法更新的历史：从"冷媒介"视角分析中国电视进化史[J].现代传播（中国传媒大学学报），2014（11）：35-39.
[4] 张景云.麦克卢汉"冷"、"热"媒介悖论：基于"清晰度"与"心理参与"的研究[J].国际新闻界，2011（5）：35-40.

于传播信息的"清晰度"具有正相关关系。麦克卢汉认为,"冷媒介延伸人体的多种感觉","要求受众更多的思维参与","而热媒介只延伸一种感觉,具有高清晰度,无须受众太多的感觉参与"。其实可以理解为,冷媒介延伸人体的一种感觉,提供的信息比较少,具有低清晰度特征。于是,"要求受众更多的思维参与"才能准确理解媒介信息。相反,电影、电视延伸人的视觉、听觉,不需要更多思维参与就能准确理解媒介信息,"并不留下那么多空白让接受者去填补或完成",具有"高清晰度",应该属于热媒介范畴。❶

（三）案例解析：冷热媒介视角下虚拟现实新闻探究 ❷

本案例文章的研究起点是：麦氏从媒介的清晰度和受众的参与程度两个方面来区分冷热媒介,但未对"清晰度"和"参与度"进行明确界定而导致理论自身引起悖论。媒介融合时代下,梳理媒介技术、内容、受众三者之间的关系,并在此基础上审视虚拟现实技术对当下新闻业的影响。

首先,VR技术使媒介变"热",使受众变"冷"。本案例文章结合VR技术特征分析其"冷热"特征,认为VR赋予受众强大的沉浸感,这种沉浸感来自VR媒介自身所带来的全方位、立体、形象生动的信息。从这个角度而言,VR媒介比以往媒介更"热",受众的主观能力却渐渐"冷"了下来。反之,媒介本身过"冷",使人自身变"热",激发了个人的主观能动性,受众在认知新闻时需要进行积极的思考和丰富的联想。

其次,内容属性平衡人与媒介的冷热关系。本案例文章认为,虚拟现实技术与新闻文本处于相互妥协的状态。技术无法满足虚拟现实新闻进行直接叙事的需要,而以叙事为目的的背景补充又会大大降低观看者的沉浸感。

再次,技术变热带来专业化分工,VR新闻模糊了传统新闻边界。研究认为："热媒介具有排斥性,冷媒介具有包容性。技术变热给人提供的参与机会减少,对专门化分工的要求却很高。"❸ 技术变热,就直接呈现内容本

---

❶ 蒋晓丽,王亿本.传播符号学视阈下"冷热媒介"理论的再思考[J].中外文化与文论（集刊）,2017(1)：127-133.

❷ 周敏,侯颗.冷热媒介视角下虚拟现实新闻探究[J].当代传播,2016(5)：51-54.

❸ 麦克卢汉,秦格龙.麦克卢汉精粹[M].何道宽,译.南京：南京大学出版社,2000：162-163.

身，受众不需要深度参与就可以理解内容。受众对于内容没有太多加工的空间，而冷媒介情况下，受众则可以创新性理解传播内容。

研究最终强调："沉浸感没有结局，失去内容支撑的虚拟体验终成空，当人们像习惯文字、图片那样习惯虚拟现实后，唯有强大的叙事文本才是吸引受众的砝码。"[1] 这样的观点超越技术决定论的宿命论，强调内容文本的重要性不可忽视。这样总括全文：冷热媒介理论视角审视 VR 技术，对于 VR 技术参与新闻传播的优劣势认知更为全面和深入。

（四）科研训练

参考下面的文章，结合冷热媒介理论，选择最新实践案例作为研究对象，证实、证伪或补充完善该理论，设计一个研究思路。

[1] 周敏，侯颗.冷热媒介视角下虚拟现实新闻探究[J].当代传播，2016（5）：51-54.

[2] 张景云.麦克卢汉"冷"、"热"媒介悖论：基于"清晰度"与"心理参与"的研究[J].国际新闻界，2011（5）：35-40.

[3] 王凌轩.动画符号对新媒体的影响：基于"冷热媒介"理论的思考[J].现代传播（中国传媒大学学报），2018（1）：123-127.

[4] 蒋晓丽，王亿本.传播符号学视阈下"冷热媒介"理论的再思考[J].中外文化与文论（集刊），2017（1）：127-133.

六、地球村理论

1964 年，麦克卢汉在《理解媒介：人的延伸》一书中首次提出"地球村"理论。其主要含义不是指发达的传媒使地球变小了，而是指人们的交往方式以及人的社会和文化形态发生了重大变化。交通工具的发达曾经使地球上的原有"村落"都市化，人与人之间的直接交往被迫中断，由直接的、口语化的交往变成了非直接的、文字化的交往。而电子媒介又实施着反都市化，即"重新村落化"，消解城市的集权，使人的交往方式重新回到个人对个人的交往。麦克卢汉的"地球村"理论，是全球化理论的萌芽，对后来研

---

[1] 周敏，侯颗.冷热媒介视角下虚拟现实新闻探究[J].当代传播，2016（5）：51-54.

究全球化的学者产生了深远的影响。

（一）理论溯源

一般认为，"地球村"理论的理论来源和发展历程，就是麦克卢汉的《理解媒介》和《古登堡星汉璀璨》。麦克卢汉的儿子艾瑞克·麦克卢汉（Eric Mcluhan）说："我能够做出的判断是，如果'地球村'一词不是他的自创，那么它要么来自詹姆士·乔伊斯（James Joyce）的《费尼根们的苏醒》，要么就是来自威德汉·莱维斯（Wyndham Lewis）的《美国和宇宙人》。"❶ 也就是说，艾瑞克·麦克卢汉将"地球村"视为马歇尔·麦克卢汉对乔伊斯或莱维斯思想的回应。还有学者基于"地球村"经常被引用的方式而认为它"不只是媒介概念，更是文学的或美学的概念"❷。上述认识共同指出，"地球村"最早发源于文学研究。❸

也有研究者认为，"地球村"（Global Village）来自他的师友刘易斯，后者曾经写道："地球成了一个大村落，电话线横跨东西南北，飞行又快又安全。"麦克卢汉将其精简成"地球村"，从而广为流传。

实际上，麦克卢汉的"地球村"不是一个简单的比喻，而是与他的"部落化—非部落化—重新部落化"的三段论相关。在麦克卢汉看来，部落时代人们的各种感官是平衡的，在随后的非部落化时代，拼音文字以及机械印刷搅乱了感官之间的平衡，但是电力时代使得重新部落化成为可能。❹ 也即电子媒介使得人的感官重归平衡，重新部落化。

（二）理论延展

随着广播、电视、互联网和其他电子媒介的出现，随着各种现代交通方

---

❶ 石义彬.单向度、超真实、内爆：批判视野中的当代西方传播思想研究[M].武汉：武汉大学出版社，2003：199.

❷ 金惠敏.感性整体——麦克卢汉的媒介研究与文学研究[J].中国人民大学学报，2016（4）：130—139.

❸ 高慧芳."地球村"的理论嬗变：从部落化现象到媒介生态[J].文艺理论研究，2018，38（5）：210-218.

❹ 王晓渔.麦克卢汉：地球村里的行吟诗人[J].中国图书评论，2007（10）：113-116.

式的飞速发展，人与人之间的时空距离骤然缩短，整个世界紧缩成一个"村落"——"地球村"。[1]

研究认为，麦克卢汉的"地球村"理论包含两方面内容："一方面，在电子传播时代，生活在地球村的整个人类合为一体，部分与整体相互依存、相互影响。"[2] "另一方面，在麦克卢汉看来，'地球村'的主要含义不是指发达的传媒使地球变小了，而是指人们的交往方式以及人的社会和文化形态的重大变化。交通工具的发达曾经使地球上的原有'村落'都市化，人与人的直接交往被迫中断，由直接的、口语化的交往变成了非直接的、文字化的交往。而电子媒介又实施着反都市化，即'重新村落化'，消解城市的集权，使人在交往方式上重新回到个人对个人的交往。"[3] 由此可见，社交媒体催生点对点传播更具有"地球村"特征。

2005年，弗里德曼出版了《地球是平的》。谈到自己的理论与麦克卢汉的"地球村"的相关性时，弗里德曼说道："是的，'地球村'早就有了，我不是倡导者。我只是试图把我看到的事实传递给大众，让人们看到全球化已经发展到什么程度，加深人们对全球化现状的理解。阻止一些全球化可能存在的坏处发生。"[4]

也有研究者强调："麦克卢汉再部落化的地球村经常被描绘成一个和平且和谐的社区。其实，如果仔细阅读麦克卢汉，我们会发现他的幽暗意识。麦克卢汉从来没有认为，统一和宁静是地球村的特性。地球村实际确保了所有议题的最大分歧，因为村庄条件的增加创造了更多的不连续性、分裂性和多样性。"[5] 实际上，人人互联使得很多人感觉不堪重负，失去了个人认同。对此的回应是暴力。战争、酷刑、恐怖主义和其他暴力行为都是在地球村里

---

[1] 高慧芳. "地球村"的理论嬗变：从部落化现象到媒介生态[J]. 文艺理论研究，2018，38（5）：210-218.

[2] 顾宁. 论麦克卢汉媒介论预言的开创性贡献[J]. 中国社会科学院研究生院学报，2008（1）：121-127.

[3] 同[2]。

[4] 同[2]。

[5] STEAM G E. McLuhan：hot & cool：a critical symposium[M]. New York：Dial Press，1967：57-58.

对认同的寻求，导致屠宰对方成为最常见的部落游戏。❶网络暴力和人肉搜索等，一定程度上可以理解为网民追求个人认同而产生的负面影响。

（三）案例解析：论麦克卢汉传播观念的"技术乌托邦主义"——理解麦克卢汉的新视角❷

本案例文章以"地球村"理论为切入点评价麦克卢汉的主要传播思想。以国外麦克卢汉研究的最新发展为基础，对麦克卢汉传播思想重新评价。本案例文章强调麦克卢汉的媒介思想并不能简单地归类为"技术决定论"。他的传播思想贯穿着"技术乌托邦主义"，并具有批判学派特征。

首先，"地球村"与麦克卢汉的乌托邦构想。20世纪60年代，麦克卢汉提出"地球村"概念。该概念包含两层寓意：一方面，传播速度的提高使地球空间在实质上变小，形成"地球村"；另一方面，意味着"地球村"是我们共同塑造的全球社会。既是麦克卢汉对人类未来乌托邦式的美好构想，也隐含着他对物质技术极度发达的人类社会深刻的焦虑。（1）拼音文字发明之前的前文字时代是人的感官平衡和同步的时代。人类文化交流的基础是同等的，人还不失为一个完整统一的人。（2）印刷文化是视觉统治的文化，带来一个强烈分割的、个人主义的、专门化的、疏离的新环境。（3）电子媒介帮助人类再次回归部落状态。"地球村"的人再次让所有感官和谐发展，共同拥抱新的媒介环境。但传播世界也暴露出很多问题。

其次，麦克卢汉的技术乌托邦主义。虽然麦克卢汉以媒介技术为决定性力量设想一个乌托邦世界。但电子媒介的发展也暴露出很多问题。麦克卢汉意识到即时同步的信息环境也可能导致一个可怕的未来——人类文化的"内爆"。麦克卢汉发现，在"地球村"里，媒介的工作是消减"意义"，批判和理性思考在减少。

最后，重回批判理论阵营。麦克卢汉并不是一个绝对的"技术决定论"者，借用科罗克（Kroker）的描述，他是一个"技术人文主义"学者。麦克卢汉关注人类社会发展进程及其结构，不过他解读人类历史发展进程的角度

---

❶ 胡泳. 理解麦克卢汉 [J]. 国际新闻界，2019（1）：81-98.
❷ 纪莉. 论麦克卢汉传播观念的"技术乌托邦主义"——理解麦克卢汉的新视角[J]. 新闻与传播研究，2003（1）：38-44.

过分单一，仅仅拘泥于对技术的认识。

1983年，《传播学季刊》展开了一次关于正在扩张影响力的批判理论与其对立者——主流行政理论之间的分裂的讨论。麦克卢汉被当作一个批判理论学者重新得到解读并获得了人们的注意。当年，美国知名媒介学者斯蒂芬·H.夏斐（Steven H. Chaffee）称，关于媒介改变了"思想和社会组织模式"的论点，麦克卢汉和伊尼斯是思想的来源，关注这方面问题的研究者必须了解麦克卢汉的作品。同年，卡茨（Katz）也高度赞扬麦克卢汉和伊尼斯激发人们在社会历史中研究媒介的重要性。对麦克卢汉保持了持续关注的还有传播学和文化学家罗伯特·怀特（Robert White）。他认为麦克卢汉扩展了媒介影响力的概念，并引入了"一种新的文化诠释方式"。

本案例文章从技术乌托邦视角切入，运用文献分析法分析麦克卢汉的传播思想，有新意，有启发。

（四）科研训练

参考下面的文章，结合该理论与上述案例，选择不同自媒体作为研究对象，设计一个研究思路，探索网络环境下"地球村"的新特征。

[1] 王晓渔.麦克卢汉：地球村里的行吟诗人[J].中国图书评论，2007（10）：113-116.

[2] 张志华."新地球村"的想象——赵月枝谈传播研究新实践[J].国际新闻界，2016（10）：54-67.

[3] 赵月枝."新地球村"想象[J].新闻与传播评论，2020（1）：1-1.

[4] 纪莉.论麦克卢汉传播观念的"技术乌托邦主义"——理解麦克卢汉的新视角[J].新闻与传播研究，2003（1）：38-44.

七、媒介情境论

（一）理论溯源

美国学者肯尼斯·伯克提出了戏剧五因素分析模型，这五个要素分别是行动（act）、场景（scene）、行动者（agent）、手段（agency）和目的（purpose）。我们可以用它来分析为什么一个演讲者会对特定的受众使用某种修辞策略，也可以用它来对修辞的可能效果做出评估。在此基础上，戈夫曼提出的"拟剧理论"认为，人在社会生活中的交往行为在某种程度上其实是一种角色表演。我们每个人就像演员，在特定的场景依据自己所扮演的特定角色在舞台上（前台）表演，台下则是观众。因此，在表演过程中，我们总是尽量地使自己的行为符合观众眼中期待的角色，而不是展现演员本身的真实面目。当表演结束后，演员在后台的真实面目才展现出来。因此，前台的角色是表演，后台的面目才是真实的自我。❶

对于社会行为的研究，可以说戈夫曼和麦克卢汉分别提供了不同的思路。戈夫曼环境的限定是影响行为的一个因素。戈夫曼显然忽略了角色和社会秩序的变化。而麦克卢汉指出电子媒介的应用所产生的社会角色的普遍变化，但是没有清楚地解释电子媒介"怎样"和"为什么"会引起这些变化。❷

梅罗维茨认为戈夫曼和麦克卢汉的研究各有优劣，且相互补充。戈夫曼聚焦面对面的交往，却忽视了媒介对于他所描述变量的影响和作用。而麦克卢汉侧重媒介的效果，却忽略了面对面交往的结构特征。❸ 梅罗维茨将两者结合起来，趋于完整。

梅罗维茨早在奎因斯大学攻读博士学位时，就对媒介与人类社会行为的关系很感兴趣，他结合人类学、社会学、心理学等领域的知识，思考媒介与人类社会的关系，考察媒介如何影响人类行为。梅罗维茨认为戈夫曼和麦克卢汉两人的理论为理解社会行为提供了不同的思路，于是产生了将戈夫曼"戏剧理论"与麦克卢汉"媒介理论"这两种流派合二为一的兴趣，经过多年努力完成了自己的著作《消失的地域：电子媒介对社会行为的影响》，形成了媒介情境论。概括地说媒介情境论是指从媒介创造情境进而改变人们行为的角度出发，认识媒介对人类社会的影响。媒介情境论融合了媒介理论与情境理论精华，以媒介时空观为特征，提出电子媒介作为信息系统，创造了

---

❶ 戈夫曼.日常生活中的自我呈现[M].黄爱华,冯钢,译.杭州：浙江人民出版社,1989：22.

❷ 梅罗维茨.消失的地域：电子媒介对社会行为的影响[M].肖志军,译.北京：清华大学出版社,2002：4.

❸ 同❷。

新的环境，进而影响人们的行为。❶

梅罗维茨认为电子媒介影响社会行为的原理并不是什么神秘的感官平衡，而是我们表演的社会舞台的重新组合，以及所带来的我们对"恰当行为"认识的变化。❷电子媒介的广泛使用创造出了新的社会环境，这种环境重新塑造行为的程度远远超越了它所传递的具体信息。因此，电子媒介影响社会行为的机制是：角色表演的社会舞台进行了重新组合，并由此带来了人们对"恰当行为"观念的改变。❸电子媒介打破了物理空间和社会情境的传统关系，创造了新的情境。这个新的情境既不是前台的，也不是后台的，它混合了两种以上的传统情境，我们的行为不得不适应这种混合情境。❹电子媒介对于我们传媒化生存的环境再造影响深远，真实环境与虚拟环境已经融为一体，难以撇开。

梅罗维茨认为，"戈夫曼和许多其他社会学家倾向于以行为发生地的角度思考社会角色，但是他认为电子媒介打破了物理空间和社会场景的传统关系。电子媒介创造了新的场景，破除了旧的场景"❺。《消失的地域：电子媒介对社会行为的影响》就是研究了一种新的社会场景观念，它包括物理场景以及由媒介所创造出的"信息场景"。与物理场地类似，媒介可以容纳和拒绝参加者。媒介像墙和窗户一样可以隐藏和显示某些东西。媒介既能创造出共享和归属感，也能创造出排斥和隔离感。媒介能加强"他们与我们"的感觉，也能消除这种感觉。媒介情境是一个复杂的现象，在自媒体时代尤其如此。其构建是多重因素相互作用的结构，其影响是对传播其他要素的深远渗透和影响的过程。新媒体与自媒体环境下的媒介情境产生很多新的变化特征，仍然值得继续探索。

---

❶ 何梦祎.媒介情境论：梅罗维茨传播思想再研究 [J].现代传播（中国传媒大学学报），2015，37（10）：14-18.

❷ 梅罗维茨.消失的地域：电子媒介对社会行为的影响 [M].肖志军，译.北京：清华大学出版社，2002：4.

❸ 同❷：内容简介.

❹ 刘海龙.大众传播理论：范式与流派 [M].北京：中国人民大学出版社，2008：450.

❺ 同❷：7.

（二）理论延展

刘海龙认为梅罗维茨借助麦克卢汉和戈夫曼的理论，有说服力地将媒介、空间、情境、行为几个概念联系在一起，得出了媒介对个人行为和社会具有重大影响的结论。但是他也一再强调，社会的变迁是多因一果，承认媒介的重大影响并不意味着这种影响是决定性的或必然的。但是如何将媒介的影响、内容的影响、社会政治经济的影响区分开，媒介究竟是原因还是中间变量，在他的理论中并没有得到理想的解释。❶

第一，梅罗维茨拓展了戈夫曼的"情境"概念并继承了戈夫曼的"情境论"思想。但车淼洁通过对梅罗维茨和戈夫曼二者"情境论"的比较发现，"梅罗维茨对戈夫曼的延续并非那么密切，二者无论是概念的定义，还是论述的原理、重心和特性，以及理论的来源和归属都有所不同，戈夫曼偏向符号互动论脉络，梅罗维茨偏向技术主义路线"❷。

第二，梅罗维茨似乎忽略了地点创造的情境和媒介创造的情境之间的区别。车淼洁肯定了梅罗维茨用"情境"替换"信息模式"是有创新的，但认为，梅罗维茨似乎忽略了地点创造的情境和媒介创造的情境很大的区别在于：情境中的角色关系是否为互动关系。梅罗维茨讨论的电子媒介主要以电视为主，但在现实环境中，人的反应或行为是不会在当下的情境中立即反馈给电视的。这当中的信息传播是传递的意思，而非共享。这种情境中的角色关系是单向的关系，而非双向的互动。❸

第三，媒介情境论兼顾对以往理论的"破"与结合时代语境的"立"。而学者何梦祎通过综观梅罗维茨的思想脉络，可以发现有一种融合观始终贯穿于媒介理论研究中，且集中体现为对以往理论的"破"（重新审视）与结合时代语境的"立"（发展完善）。同时认为，将梅罗维茨归为一名"技术决定论者"是欠妥的。一方面，"媒介情境论较好地处理了受众与媒介的关系，

---

❶ 刘海龙.大众传播理论：范式与流派[M].北京：中国人民大学出版社，2008：451.
❷ 车淼洁.戈夫曼和梅罗维茨"情境论"比较[J].国际新闻界，2011（6）：41-45.
❸ 同❷。

突出了受众在媒介—受众—社会关系中的重要性，强调了媒介具有强大的影响力，在这个问题上，认为梅罗维茨的媒介理论所体现的观点是比较辩证的"❶。另一方面，梅罗维茨只是强调媒介提供了影响事物的可能性，媒介的单向度允许人们单方面去观察，而不必受限于面对面交流的这种压倒性。能让他们懂得他人如何想象自己，从而为他们在现实生活的角色提供重新想象的可能❷，说明了人的能动性而非媒介本身是决定性的因素。但何梦祎认为，梅罗维茨忽略了时间变量，其没有关注到地域的消失是以时间为代价的，也是媒介发展的必然结果。实际上，媒介情境论并非一成不变，而是随着时代进步在不断调整和发展的。❸

第四，新媒体环境对媒介情境的影响。在网络化、数字化发达的今天，媒介情境论又如何与时代呼应呢？梅罗维茨在《消失的地域：电子媒介对社会行为的影响》一书中就已强调了前瞻性的问题，"本书进一步的目的是提供一种研究媒介影响和社会变革的新方法，不仅能研究现在，而且能研究过去和将来"❹。梅罗维茨为生活在电子媒介中的现代人揭示普遍事实背后的规律。从印刷时代到新媒体时代，地域对于不同群体的隔离作用渐趋弱化，我们越来越能看到不同类型受众群的融合。

胡焱基于梅罗维茨媒介情境论的视角，研究了微博的场景转换对社会行为的影响。首先描述了微博场景的特点：固定性和流动性、开放性与闭合性、前台与后台。接着分析微博场景中的人际交互模式：信息是人的延伸，单向传播与双向传播，平等的交流和不平等的话语权，弱纽带和强纽带交织的社会关系网络。最后论析信息流动模式、场景转换及行为改变的关系，提出在微博场景中，存在着权威的消解和偶像的去魅、角色冲突和表达限制。因此微博信息发布需要考虑社会内部各成员对官方微博这一社会角色所赋予

---

❶ 何梦祎.媒介情境论：梅罗维茨传播思想再研究[J].现代传播（中国传媒大学学报），2015，37（10）：14-18.

❷ 同❶.

❸ 同❶.

❹ 梅罗维茨.消失的地域：电子媒介对社会行为的影响[M].肖志军，译.北京：清华大学出版社，2002：前言.

的共同价值观，注意协调各种场景的需求。❶

同样，在梅罗维茨的情境论下，也有学者对"微博集群行为"进行探析，将微博作为一种环境来研究，可窥探微博"集群行为"的泛滥之因，即微博促进了场景的融合，场景内的角色预期和规则被改变，因而导致了集群行为的泛滥。提出应从场景内入手，改变场景规则和角色预期。首先，要完善网络准则，以法律力量填补道德在虚拟社区的缺失。其次，场景内的角色预期也要做出改变，表演者和观众应当被约束在同一条准则下，即情绪爆发之际，理性思考，认真求证，审慎发言。❷

不同的传播媒介带来传播情境的变化，梅罗维茨的情境论具有稳定的核心内涵，也需要结合不同的新媒体技术特征，深化和丰富在具体案例中的解释力。

（三）案例解析：戈夫曼和梅罗维茨"情境论"❸

本案例文章认为戈夫曼和梅罗维茨"情境论"之间联系比较模糊，需要进一步厘清；甚至感觉他们在对"情境"概念的理解和运用上存在一定的差别。因此，有必要再对二者"情境论"进行解读、比较，逐渐厘清二者的联系和区别。

车淼洁通过表格对比戈夫曼和梅罗维茨关于"情境论"的具体联系和区别，并且认为梅罗维茨的总研究框架是在麦克卢汉脉络的基础上，即探讨"媒介如何影响人"，延续了戈夫曼情境脉络的视角，而且这种延续是非常有限的，因此车淼洁认为梅罗维茨偏向于技术主义路线，而不是对麦克卢汉和戈夫曼理论的整合。❹

首先，本案例文章开头表明目前国内学者普遍认为梅罗维茨发展了戈夫

---

❶ 胡焱."微"观微博：场景转换对社会行为的影响研究——基于梅罗维茨媒介情境论的视角[J].新媒体与社会，2013（1）：259-268.

❷ 陈谦，赵飞格，韩瑞雪.梅罗维茨"媒介场景与行为"视角下的微博集群行为探析——以"德阳安医生事件"为例[J].东南传播，2019（6）：69-71.

❸ 车淼洁.戈夫曼和梅罗维茨"情境论"比较[J].国际新闻界，2011（6）：41-45.

❹ 车淼洁.戈夫曼和梅罗维茨"情境论"比较[J].国际新闻界，2011（6）：41-45.

曼的"情境"概念并继承了戈夫曼的"情境论"视角（张咏华，2002；田中初，2006；胡翼青，2007；刘海龙，2008），现有文献都较多强调二者理论的前后继承关系和密切联系，提出自己的疑问以及对二者关系的质疑。

其次，分别对戈夫曼和梅罗维茨的"情境论"进行分析，对比并罗列了戈夫曼和梅罗维茨关于"情境论"的具体联系和区别，即戈夫曼对于情境概念的论述是关于面对面的具体情境的互动，强调了人际交流中人的主动性，情境中的框架影响人们的行为。而梅罗维茨的情境论则是电子媒介的情境下，强调的是媒介技术影响情境的客观性，新媒体如何改变行为发生的情境以及带来的社会影响。因此，后者强调了新媒介技术的客观性，人的主观性受到了限制。

再次，针对上述二者理论的差别之处，从其思想来源入手寻找原因，并引出对二者理论范式归属的讨论，作者认为梅罗维茨偏向于技术主义路线，而不是对麦克卢汉和戈夫曼理论的整合，并提出了自己的思考。❶

最后，本案例文章从二者情境论的思想来源入手，认为梅罗维茨总的研究框架是在麦克卢汉脉络上的，即探讨"媒介如何影响人"，只不过他在论证过程中采用了戈夫曼这一支视角，虽然在情境视角内做大篇幅讨论"如何影响"，但更多关注的是"媒介影响"。因此，本案例文章认为梅罗维茨是偏向于技术主义路线。通过强调二者的差别和联系，得出从戈夫曼到梅罗维茨，情境概念不是发展而是更换了运用路径。并且认为梅罗维茨对戈夫曼的延续也是非常有限的。

在符号互动论和媒介生态论较受重视的今天，情境论似乎并未受到较多关注。那为什么没有受到关注？除本案例文章认为的目前对于情境的概念和定义，似乎没有形成统一的认识这个原因之外，是不是还有其他原因？值得我们去思考。

（四）科研训练

参考下面的文章，选择某一新媒介作为研究对象，设计一个研究思路，包括研究价值、研究假设、论证方法、写作思路等，探索某一新媒介出现的

---

❶ 车淼洁.戈夫曼和梅罗维茨"情境论"比较[J].国际新闻界，2011（6）：41–45.

场景特征以及对社会行为的影响。

［1］车淼洁.戈夫曼和梅罗维茨"情境论"比较［J］.国际新闻界，2011.6：41-45.

［2］梅罗维茨.消失的地域：电子媒介对社会行为的影响［M］.肖志军，译.北京：清华大学出版社，2002.

［3］戈夫曼.日常生活中的自我呈现［M］.黄爱华，冯钢，译.杭州：浙江人民出版社，1989.

［4］何梦祎.媒介情境论：梅罗维茨传播思想再研究［J］.现代传播（中国传媒大学学报），2015，37（10）：14-18.

八、仪式化传播理论

（一）理论溯源

第一，多重借鉴。20世纪50年代，拉扎斯菲尔德开创的效果研究模式盛行的时候，詹姆斯·W.凯瑞（James W. Carey）认为这种研究模式"已经成为一种经院式的东西：一再重复过去的研究，对明确无误的事加以验证"，结果"裹足不前"。凯瑞认为应该重新讨论传播是什么的问题，并提出了传播的"仪式观"。

凯瑞传播"仪式观"受杜威和芝加哥学派影响较大。杜威强调"经验"：经验是个体与其所生存的社会环境之间发生的相互作用；人类的经验、人与社会环境的相互作用，不仅反映了世界，而且改造了世界。芝加哥学派的符号互动理论则进一步将这种"相互作用"的过程具体化。由此，凯瑞大胆地假设"事物是符号的创造物"。❶

伊尼斯和格尔兹等人对凯瑞的思想影响也非常大。在对传播的"仪式观"和"传递观"的区分上，就有伊尼斯关于媒介"时间偏倚"和"空间偏倚"划分的影子。传播的"传递观"强调的是以控制为目的的信息在空间中的传递，其实质上也就是一种"偏倚空间"的传播模式，而传播"仪式观"强调的是文化上的共享，实际上也就是对这种"偏倚空间"传播模式的一种

---

❶ 陈力丹.传播是信息的传递，还是一种仪式？——关于传播"传递观"与"仪式观"的讨论［J］.国际新闻界，2008（8）：44-49.

矫正，来达到"文化的稳定"或"平衡"。

格尔兹对凯瑞的影响表现在，他所创立的"深描说"强调对于意义的理解应超脱"生硬的事实"。传播不能仅追求"生硬的事实"的准确传达，因为人类的沟通和交流实质上是意义和观念的沟通，层层叠叠的符号只是事实的表面，重要的是符号背后的意义。传播的本质应当是人类通过符号进行彼此经验和意义的交流过程。❶

第二，核心思想。1975 年，凯瑞在《传播》杂志上发表了《传播的文化研究取向》一文，首次提出了"传播的仪式观"。1989 年，凯瑞出版《作为文化的传播》，将"传播"分为两大类：传播的传递观和传播的仪式观。凯瑞指出传播的仪式观"并非指信息在空中的传散，而是指在时间上对一个社会的维系；不是分享信息的行为，而是共享信息的表征"。这一界定，对于传播的观念具有根本性影响，传播不仅是信息的分享，而且可能是一种维系社会认同的仪式。凯瑞认为，"传播的起源和最高境界，并不是智力信息的传递，而是建构并维系一个有秩序、有意义、能够用来支配和容纳人类行为的文化世界"❷。他认为，"如果说传播的传递观的核心在于讯息在地理上的拓展（以控制为目的），那么传播的仪式观核心则是将人们以团体或共同体的形式聚集在一起的神圣典礼"❸。这些阐释大大开阔了我们对于传播功能的认知，对于传播内涵的理解，尤其是自媒体环境下，很多看似碎片化、无聊的符号传递，都可能具有深层次的仪式观的价值，自媒体环境下重新认识传播的仪式观尤其有意义。

（二）理论延展

传播的经验研究聚焦传播的目的和功能，主要是实证方法，具有较明显的功利性、表面性和机械性，是对于传播功能的一种片面化的认知。凯瑞对"传播的传递观"的功能主义取向进行批评。而"传播的仪式观"是一种文

---

❶ 陈力丹.传播是信息的传递，还是一种仪式？——关于传播"传递观"与"仪式观"的讨论[J].国际新闻界，2008（8）：44-49.

❷ 凯瑞.作为文化的传播："媒介与社会"论文集[M].丁未，译.北京：华夏出版社，2005.

❸ 同❷。

化取向的传播研究，转而关注人们对传播的参与以及对人类整体意义的建构和共享，超越短期单纯的功利性效果，追求长期的、隐含的深远影响。

罗自文认为，凯瑞的仪式观有不少理论创新：第一，参与者非传者受者角度，传播的主体都是平等的参与者，大家共同参与、共同体验、共同建构"仪式"。第二，使用符号学理论来研究传播的内容，不用或少用信息的研究方式，通过符号解读，就能分析传播的文化意义。第三，对传播作用的分析从零碎的"认知""情感""行为"层面上升为文化层面，从短期效应上升为长期效应，可能更准确、更有价值。❶

（三）案例解析：从"传播的仪式观"到"仪式传播"❷

詹姆斯·凯瑞"传播的仪式观"的提出，为美国传播学的研究开辟了新的路径，其观点引介到我国以后，引发了传播学者的关注和讨论。然而，很多学者在研究和讨论其传播思想时，直接将"传播的仪式观"置换为"仪式传播"，这也是本案例文章的研究起点。

首先，本案例文章介绍詹姆斯·凯瑞"传播的仪式观"的内涵，从概念描述、隐喻、学术传统等十个方面对传递观和仪式观进行了区分和比较。"传播的仪式观"并非指讯息在空中的扩散，而是指在时间上对一个社会的维系；不是分享信息的行为，而是共享信息的表征。

其次，本案例文章梳理了大量"传播的仪式观"在研究中被置换成"仪式传播"的学术案例，考察了其被置换的过程，理解对凯瑞的误读是如何产生的。

最后，指出误读的三点原因：其一，"仪式传播"是一个本土概念，更多地关注仪式本身的传播现象及其规律，是凯瑞所提到的"传递观"意义上的概念，与"传播的仪式观"截然不同；其二，两个概念中的"仪式"不是同一含义，"仪式传播"难以涵盖"传播的仪式观"所表达的含义；其三，将"传播的仪式观"置换成"仪式传播"脱离了概念的学术背景和逻辑

---

❶ 陈力丹.传播是信息的传递，还是一种仪式？——关于传播"传递观"与"仪式观"的讨论 [J].国际新闻界，2008（8）：44-49.

❷ 樊水科.从"传播的仪式观"到"仪式传播"：詹姆斯·凯瑞如何被误读 [J].国际新闻界，2011，33（11）：32-36，48.

渊源。

本案例文章的落脚点是指出将"传播的仪式观"置换为"仪式传播"是对凯瑞传播思想的误读，有利于界定学术讨论的范围，更准确地把握詹姆斯·凯瑞的"仪式观"。本案例文章异于国内大量对节日仪式进行研究的分析类论文，而是从"传播的仪式观"和"仪式传播"两个基本概念入手，进行深层次的辨析和解读。

（四）科研训练

参考下面的文章，结合该理论与上述案例，探索"仪式观"的传播研究中被误解的关键概念，并设计一个研究思路，深入研究其被误解的原因。

[1] 陈力丹.传播是信息的传递，还是一种仪式？——关于传播"传递观"与"仪式观"的讨论[J].国际新闻界，2008（8）：44-49.

[2] 樊水科.从"传播的仪式观"到"仪式传播"：詹姆斯·凯瑞如何被误读[J].国际新闻界，2011，33（11）：32-36，48.

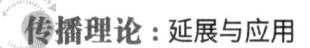

[3] 刘建明."传播的仪式观"与"仪式传播"概念再辨析：与樊水科商榷[J].国际新闻界，2013，35（4）：168-173.

九、口语文化和书面文化

（一）理论溯源

1. 思想沿袭

沃尔特·翁（Walter J. Ong，1912—2003）致力于从口语文化和书面文化的角度出发提出自己关于媒介对人类心理和思维方式的影响，以及这种影响带来的社会与文化的变迁，在口语文化研究领域自成一家。哥伦比亚大学新闻学院理查德·R.约翰认为，"如果对麦克卢汉感兴趣，我建议先读沃尔特·翁的著作，翁是麦克卢汉的学生"[1]。同时，他对翁的《口语文化与书面文化：语词的技术化》非常推崇，认为这本书可以帮助我们理解麦克卢汉的思想。

---

[1] 郭云强，仇筠茜.网络国家中的邮政、电报、电话——访哥伦比亚大学教授理查德·R.约翰[J].新闻大学，2013（1）：39-46.

第四章 | 媒介环境学派

因此，回溯沃尔特·翁的思想源头就必然离不开麦克卢汉对他的影响。麦克卢汉在他的著作中也对耳朵和眼睛的延伸有过论述，印刷文本是眼睛的延伸，广播是耳朵的延伸，轮子是双脚的延伸，服饰是皮肤的延伸，电视是眼睛和耳朵的同时延伸。❶ 媒介是人的延伸，不同的感官延伸会带来不同的偏向，包括视觉偏向和听觉偏向，媒介不同的偏向会影响人的感知。

作为翁的导师，麦克卢汉的这些思想对翁口语文化与书面文化的媒介思想研究有重大的启发意义。翁自己也认为，"他那重要的格言'媒介即讯息'（The Medium Is the Message）显示了他敏锐的感知，锁定了从口语文化到书面文化、从印刷媒介到电子媒介转变的重要意义"❷。翁认为，"电子通信正在改变通话和文本之间的关系，从而我们的理解方式也跟着从口语向书面，再向印刷和电子媒介发展的方向发生改变，在电子文化时代的翁也从'地球村'这一理论中受到启发，贡献出'次生口语文化'的概念"❸。

翁之所以被认为是第二代媒介环境学派学者，除师承麦克卢汉的思想之外，更重要的是翁的研究思想受到整个媒介环境学派的影响。林文刚在《媒介环境学：思想沿革与多维视野》一书中归纳了媒介环境学三个深层的理论命题。命题一是媒介环境学假设，即传播媒介并非只是一个简单的渠道，也有一套自身的价值标准；命题二是每一种媒介有其独特的物质和符号特征；命题三是讨论传播技术引发的个人感知与社会文化后果，这些后果主要受到媒介偏向的影响。

翁在讨论口语文化和书面文化对人的心理和思维方式的影响时也基本围绕上述三个理论命题。翁首先承认作为媒介的口语与文字有其独特的物质和符号特征，"口语结构会注意语言的实用性（方便说话人），相反，文字结构更注重句法（话语本身的组织）"❹。这种特征带来了口语媒介和书面媒介的偏向。同时，这种偏向会对人的心理和思维方式产生影响，更进一步地会对文化演变起作用。

---

❶ 麦克卢汉.理解媒介：论人的延伸[M].何道宽，译.北京：商务印书馆，2000.
❷ 翁.口语文化与书面文化：语词的技术化[M].何道宽，译.北京：北京大学出版社，2008：21.
❸ 潘蓉.沃尔特·翁媒介思想研究[D].湘潭：湘潭大学，2015.
❹ 同❷：28.

2. 核心观点

（1）原生口语文化与次生口语文化

沃尔特·翁的核心观点离不开口语和书面两种媒介。翁在帕利—洛德理论研究的基础上，将口语文化分为"原生口语文化"（Primary Orality）和"次生口语文化"（Second Orality）。"毫无文字或印刷术浸染的文化称为'原生口语文化'。其'原生'和如今的高科技文化中的'次生口语文化'相对。支撑今天次生口语文化的是电话、广播、电视等电子设备，其生存和运转都仰赖文字和印刷术。如今，严格意义上的原生口语文化难以生存，因为每种文化都接触到了文字，都受到了文字的影响。尽管如此，许多文化和亚文化都不同程度地保留着大量原生口语文化的心态。"[1]

虽然翁对二者进行了区分，但二者依然有着许多共同之处。如两者在传播效果上都会产生强烈的群体感，"和原生口语文化一样，次生口语文化也产生强烈的群体感，因为听人说话的过程是聆听者形成群体的过程……但次生口语文化产生的群体比原生口语文化产生的群体大得多，甚至难以估量。这就是麦克卢汉所谓的'地球村'（Global Village）。"[2] 因此，原生口语文化并没有从人类历史上消失，翁对二者进行区分，是为了比较电子媒介产生后作为技术的不同媒介产生的文化的不同，进而对不同的社会阶段进行研究，并未否定原生口语文化以变化后的方式在当今文化中的存在。[3]

口语文化对人思维与心理的影响自然也是由其偏向决定的。尤其是在原生口语文化中，由于遗忘机制的存在就必须不断地重复，因此"同化的、套语式的思维模式是智慧和有效管理之必需"。关于这一点，翁有着大量的论述，"在原生口语文化里，为了有效地保存和再现仔细说出来的思想，你必须要用有助于记忆的模式来思考问题，而且这种思维模式必须有利于迅速用口语再现"[4]。"口语结构会注意语言的实用性（方便说话人），相反，文字结

---

[1] 翁.口语文化与书面文化：语词的技术化[M].何道宽，译.北京：北京大学出版社，2008：6.

[2] 同[1]：104.

[3] 梁颐，唐远清.沃尔特·翁"口语文化"理论视角下的微信传播探析[J].新闻界，2017（1）：70-76.

[4] 同[1]：25-26.

构更注重句法（话语本身的组织）。书面话语比口头话语更加精致、固化。"❶ 归纳起来即原生口语文化里的思维和表达基于记忆术。而对于社会话语权的改变与重构主要体现在在原生口语文化里，如果观念化的知识不用口诵的办法重复，很快就会消亡，所以口语文化型的人必然花费很大的精力，反复吟诵世世代代辛辛苦苦学到的东西。这就需要确立一种高度传统或保守的心态，因而这样的心态抑制思想试验，自然就理所当然了。知识来之不易、非常珍贵，所以社会就非常尊重阅历丰富的老人，他们对保存知识负有特殊的责任，他们熟悉并能讲述祖辈传下来的古老故事。文字把知识储存在头脑之外，使能够重述历史的贤明老人的地位降格，于是，社会就向比较年轻的新知识的发现者倾斜❷。基于此，我们也可以认为在书面文化社会里可能更倾向、有利于社会的创新与变革。同时，翁在《口语文化与书面文化：语词的技术化》中将原生口语文化里思维和表达呈现出的特征归纳为：附加的而不是附属的；聚合的而不是分析的；冗余的或"丰裕"的；保守的或传统的；贴近人生世界的；带有对抗色彩的；移情的和参与式的，而不是与认识对象疏离的；衡稳状态的；情景式的而不是抽象的。

（2）书面文化中的文字

翁区别"原生口语文化"与"次生口语文化"一个很重要的标志就在于文字。"原生口语文化是文字和印刷术的前身，次生口语文化则是文字和印刷术的产物，且依靠文字和印刷术。"❸ 其实，不论是对书面文化的研究抑或是口语文化的研究，翁的着力点都在于不同的"心态"。口语文化与书面文化的"心态"不同，其对人的心理和行为方式的影响亦不同。❹

翁对口语文化的推崇是毋庸置疑的，无论是在翁所处的时代还是今天互联网蓬勃发展的时代，口语文化都无处不在（许多文化和亚文化都不同程度地保留着大量原生语文化的心态），这种口语文化的留存和对口语文化的留恋也可以解释为何微信刚一出世就迅速征服受众，其中的一个重要原因就在

---

❶ 翁.口语文化与书面文化：语词的技术化[M].何道宽,译.北京：北京大学出版社,2008：28.
❷ 同❶：31.
❸ 同❶：133.
❹ 同❶：序言.

于微信的语音功能。但翁也承认，口语文化必然产生富有表现力和魅力的语言成果，而且这样的成果具有很高的艺术价值和人性价值。但等到文字控制人的思维之后，这样的产出就不可能再进行下去了。尽管如此，如果没有文字，人的意识就不能够更加充分地发挥潜力，就不可能产出其他美丽而富有表现力的成果。❶

而且，翁将文字视为一种技术，因此也有学者认为翁关于文字媒介研究的重点是"文字媒介如何重构了人的意识"❷。这一点翁也认为"文字本质上是提高自我意识的活动"❸。不论是在书写还是阅读文字的过程中，个人是与外界隔离的，这一点与口语文化不同。在口语交流过程中存在着实时互动，尤其是原生口语文化的传播中是移情和参与式的，在进行口语交流的同时会伴随着"回应"，个人或群体会根据不同的回应去变化自身的交流。但书面文化是孤独的、内化的，书面文本里的文字是孤独的，书写者和阅读者在书写和阅读时也是孤独的。翁也认为，书写和阅读是独自一人的活动，它们使人从事费力、内化和个体的思想活动，这是口语文化里的人不可能从事的活动。在书写和阅读产生的个人世界里，诞生'丰满'的人物的感觉，这种感觉在动机上深深地内化了。❹一言以蔽之，书面文化将文字内化，使人更注重内省，形成"自我"意识，而口语文化更容易形成社会意识、群体意识和"他我"。这一点麦克卢汉也有着相似的表达，麦克卢汉认为，"表音文字最奇特的隐性后果之一就是个体身份的诞生"❺。

（3）翁的印刷术思想

翁对印刷术的关注实质上是对书面文化的进一步探索，印刷术把语词变成了商品。古代社群共享的口语世界分裂成为个人终身拥有的私有财产。印

---

❶ 翁.口语文化与书面文化：语词的技术化[M].何道宽，译.北京：北京大学出版社，2008：9.

❷ 丁松虎.论沃尔特·翁的文字印刷媒介思想[J].甘肃社会科学，2016（4）：54-58.

❸ 同❶：115.

❹ 同❶：117.

❺ 麦克卢汉.麦克卢汉如是说：理解我[M].何道宽，译.北京：中国人民大学出版社，2006：155.

刷术为人类向个人主义漂移的意识推波助澜。❶ 因此，在翁看来，印刷术是强化并改变了文字媒介对人的思维与表达的影响。同时，印刷术这种"标准化文本"可以"准确重复地视觉表达"，对科学和文学领域的发展也产生了较大影响。印刷术这种精确标准的重复性文本能够将过往的科学经验大规模地推广出去。翁将印刷术视为一种技术，一种强化文字效应的技术，从而考察这种印刷技术在人的心理层面的效果。

（二）理论延展

在翁的研究中并没有像第一代媒介环境学派那样广泛地研究多种媒介，翁研究的出发点基本都是基于"口语"和"文字"两种媒介，高度关注口语媒介、文字印刷媒介和电子媒介对人的心理、认识、思维以及对社会、文化等产生的影响。❷

翁作为麦克卢汉的重要弟子，其很多思想源头都可以追溯到麦克卢汉甚至是伊尼斯等人身上。如麦克卢汉认为："印刷媒介粉碎了束缚部落人的枷锁，使之爆炸为具有个性的个体；部落由于印刷媒介的出现而爆裂，取而代之的是经过相似训练的个体组合而成的群体。"❸ 从文字印刷媒介对人的自我意识的形成上进行了解释。翁的理论很大程度上比较具体地说明了麦克卢汉的一些思想，他从口语和文字入手论述了媒介如何影响人的心理、思维，从而在整体上影响社会文化，因而与诸多媒介环境学派人物一脉相承的是，在翁的思想中也秉持着媒介推动人类文化向前发展，甚至是社会重构。这也为翁带来了媒介环境学派一直以来被诟病的一个问题——"媒介技术决定论"。但正如对伊尼斯和麦克卢汉的辩白一样，翁认为："我们说心灵和文化上的许多变化与口语文化向书面文化的过渡息息相关，这并不是说文字（及后起的印刷术）是这一切变化的唯一原因。两者的关系并不是简化论或关系论的问题。口语文化向书面文化的过渡与许多心理变化和社会变化存在着密切的

---

❶ 翁.口语文化与书面文化：语词的技术化[M].何道宽，译.北京：北京大学出版社，2008：100.

❷ 丁松虎.论沃尔特·翁的文字印刷媒介思想[J].甘肃社会科学，2016（4）：54-58.

❸ MCLUHAN M.Understanding media[M].Cambridge, London：The MIT Press, 1994：177.

关系，其中许多关系我们还来不及说明。食物生产、政治组织、宗教体制、技术能力、教育实践、交通工具、家庭结构等人类社会领域的发展变化，都在人类发展史上扮演了鲜明的角色。实际上这一切发展变化常常受到从口语文化向书面文化变迁的影响，而且是深刻的影响。反过来，许多这样的发展变化又影响了口语文化向书面文化的变迁。"❶

翁的理论与伊尼斯、麦克卢汉虽然有许多传承之处，但又有着独到的地方。伊尼斯和麦克卢汉从整体上领略到媒介的"魔力"，但二者都较为"宏观"，伊尼斯更是"宽泛的史学分析路径"。❷而翁则把关注点聚焦到了具体个人，聚焦到了口语和文字两种最基本媒介对个人心理、态度的影响，从个人的心理层面分析在媒介演化过程中的心理动因。简言之，翁的理论对于补足媒介环境学派在心理层面的分析十分重要。

（三）案例解析：沃尔特·翁"口语文化"理论视角下的微信传播探析❸

微信以迅猛态势发展坐稳了移动社交软件的头把交椅。人们为何会被微信文化所包围？美国学者沃尔特·翁提出的"原生口语文化"及"次生口语文化"理论提供了洞察这种媒介现象的视角。

本案例文章首先对翁的原生口语文化和次生口语文化进行阐释，并得出结论：无论如何，原生口语文化绝对不可能被完全根除，会一直存在于人类的意识中。而微信的兴起在作者看来正是原生口语文化通过微信进行的虚拟传播，本案例文章从而进一步论证微信如何进行原生口语的虚拟传播。

首先，本案例文章对翁的原生口语文化和次生口语文化进行阐释，并进一步讨论对原生口语文化进行模仿的虚拟仿真会话，以及对原生口语文化感觉以电子媒介为载体传播的恢复，在电子媒介中的存在，以及与媒介发展勾连的理论阐释。

其次，本案例文章具体讨论"微信对原生口语文化的虚拟传播"。作者

---

❶ 翁.口语文化与书面文化：语词的技术化[M].何道宽，译.北京：北京大学出版社，2008：136.

❷ 郭云强，仇筠茜.网络国家中的邮政、电报、电话——访哥伦比亚大学教授理查德·R·约翰[J].新闻大学，2013（1）：39-46.

❸ 梁颐，唐远清.沃尔特·翁"口语文化"理论视角下的微信传播探析[J].新闻界，2017（1）：70-76.

认为,"微信传播可以是聚合的而不是分析、附加而非附属的、冗余重复的"。"微信内容往往带有赞扬、叫阵、对抗等口语社会生活的内容色彩。""微信使用言语交流而非文字的传播过程中,符合原生口语文化的其他特征。"❶

最后,本案例文章将微信同微博和QQ进行对比讨论。社交软件微信的兴起是近几年研究的热点之一,翁的口语文化与书面文化理论确实相对比较"冷门",将二者联系起来考察,以"冷理论"研究"热话题"对二者而言都是一个新的角度,也大大拓宽了"冷理论"的研究视角和"热话题"的观察视角。

(四)科研训练

沃尔特·翁的思想理论给人启发很大,与媒介环境学派其他学者相比,翁的思想理论有着更为细致具体的一面,但也相对"冷门"。随着技术的进步,越来越多的普通人能接触到多种传播形式,如网络直播、抖音和视频播客 Vfog。参考下面的文章,结合该理论与上述案例,设计一个研究思路,运用翁的相关理论对网络直播、抖音和视频播客 Vfog 等进行探究。

[1] 翁. 口语文化与书面文化:语词的技术化 [M]. 何道宽,译. 北京:北京大学出版社,2008.

[2] 丁松虎. 论沃尔特·翁的文字印刷媒介思想 [J]. 甘肃社会科学,2016(4):54-58.

[3] 李昕揆. 麦克卢汉的印刷媒介思想研究 [D]. 北京:中国社会科学院,2014.

[4] 黄华. 技术、人与传播的关系:来自沃尔特·翁的启示 [J]. 南昌大学学报(人文社会科学版),2016,47(1):103-108.

十、补救性媒介理论

(一)理论溯源

保罗·莱文森(Paul Levinson),美国媒介理论家、科幻小说家、大学教

---

❶ 梁颐,唐远清. 沃尔特·翁"口语文化"理论视角下的微信传播探析 [J]. 新闻界,2017(1):70-76.

授、网络教育先驱、媒体评论人、社会批评家及音乐人。1947年，莱文森出生于美国纽约的布朗克斯（Bronx），毕业于纽约最北端布朗克斯区的克里斯多佛哥伦布高中（Christopher Columbus High School）。1963—1967年，莱文森就读于纽约城市大学（New York City University），主修心理学和社会学。在此期间，他经老师介绍，初读麦克卢汉的成名作《理解媒介：论人的延伸》，给他开启了媒介理论和媒介环境学研究的大门。

1974年，莱文森进入社会研究新型学院攻读媒介研究的硕士学位。约翰·卡尔金开设了麦克卢汉思想研究课程，莱文森系统地学习了麦克卢汉的思想，开始从专业角度思考媒介技术与环境的关系。

1975年，莱文森到纽约大学攻读博士学位，师从尼尔·波兹曼教授。波兹曼将莱文森引入媒介环境学的学术殿堂，并把麦克卢汉引介给莱文森，这在莱文森以后的学术道路上起到至关重要的影响。莱文森结识了麦克卢汉，并为其《媒介定律》作序。

莱文森从教30多年，继承了媒介环境学派大胆假设和思辨的学术风格，是当前国际上公认的新锐媒介理论家。其学术思想与麦克卢汉保持一致，却与恩师波兹曼存在差异，被誉为"数字时代的麦克卢汉""后麦克卢汉第一人"。其理论因新锐而具有鲜明的时代特色和乐观主义色彩。

1979年，32岁的莱文森在尼尔·波兹曼教授指导下完成博士论文《人类历程回顾：一种媒介进化理论》，他继承和发展了麦克卢汉的媒介理论，首创媒介演化的人性化趋势理论，认为人在技术演化过程中拥有自主选择能力，整个媒介演化过程可以看成人对媒介技术的补救。莱文森的"人性化趋势"和"补救性理论"是相辅相成的，都是关于媒介演化的理论。

莱文森用技术演化的"补救性理论"来解释他对媒介的乐观主义态度的由来。"补救性媒介"（Remedial Medium）的理论以说明人在媒介演化中进行的理性选择。他认为，任何一种后继的媒介都是一种补救措施，都是对过去的某一种媒介功能的补救。换言之，人类的技术越来越完美，越来越"人性化"。[1] 以电话而论，一个不断补救和完善的过程渐次展开：受话器与听筒的

---

[1] 莱文森. 软利器：信息革命的自然历史与未来 [M]. 何道宽，译. 上海：复旦大学出版社，2011：译者前言.

合一、一机带多机、电话录音、无绳电话待机、转机、来电显示，后一个功能总是对前一个功能的补救或补足。❶

莱文森用非洲热带草原墙到窗帘的进化来证明补救性媒介的产生与发展，认为窗户是一种典型的补救性媒介，墙可以遮风避雨，但与此同时，也会阻挡外面的阳光和空气，于是就找到了它的补救媒介"洞"，在墙上凿了一个洞，可以让阳光和空气进来，但也带来了风雨和寒冷空气的入侵，于是窗户出现了。然而，窗户可以让外面的人看见里面，缺乏隐私和安全，窗户也需要补救自己。最后，窗帘作为新的补救媒介，与窗户结合，让阳光空气进来，也可以抵挡寒风暴雨的入侵，与此同时还能解决隐私保护问题，不让外面的人看见。由此趋于完善。

莱文森认为，技术虽然都不完美，但可以提供补救手段，解决思想和生存上的不足之处。但是补救性媒介提供的解决办法，并不比原生媒介强。"相反，它们扮演的关键角色是奉献多、所得少——它们提供的纯改进超过绝对的改进。"❷所以，虽然录像机对电视的即时性产生了补救作用，但是也带来了不利，电影可以选择在家看，而不是去电影院看，对电影业也产生了一定冲击。因此，补救性媒介并不是一直绝对的静止，它在提供补救的同时，又会面临新的困难和挑战，因此还需要新的补救媒介的再次补救，依此类推。

莱文森针对麦克卢汉媒介决定论的不足，提出了自己的媒介演化理论。这就是他的"补救性媒介"理论和"人性化趋势"（Anthropotropic Evolution of Media）的演化理论。莱文森认为，"一切媒介都是'补救性媒介'，补救过去媒介之不足，使媒介人性化，因而人有能动性，能够主动去进行选择和改进媒介"❸。

莱文森认为，在媒介演化中，人有两个目的或动机。一是满足渴求和幻想。用他的话来说，"我们借助发明媒介来拓展传播，使之超越耳闻目睹的

---

❶ 莱文森.软利器：信息革命的自然历史与未来[M].何道宽，译.上海：复旦大学出版社，2011：译者前言.

❷ 同❶.

❸ 莱文森.数字麦克卢汉：信息化新纪元指南[M].何道宽，译.北京：社会科学文献出版社，2001：译者序.

生物极限,以此满足我们幻想中的渴求"[1]。二是弥补失去的东西。也用他的话来说明:"整个的媒介演化进程都可以看成补救措施。因此,因特网可以看成补救性媒介的补救性媒介,因为它是对报纸、书籍、电台和电话等等媒介的改进。"[2]

莱文森的"补救性媒介理论"对麦克卢汉的"(硬)媒介决定论"提出了质疑,认为"技术决定论"要逆转,他认为媒介很少对社会产生直接或决定性的影响,诸多因素共同造成了一个事件的最终状态和结果,他称之为"软媒介决定论"。这也涉及人与技术的关系问题。而人在其中发挥着主动性去改造媒介。我们需要有自己的隐私,所以发明了窗帘进行补救。我们要记录电视的精彩时刻,所以发明了录像机。"这些逆转无疑可以被看成媒介自动的、必然的突变,是窗户、电视和文字遭遇到功能的外部极限时发生的突变。然而,实际上,它们是人们进行的有目的的活动。"补救性媒介理论,用以说明人在媒介演化中进行的理性选择。"[3]所以这些补救性媒介的出现不是偶然的,而是人在进行思考和理性把握。

莱文森在《手机:挡不住的呼唤》一书中对手机媒体的出现和未来表达了十分乐观的观点:"手机赋予我们的能力——可能会具有更加深远的革命性意义,比互联网在室内带给我们的一切信息的意义更加重大。"[4]互联网仍然存在缺陷,手机的出现实现了移动互联,"互联网这一人类感官延伸所带来的缺陷提供了一种补救,随着手机逐步和互联网越来越紧密的结合,手机成了移动的电脑和互联网,互联网反而成了手机的副手,这一切都是补救性媒介在媒介演化中发挥作用的结果"[5]。

(二) 理论延展

伊尼斯认为,媒介对社会形态、社会心理都产生深重的影响,"一种

---

[1] 莱文森.数字麦克卢汉:信息化新纪元指南[M].何道宽,译.北京:社会科学文献出版社,2001:179.

[2] 同[1]。

[3] 同[1]:译者序.

[4] 莱文森.手机:挡不住的呼唤[M].何道宽,译.北京:中国人民大学出版社,2004.

[5] 同[4]。

新媒介的长处将导致一种新文明的产生"❶。沿着伊尼斯的思路,麦克卢汉认为:"任何媒介(即人的任何延伸)对个人和社会的任何影响,都是由于新的尺度产生的;我们任何一种延伸(或曰任何一种新的技术),都要在我们的事务中引进一种新的尺度。"❷ 所谓新的尺度,主要是指新的传播模式带来新的社会交往模式、行为标准以及文化内涵与外延的扩展。"这一思想孕育了麦克卢汉的媒介四定律假说,即媒介演化过程中经历的四个阶段:放大、过时、再现和逆转。"❸ 后来,莱文森将媒介四定律和数字时代相联系,认为"由于电视、书籍、报纸、教育、工作模式等的不足逆转而成的互联网是一个大写的补救性媒介"❹。互联网成为以往所有媒介的功能补救。

当前媒介逆转的过程中都存在媒介影响的多样性,麦克卢汉将根本的影响因素交给了技术,而莱文森拒绝接受这种将技术对人类处于居高临下的因果地位的判断。他对逆转律有个坚定的立场:"人必须扮演积极的角色。在这个意义上,这个逆转律不像亚里士多德的第四因或终极因,而是固有的命运、目标的终点,会随时冒出来供人去把握。"❺ 所以,一切媒介都成为立竿见影的补救性媒介。

郑燕在《人是媒介的尺度》中谈道,"在莱文森的媒介理论中,始终贯穿这样的一条主线:媒介的演化服从人的理性,一切媒介的缺点都是可以补救的,人既然发明了媒介,就有办法扬其长而避其短"❻。乐观的媒介观清晰可见,人对于媒介技术具有主观能动性而不是被动接受。

何道宽认为莱文森超越了麦克卢汉和波兹曼,他用媒介乐观主义、人类沙文主义、人性化趋势理论和补救性媒介理论,树起后麦克卢汉主义的大旗。❼ 但是任何理论都有不足和片面的地方,莱文森的思想不可能完全摆脱

---

❶ 伊尼斯. 传播的偏向[M]. 何道宽,译. 北京:中国人民大学出版社,2009:34.
❷ 麦克卢汉. 理解媒介:论人的延伸[M]. 何道宽,译. 北京:商务印书馆,2000:33.
❸ 郑燕. 人是媒介的尺度[D]. 济南:山东大学,2014.
❹ 莱文森. 莱文森精粹[M]. 何道宽,编译. 北京:中国人民大学出版社,2007:192.
❺ 同❹:191.
❻ 同❸。
❼ 莱文森. 莱文森精粹[M]. 何道宽,编译. 北京:中国人民大学出版社,2007.

其所在学派的共同缺陷。与此同时，理论本身也存在问题。

当然，莱文森过于乐观，带有明显的理想主义色彩以及对"人"未进行界定和阐释。学者王凤栖认为，莱文森忽略技术所负荷的价值偏向和权力问题，乐观地将技术本身与技术运用过程截然分开，认为人类可以根据自身需求和选择来决定技术的发展趋势，带有明显的理想主义色彩。另外，他并未跳出媒介环境学的理论缺陷，即媒介环境学将价值理性嬗变为工具理性，未对他所提出的人性化趋势中的"人"进行界定和阐释，并未回答我们怎样在媒介环境中失去自我，人的自我中心如何同时消解和认同这一系列问题❶。所以，莱文森只是语言表述的创新，而非学术思想的本质创新。

郑燕比较赞同英国学者威廉斯的观点，认为莱文森只关注媒介技术在文明发展中的作用和结果，却没有将媒介与相应的社会意图和历史文化相关联。并且还认为莱文森对待技术与媒介的态度比波兹曼要明亮得多，对未来也更积极与乐观，莱文森相信媒介的进化服从于人的理性，有无穷的发展潜力，更加人性和合理化。❷

胡翼青认为，莱文森的软技术决定论强调，"人与技术二元并列的关系，归根到底也还是本末倒置的；这种研究视角'主张科技是个人发明的，有本身的逻辑……科技仍是造成传播效果的不可避免的重要原因，只不过传播效果的本质受各种社会力量所控制'"❸。

另外，媒介补救理论没有完全摆脱技术决定论的影响，徘徊在人与技术之间。陈功认为补救性媒介理论主要演示了一切后续媒介都是对旧媒介的补救。它和媒介进化的人性化趋势理论的出发点一样，都是放眼整个媒介发展史，着重发掘媒介与媒介之间的相互衍生关系，强调人在媒介发展过程中的能动作用和主体地位，但莱文森"徘徊在人和技术这两个中心之间，既未能彻底地坚持人的主体地位和能动作用，又没有完全摆脱技术决定论的影

---

❶ 王凤栖.保罗·莱文森媒介理论研究[D].南京：南京大学，2013.
❷ 郑燕.人是媒介的尺度[D].济南：山东大学，2014.
❸ 胡翼青.传播学：学科危机与范式革命[M].北京：首都师范大学出版社，2004：212.

响"❶。一方面，补救性媒介的出现都是人类主体需求催生的结果，这些补救媒介满足人新的需求的同时，也会导致人类主体对媒介依赖性的自觉增强；另一方面，补救性媒介以强调人在媒介发展过程中的能动作用和主体地位为基点，但是在阐释过程中，人仅仅处在考察媒介补救关系的参数地位，明显偏离了基点。

（三）案例解析：保罗·莱文森的补救性媒介理论及其价值 ❷

被誉为"数字时代的麦克卢汉"的保罗·莱文森提出了媒介进化论思想，其三个核心观点分别是媒介演化的"人性化趋势"和"补救媒介性理论，媒介演进三阶段（玩具—镜子—艺术），这三个理论也成为其媒介进化理论的奠基石。每个理论的产生都有其渊源或背景。莱文森的理论亦是如此。该文的写作起点是着眼于莱文森的"补救性媒介理论"，从分析补救性媒介理论提出的背景或缘由，补救性媒介是如何进行补救的，补救性媒介的后续发展等几方面展开，探究该理论的主题及价值意义。

本案例文章主要采用内容分析法开展研究。媒介的补救是保护隐私的补救、非完美性补救，是对媒介功能缺陷的补救。补救性媒介的价值在于揭示了媒介与人之间的关系，强调人在媒介发展过程中的能动作用和主体地位；但"莱文森并没有完全摆脱技术决定论的影响，也未能彻底地坚持人的主体地位和能动作用"❸。对于人在媒介进化过程中的地位重视程度不够。

首先，本案例文章着眼于补救性媒介的背景和缘由。本案例文章认为"对暴露隐私的不断克服，莱文森看到了媒介的补救性特性，提出媒介补救性理论。因此，保护隐私是补救性媒介的最初重要功能"❹。在今后发展中，媒介的非完美性成为莱文森提出补救性媒介理论的基石，人类对完美的不懈追求与任何媒介技术不完美之间的矛盾，成为补救性媒介不断出现的主推力。媒介间的补救是人在媒介进化中进行的理性选择。人类通过对于媒介的

---

❶ 陈功.保罗·莱文森的补救性媒介理论及其价值[J].宁波广播电视大学学报，2015，13（4）：29–34.

❷ 同❶。

❸ 同❶。

❹ 同❶。

理性选择实现对媒介的补救，即使媒介存在不完美，也可以使其发展扬长避短。所以媒介间的补救是人在媒介演化中进行的理性选择，不是技术自发而为的。

其次，本案例文章认为补救性媒介的类型主要有媒介间的补救与媒介自身的功能弥补。媒介的非完美特性导致了媒介间补救的不断进行，任何一种新生媒介都可以看作对以往媒介的补救，这是补救性媒介理论的主旨，以此满足人类的幻想和渴求，弥补人追求技术过程失去的东西。另一种媒介自身的补救，是朝着媒介人性化方向发展，每一种媒介的人性化发展都使媒介自身朝向不断完美的功能弥补发展。

再次，本案例文章认为罗杰·菲德勒（Roger Fidler）提出的媒介形态变化理论是补救性媒介理论的翻版。菲德勒和莱文森都认为新旧媒介之间的更替不是你死我亡的不兼容关系，旧媒介对新媒介仍然具有补充作用。媒介形态变化理论考察新旧媒介更替关系，补救性媒介偏向从媒介与人性化的关系探究媒介自身进化的补救性关系；但两者在新旧媒介更替、新媒介技术的发展动力源问题上观点基本相同。因此，作者认为媒介形态变化理论完全是补救性媒介理论的一个新版本。

最后，本案例文章总结了补救性媒介的价值及局限性。强调人在媒介发展过程中的能动作用和主体地位，领导完成了技术主义范式的范式转向。但莱文森并没有完全摆脱技术决定论的影响，补救性媒介的出现都是人类主体需求催生的结果，势必造成人类对媒介依赖的增强。未能彻底地坚持人的主体地位和能动作用。在阐释过程中，人仅仅处在考察媒介补救关系的参数地位。

本案例文章的落脚点总结补救性媒介的价值及局限性。补救性媒介理论揭示了媒介的不完美性和媒介彼此间的补救性关系，强调了人在媒介进化中的能动性和主体作用，对于揭示人与媒介间的关系具有重要价值，实现了技术决定论的逆转。但是，补救性媒介理论没有彻底坚持人是主体的立场展开技术分析，而是徘徊在人和技术这两个中心之间。

（四）科研训练

参考下面的文章，利用媒介补救性理论，分析智能传播对传统新闻业的冲击和应对。

[1]陈功.保罗·莱文森的补救性媒介理论及其价值[J].宁波广播电视大学学报,2015,13(4):29-34.

[2]林文刚.媒介环境学:思想沿革与多维视野[M].何道宽,译.北京:北京大学出版社,2007.

[3]莱文森.软边缘:信息革命的历史与未来[M].熊澄宇,等译.北京:清华大学出版社,2002.

[4]杨陶玉.媒介进化论——从保罗·莱文森说起[J].东南传播,2009(3):33-34.

[5]莱文森.莱文森精粹[M].何道宽,译.北京:中国人民大学出版社,2007.

十一、媒介进化的人性化趋势

(一)理论溯源

保罗·莱文森是美国著名的媒介哲学家、传播学者,被誉为"数字时代的麦克卢汉"。他目前担任纽约福特汉姆大学(Fordham University, New York)大学信息与媒介研究所所长。他曾师从尼尔·波兹曼(Neil Postman),并与麦克卢汉保持着深厚的友谊,是北美媒介生态学派(Media ecology)的第三代中坚人物、领军人。

媒介进化论是莱文森在传播理论方面的主要建树。这一思想强调对媒介整体发展历史的关注,以及在宏观性和动态性两个维度上去解析媒介"进化"的规律。他的理论同时受到生物进化论、哲学进化知识论和媒介环境学的三重滋养。莱文森认为社会环境的变化必然引起媒体的演变,所以新媒体的出现是对当代世界的一种"补救"。在吸收达尔文进化论思想的基础上,莱文森对媒介进化的规律做出总结:媒介应当适应人类的选择而生存,以人的需要为发展的尺度。总而言之,在媒介整体史观的引导下,莱文森相继提出"补救媒介"(Remedial Medium)、"人性化趋势"(Anthropotropic)和"玩具—镜子—艺术"(Toy-Mirror-Art)三个重要理论,这三个理论也成了莱文森独特的媒介理论体系的基石。由此,莱文森也实现了对麦克卢汉、尼

尔·波兹曼等先辈的继承和超越。❶

20世纪初，格迪斯创立"人类生态"的概念，考察技术对人类文明的生态影响。这一观点被他的学生刘易斯·福芒德所继承，他将技术视为人类最高文化的重要构成，但反对纯粹的工具理性，主张人的价值理性，认为现代科技应致力于技术艺术化和人性化，努力促进和谐的人际关系和友好的人机界面。

陈功总结媒介技术学派的几位学者的思路认为，麦克卢汉虽提出过人创造了技术，但是重点却放在技术创造了人的立场上，最终没有对媒介进化中人的主动性做出更多的关注。波兹曼从技术决定论的角度审视媒介对人类的影响，看不到人在媒介发展过程中能掌控它们，使其为自己的生活和需要服务的能动性，而是发出"娱乐至死"的悲叹。梅罗维茨虽然想摆脱媒介决定论的影响，设法将麦克卢汉的媒介理论和戈夫曼的社会拟剧理论结合起来说明媒介与社会场景及人类行为的关系，但是他推导出了新媒介创造新的社会场景，新场景导致人类新社会行为，没有突出媒介进化中人类的理性作用以及人类对于媒介影响的选择性，因而最终没有跳出媒介决定论的窠臼。❷也就是说，媒介环境学派的上述学者都未能给予传播过程中"人"足够重视，都对于媒介技术关注过高，陷入技术决定论怪圈，这也是莱文森的创新之处。

较之伊尼斯、麦克卢汉和梅罗维茨等学者的媒介观，媒介进化理论不遗余力地展示人类在媒介进化过程中的主动性和能动作用，从"人性"的角度阐释媒介如何沿着符合人性的要求进化，从而提出人性化趋势的媒介进化理论。

莱文森的人性化趋势媒介进化理论主要包括两个方面的内容：其一，借助媒介突破人类自身的生物局限，实现时空上的延伸；其二，借助媒介重新捕捉在初始延伸中已经失去的那部分自然。媒介人性化趋势实质上是一种技术乐观主义的具体表现，是对人的主体地位、主观能动性的强调，凸显媒介

---

❶ 常江，胡颖.保罗·莱文森：媒介进化引导着文明的进步——媒介生态学的隐喻和想象[J].新闻界，2019（2）：4-9.

❷ 陈功.保罗·莱文森的媒介进化理论对媒介环境学的超越[J].当代传播，2013（2）：24-26.

满足人类的能动需求。媒介人性化可具体化为三个方面：其一，不断朝向人类感官的生理和谐；其二，媒介必须满足人们交流的需要；其三，媒介发展将偏向功能聚合的复合媒介。复合媒介是媒介朝向人性化发展的必由之路，是媒介进化第三个时期的重要追求和媒介的人性化特征。❶故莱文森称手机为"可漫游的媒介之媒介"❷。

莱文森也看到了媒介技术之中人类理性所不能操控的一面，并提出"意外的后果"媒介进化观。主要有以下三层要义：（1）意外的后果指媒介的用途与发明者的初衷相悖，技术发明如何被使用很大程度上取决于市场应用、金融状况和习俗；（2）意外的后果表现出媒介使用者的非人性化的一面，任何媒介都是双刃剑，人类的指引在媒介技术的好坏中起着决定性作用；（3）意外的后果表现出媒介进化过程中没有预料到的、伴随而现的新问题。

即使出现这些"意外的后果"，莱文森依旧对人类对技术的理性选择充满信心。人类最终凭借理性选择能够有效规避和制止非人性化的媒介使用。尤其是在数字化媒介时代，媒介进化的非人性化的倾向更能得到有效控制。"作为新时代的公民，我们享有前所未有的——虽然不是无限的——权力去阻止不符合我们利益的逆转。至少，我们有权力迟滞这种逆转前进的步伐，以保存和开发我们喜欢的媒介环境。"❸

莱文森认为媒介进化的"意外的后果"是促使媒介不断进化最根本的动因。人类为了弥补媒介的意外后果必然不断改进媒介，推动媒介不断朝向人性化的方向进化，两者在一种"出现—消除—再出现"的螺旋式循环抗争状态下此消彼长。因此，媒介的"意外的后果"同样是媒介人性化趋势的题中之意。

（二）理论延展

何道宽称，莱文森提出的"人性化趋势"旗帜鲜明地张扬人的主观能动

---

❶ 陈功.保罗·莱文森的人性化趋势媒介进化理论[J].湖南科技大学学报（社会科学版），2016（1）：178-184.

❷ 莱文森.数字麦克卢汉：信息化新纪元指南[M].何道宽，译.北京：社会科学文献出版社，2001：48.

❸ 同❷：289.

性，表现出强烈的乐观主义。他用人性化趋势与补救性媒介这两个理论同时开辟两个战场，一是反对硬技术决定论，二是反对技术媒介的悲观主义论。❶莱文森超越了麦克卢汉和波兹曼，用媒介乐观主义、人类沙文主义、人性化趋势理论和补救性媒介理论，竖起后麦克卢汉主义的大旗。❷

陈功认为，媒介进化理论的价值不仅在于它在媒介环境学理论谱系中具有十分重要的地位，还在于它在网络数字化时代具有很强的现实意义。莱文森是软媒介决定论者的代表。他坚持人类才是媒介进化过程中的决定性因素，高扬人类的主体地位和能动作用。软媒介决定论在很大程度上纠正了硬媒介决定论，认为人类在技术面前无能为力的偏执，将媒介与人类关系的研究引向关注人类能动作用的维度。这条主线将深刻影响媒介环境学的媒介研究的视角。❸在这一点上，梅琼林教授也论述道："在传播学兴起的初期……媒介技术本身的产生、发展、特征以及媒介技术的形态变化与人类文明的发展之间的关系等，没有引起足够的重视……现在看来，这种状况已经有所改观，尤其是在麦克卢汉之后。"❹媒介进化理论将媒介研究推进到人本主义层面，凸显其研究不同于此前媒介环境学派的思想。

而在数字化新媒介环境下，莱文森的媒介乐观主义情怀同样具有重要的现实意义。它超越技术悲观论，从而认识人的主体地位和能动作用。比如，"信息茧房"现象就是一种过度悲观，缺乏对于人的主观能动性的认知。

胡翼青也肯定了媒介进化理论在媒介环境学的革命性地位，认为"莱文森领导技术主义范式完成了范式转向"❺。所谓范式转换正是指莱文森把"人"和"人性"作为媒介进化环境和主推力的人本主义研究范式的转换。

---

❶ 何道宽.媒介环境学辨析[J].国际新闻界，2007（1）：46-49.

❷ 莱文森.莱文森精粹[M].何道宽，编译.北京：中国人民大学出版社，2007：序言6.

❸ 陈功.保罗·莱文森媒介进化理论的价值及局限性[J].中外文化与文论，2014（2）：132-145.

❹ 梅琼林.传播技术理论的现代历程及其文化反思[J].东南大学学报（哲学社会科学版），2006（4）：76-80.

❺ 胡翼青.传播学：学科危机与范式革命[M].北京：首都师范大学出版社，2004：209.

当然，陈功认为，莱文森在强调媒介进化的人性化的同时，他这种坚持以人为中心的立场实际并不坚定。媒介进化理论虽然强调人在媒介进化过程中理性选择的作用，但是媒介技术本身的作用在莱文森看来也是十分强大的，表现出将媒介技术与人并置为媒介进化"两个中心"的倾向。这就造成了该理论与倡导的媒介人本主义立场相矛盾，摇摆在"人""媒介"两个中心之间。

胡翌霖也认为，莱文森急于批评埃吕尔等人的技术悲观主义，却并未充分消化前辈们的深刻洞见，导致其"进化论"学说和技术乐观主义流于肤浅。莱文森认为技术悲观论者们只注意技术的弊端，而没有从演化的视角评估技术，他认为技术在初生阶段所带有的弊端将在演化的过程中被淘汰或被补救。但莱文森的进化论面临三个问题：谁在进行选择；何以选择；选择的结果如何评估。对这三个问题，莱文森的答案都是"自然—人性"，并给出了一幅黑格尔式的理论图景。但他错误地设定了某种前技术的"自然状态"的人性，未能贯彻媒介环境学从生态整体考察媒介的基本立场，没有意识到价值标准也存在范式革命。❶

胡翌霖指出，当莱文森称"一切媒介的性能终将越来越人性化"❷之时，他也许遗忘或曲解了麦克卢汉的洞见——"我们塑造了工具，此后工具又塑造了我们"❸。"我们"或"人类"是不断地随着技术的演化而被重塑的，但莱文森忘记了已由技术哲学和媒介环境学揭示了的人的实际性，退回到卢梭式的原始人理论了。

至于何为人性化的需求，以及解释在技术的"生存竞争"中某些技术何以优胜或淘汰时，莱文森试图援引这个原型的"自然人"。技术的演化不是造成人性的回归，而是造成人性日益被单调的效率逻辑所支配。莱文森也承认"效率"的确是技术被选择的直接标准，但他说道："我们对技术效率的

---

❶ 胡翌霖.技术的"自然选择"——莱文森媒介进化论批评[J].国际新闻界，2013（2）：77-84.

❷ 莱文森.软利器：信息革命的自然历史与未来[M].何道宽，译.上海：复旦大学出版社，2011：V.

❸ 麦克卢汉.理解媒介：论人的延伸[M].何道宽，译.北京：北京商务印书馆，2000：310.

追求实际上就等于对自然的追求。"❶ 如果人过度依赖技术就有可能偏离自然状态，受制于虚假的需求。

（三）案例解析：媒介进化理论视野下的LBS网站人性化趋势分析❷

本案例主要采用案例分析法，选用LBS网站的各项服务，分析其中蕴含的人性化趋势。莱文森汲取了达尔文生物进化论的自然选择观点，提出了媒介进化的"人性化趋势"理论。在他看来，人是理性并具有主观能动性的，可以根据自身需求去选择技术和媒介；而媒介在进化过程中，复制真实世界的程度越高，与前技术世界里某些要素越接近，与人类最原始、自然、普遍的传播环境、模式或形态越一致，就越能在它的"人类"小生境内长期存在、发挥作用。LBS网站的整体构成及具体服务也体现出技术的人性化模仿和复制，显示出LBS网站作为媒介的人本回归。

本案例文章介绍莱文森媒介进化理论人性化趋势的内涵，即人是理性并具有主观能动性的，可以根据自身需求去选择技术和媒介，而媒介在进化过程中也逐渐显现"人性化趋势"。并且，LBS网站的整体构成及具体服务也体现出这种技术的人性化模仿和复制。

分析LBS网站中人性化趋势的具体表现。本案例文章从定位和导航、（兴趣点）生活服务信息搜索和签到、社交和游戏三方面入手，分别举例探析LBS如何靠近人性、满足人性化需求。此外，本案例文章通过以上三项具体服务，看到LBS的整体架构同样体现出媒介进化的人性化趋势：LBS复制了人在现实世界中的存在，服务内容满足了人类生理、安全、社交、尊重等多层次的需求，系统的设计和服务流程在一定程度上模拟了人类的思维过程。

最后，本案例文章认为，LBS网站整体或是具体服务方面都体现出莱文森的媒介人性化趋势，当然它还会继续发展和变化，不断与新的技术融合，不断对旧媒介的功能进行补偿和延伸并融合其他媒介，不断向"人类"小生

---

❶ 莱文森.思想无羁：技术时代的认识论[M].何道宽，译.南京：南京大学出版社，2003：234.

❷ 詹恂，陈文婧.媒介进化理论视野下的LBS网站人性化趋势分析[J].西南民族大学学报（人文社会科学版），2012（3）：160-162.

境无限接近。

该案例从莱文森媒介进化论的核心观点——人性化趋势出发，认为 LBS 网站的服务内容及本身皆符合该趋势，并认为 LBS 网站存在很强的媒介融合性，随着与新技术的不断融合，新媒介将弥补旧媒介的缺点，向着更加人性化、更理性的方向发展。

人性化趋势是莱文森媒介进化论的核心理念。在前人一片技术悲观主义的唱调中，莱文森开拓了媒介环境学派从人性需求、人的能动性视角研究媒介对人类行为、社会发展的重要推动作用，为媒介分析提供了新的研究领域。当前网络传播环境为技术更迭提供了前所未有的契机，新媒介层出不穷，越来越符合"人性化趋势"，实际上这也映射了当前受众地位不断提升的现况。莱文森对"人"的作用的重视，正在当今被不断证实。但是，当网络将人的主观性不断扩大时，人的需求不断被放大，"意外的后果"自然会不断涌现。例如近年来因窥私欲侵犯隐私权的案例频出，当好奇心被满足，如何处理意外的后果也将是我们需要思考的问题。

（四）科研训练

参考下面的文章，结合该理论，选择一个近年较为热门的 App 作为研究对象，分析该 App 在满足人性化需求方面的具体表现，并结合理论分析该 App 未来发展趋势。

[1] 莱文森. 数字麦克卢汉：信息化新纪元指南 [M]. 何道宽，译. 北京：社会科学文献出版社，2001.

[2] 陈功. 保罗·莱文森的媒介进化理论对媒介环境学的超越 [J]. 当代传播，2013（2）：24-26.

[3] 胡翌霖. 技术的"自然选择"——莱文森媒介进化论批评 [J]. 国际新闻界，2013（2）：77-84.

[4] 莱文森. 软边缘：信息革命的历史与未来 [M]. 熊澄宇，等译. 北京：清华大学出版社，2002.

[5] 王亿本，蒋晓丽. 媒介进化视野下的非言语传播——肖似与扭曲、延伸与遮蔽、补救与乏力 [J]. 现代传播（中国传媒大学学报），2012（9）：80-83.

十二、媒介演进三阶段（玩具—镜子—艺术）理论

（一）理论溯源

莱文森认为，媒介个体进化规律是："玩具—镜子—艺术"。即一种新的媒介刚投入使用时往往只是一种娱乐工具，没有进入主流社会，也无法起主导作用。随着媒介技术的发展，逐渐成为一种反映社会现实的工具。最后，新媒介技术逐渐成熟运用而变成社会主流传播工具。该规律呈现了一种新媒介如何由边缘化的玩具逐渐进化成为大众艺术的过程，其辩证逻辑可以表述为"前现实—现实—后现实"。❶

新媒介在早期被当作尝鲜的"玩具"，给一些追求娱乐的人群提供新体验的工具。但当玩具演变成为"镜子"之后，开始传递现实内容，对社会产生强大的冲击力。但莱文森也认识到了媒介个体进化的三个过程不是每种新媒介都能完成的，如果技术停留在刻板复写现实阶段，技术的发展就会停滞，甚至被淘汰。如果技术要实现第二阶段的飞跃，就应该不仅反映现实，更要超越现实，为人的生存、发展提供更加高效的策略。❷

（二）理论延展

莱文森的媒介进化思想深受哲学理性主义和达尔文生物进化论思想的影响，探索媒介技术演进趋势，但是也认识到人的理性选择，从而形成以人为中心的技术乐观主义思想，实现对媒介环境学派前期学者学术思想的继承和超越。

莱文森从媒介技术与现实关系的角度，将媒介技术的演进依次描述为玩具、镜子与艺术三种形态。同时，并非所有媒介技术都经历这三种形态，这主要取决于媒介技术演进的外部条件。莱文森从单一媒介技术和媒介技术间两个角度，审视了媒介技术演进的历史趋势，认为媒介技术演进的历史

---

❶ 徐利德. 保罗·莱文森媒介进化理论的思想逻辑 [J]. 青年记者，2017（21）：27-28.

❷ 同 ❶。

趋势越来越人性化,而决定媒介技术演进的现实力量则主要是人类的理性。人类的理性选择规约了媒介技术的发展方向,也决定了媒介技术演进的可能性。❶

(三)案例解析:3D 电影❷

本案例文章采用保罗·莱文森的技术性媒介进化论的视角,考察了 3D 电影这一新技术媒介的发展阶段:"被设计成玩具"——"作为现实的镜子"——"成为独特的艺术形式"的进化阶梯。

本案例文章的研究起点是 3D 电影和此前的有声电影、彩色电影、宽银幕电影一样带给人们震撼的艺术享受。3D 电影在传播学和美学上的前途如何?能否成为 21 世纪影院电影的主流形态?如何构建可持续发展的 3D 电影产业模式?

保罗·莱文森以电影媒介从技术发明到成为一种艺术媒介为例,从实用性技术与艺术性技术演变与应用的共同点和差异出发,提出了技术性艺术媒介进化的三阶段论。由此引出作者自己的观点:"像影视这种典型的技术性艺术媒介,其进化要经历首先'被设计成玩具'的阶段,然后进入作为一种实用工具或'作为现实的镜子'阶段,最后才是'成为独特的艺术形式'阶段,这三个阶段也可表述为'前现实—现实—后现实'的进化阶梯。"❸

首先,早期的立体电影是以新奇技术为卖点,远未达到艺术的要求。"作为一种新兴的技术性媒介,以产生一种新奇的视觉效果为目的,从而满足观众在心理上或生理上的一种娱乐体验。"❹

其次,当 21 世纪全面进入数字媒体时代,数字 3D 技术更加广泛地应用于大众文化与艺术中,并逐渐演变成为具有强大冲击力的电影技术和文化。

---

❶ 刘晗,龚芳敏.保罗·莱文森媒介技术演进思想评析[J].贵州大学学报(社会科学版),2016,34(2):142-145.

❷ 杨尚鸿.3D 电影:技术与艺术的悖论[J].当代电影,2013(10):171-174.

❸ 同❷.

❹ 莱文森.莱文森精粹[M].何道宽,编译.北京:中国人民大学出版社,2007:4-15.

3D电影释放出新的能量，似乎已经迈过了作为玩具和实用工具（如在主题公园、博物馆、模拟训练等场所的运用）阶段，朝向媒介进化的第三个阶段——"成为一种独特的艺术形式"发展。

再次，冷静而深刻的质疑。作为一种新媒体，3D电影在纯粹技术上的追求是呈现更加逼真的"完整幻觉"或者身临其境的现场直播，而只有"完整电影"的幻想能够借助3D媒介技术转化为一种独特的电影艺术形式，3D电影才会实现作为艺术媒介的飞跃。所以，电影艺术与科学技术相结合，是艺术的创造决定技术进步的路径，而不是相反。

简而言之，3D电影可能在今后相当长的一段时间，还会停留在"玩具"和"镜子"阶段，成为文化娱乐、观光旅游产业的组成部分。

（四）科研训练

参考下面的文章，结合该理论与上述案例，选择不同自媒体作为研究对象，设计一个研究思路。

[1] 徐利德.保罗·莱文森媒介进化理论的思想逻辑[J].青年记者，2017（21）：27-28.

[2] 陈功.保罗·莱文森的媒介进化理论对媒介环境学的超越[J].当代传播，2013（2）：26-28，31.

[3] 杨尚鸿.3D电影：技术与艺术的悖论[J].当代电影，2013（10）：171-174.

十三、传播的游戏理论

游戏理论是由心理学家威廉·斯蒂芬森提出的一套新异的媒介观。斯蒂芬森集中探讨了传播的游戏性质。他先将人类的所有行为分成工作与游戏两种：工作是对付现实，是谋生，是有产品的。相反，游戏基本上是没有产品的，除非是提供自我满足。

（一）理论溯源

关于游戏（Play）的研究久已有之，荷兰学者约翰·胡伊青加（Johan Huizinga）认为游戏在人类文明产生之前就已经存在。柏拉图在《对话录·法律篇》中认为，作为歌舞的游戏源自幼小动物无法使自己的身体静止或不出声。❶ 他认为，只有神才配最高的严肃，人只是被做成供神游戏的玩偶。❷

斯蒂芬森是一位横跨量子物理学、心理学（包括格式塔心理学、精神分析学、因素分析法）、广告学（市场定位营销）、新闻学、传播学，以及文化人类学等多个学科的学者。斯蒂芬森1989年辞世，他的许多研究资料及学术成果封存在密苏里大学新闻学院设立的"斯蒂芬森中心"（The Stephenson Center）。❸

斯蒂芬森认为："早期大众传播研究的所有成果的共同缺憾就是于'游戏'（Play）元素的巨大忽视。……因此，我们需要构想一个大众传播的'游戏理论（Play Theory）'而非'信息理论（Information Theory）'。"❹

1967年，芝加哥大学出版社首次出版了斯蒂芬森的专著《大众传播的游戏理论》（The Play Theory of Mass Communication，1967），把传播分为工作性传播和游戏性传播两种。前者从功利出发把传媒当成实现社会多种工作性质功能的工具；后者则以游戏为目的，把传媒视为满足传播受众的娱乐功能而存在，认为传播内容都含有游戏和娱乐成分，为满足传媒用户的娱乐功能而开展传播活动。激烈的竞争加大了人的精神压力，传播活动是一个可供选择的情绪发泄渠道，它的娱乐功能具有发泄情绪的替代作用。

斯蒂芬森开篇就强调，"大众传播之最妙者，当是允许阅者沉浸于主观性游戏之中者"❺，其"立足受众的主观心理体验的传播研究视角"❻比较明显。《大众传播的游戏论》一书中，斯蒂芬森集中探讨了传播的游戏性质。

---

❶ 柏拉图.柏拉图全集：第四卷[M].王晓朝，译.北京：人民出版社，2003：399.
❷ 同❶：561.
❸ 宗益祥.作为游戏的传播——威廉·斯蒂芬森的传播游戏理论研究[D].重庆：西南政法大学，2014：9.
❹ 罗杰斯.传播学史：一种传记式的方法[M].殷晓蓉，译.上海：上海译文出版社，2000：45.
❺ STEPHENSONW.The play theory of mass communication[M].New Jersey：Transaction, inc., 1988：1.
❻ 宗益祥.作为游戏的传播——威廉·斯蒂芬森的传播游戏理论研究[D].重庆：西南政法大学，2014：9.

传播理论：延展与应用

他先将人类的所有行为分成工作与游戏两种。进而，他又分出两种传播：工作性传播和游戏性传播。工作性传播由于带有任务的成分在内，对参与传播者的身心来讲是不愉快的，所以斯蒂芬森称工作性传播为"传播—不快"（Communication-unpleasure）。相反，游戏性传播并没有什么具体的目的，仅仅是寻开心，对参与者来说总是轻松愉快的，所以斯蒂芬森称游戏性传播为"传播—愉快"（Communication-pleasure）。❶这样的分类对于传播的功能研究无疑具有开拓性价值，重构了我们此前的相关研究思想。

斯蒂芬森强调："从传播乐趣的视角出发，我们看到的将会是一个人的自我存在感……但是学界在这方面的探讨实在太少——'小荷才露尖尖角'——这才是传播研究颇具生命力的地方。我只不过是个推开了这扇门的人罢了。"❷这也点明游戏理论的核心亮点：传播的功能不仅是传统意义上的功利性功能，更是个人的自我存在感。

（二）理论延展

刘海龙教授认为，斯蒂芬森的传播理论虽然受胡伊青加文化人类学和历史研究的影响，但是，他更多的是从心理学的角度来讨论游戏与传播的关系❸，是对传统的传播信息理论的批判或反思，但对于传播带来快乐却缺乏批判性的肯定。他认为，"虽然大多数传播活动具有工具性，主要功能是传递信息，但是有一部分传播本身没有信息传播的特征，传播活动本身就是目的，因为它能够带给人快乐"❹。他认为人接触严肃信息时也带有游戏的成分，比如家庭主妇忙里偷闲看一段肥皂剧，能够带来当时的快乐就是目的。青年男女邀约去看一场电影，并不在意电影内容，只是借机聊聊天，增加感情，看电影的过程就是目的。上述传播的内容本身没有明确的工具性，传播过程能够给传播双方带来"游戏"体验的快乐即可。

斯蒂芬森的游戏论见解独特，也很有启发性。但也有矫枉过正之嫌。他

---

❶ 罗杰斯.传播学史：一种传记式的方法[M].殷晓蓉，译.上海：上海译文出版社，2000：206.

❷ 同❶。

❸ 刘海龙.传播游戏理论再思考[M]//《新闻学论集》编辑部.新闻学论集（第20辑）.北京：经济日报出版社，2008：11.

❹ 同❸。

过分夸了大传播的游戏性以及媒介的玩具化。诚然，媒介不纯属工具，确有游戏的成分。但是，从总体上看，媒介的工作性特征而不是游戏性特征更引人关注，即使在当下，大众传播的功利性行为仍然不容忽视。

第一，传播游戏理论不是对于传播信息理论的否定，而是补充和完善。有研究认为，"它的目的不是要取代信息理论，而是提醒我们，传播不仅仅是外在的、工具性的，不能只从信息、实用的、效果的角度来思考传播，还要关注个人在传播过程中的主观感受、自我存在与发展"❶。尤其是社会发展带来人们空闲时间的增多，人们对游戏的需求也日渐增大，传播的游戏功能尤其值得关注。

第二，"工作"与"游戏"并非完全对立。研究认为，"斯蒂芬森多次强调自己的游戏理论之中的'工作'与'游戏'只是一种理论上的划分，并且这种区分取决于个体的主观主义立场而非外人的客观主义立场，特别的是游戏理论突出人的积极能动性而非效果研究之下的呆板物化，这才是问题的关键所在，而且斯蒂芬森以多元开放的姿态反复强调游戏理论完全可以与信息理论优势互补，它并非是要彻底否定效果研究的价值所在"❷。"作为传播游戏，它们肯定心理愉悦、自我存在、个人自由，通过游戏，发展自我意识。"❸所以，我们应该持宽容的态度。

第三，传播游戏的异化现象也值得警惕。按照斯蒂芬森的理论，传播的游戏功能符合社会发展需求和社会受众需求。但是，传播的游戏功能实现过程中容易受各种权力的影响，而出现异化现象。比如，商业利益的驱使导致传媒娱乐功能的扭曲，忽视传媒的社会责任，暴力、色情等现象频繁出现，以及对个人隐私的侵犯等，偏离了传播游戏理论的最初预设的轨迹发展。斯蒂芬森过度强调传播的游戏功能，却忽视游戏功能的负面影响。

有研究认为："在网络时代滚滚来袭的今天，个性化、点对点、互动式的新媒介方式的涌现正在深刻地改变着传播学的理论及现实语境。今天，我

---

❶ 刘海龙.传播游戏理论再思考[M]//《新闻学论集》编辑部.新闻学论集（第20辑）.北京：经济日报出版社，2008：11.

❷ 宗益祥.作为游戏的传播——威廉·斯蒂芬森的传播游戏理论研究[D].重庆：西南政法大学，2014：14.

❸ 同❶。

们重新发掘斯蒂芬森及其游戏理论无疑可以为传播学研究正在面临的新问题、新挑战提供一种可资借鉴的重要理论及方法启示。"❶

第四，斯蒂芬森的传播游戏理论缺乏规范定义。有研究认为，"即使他提出了游戏理论这个响亮的、概括性的理论术语，而实际上他却从来没有为自己的理论下一个类似公理性的定义"❷。所以，斯蒂芬森的传播游戏理论更像是一个"未竟之作"，但也给后来的研究提供了深化的思路。

（三）案例解析：媒体只是受众自我取悦的玩具——传播的游戏理论及网络语境下对传媒业的启示 ❸

人为什么要进行传播？以什么样的心态进行新闻阅读？这是新闻传播者必须思考的问题，而美国学者斯蒂芬森提出的传播游戏理论具有一定的启发意义。传播游戏理论与传统的传播理论有何异同？分析这些对于理解传播活动有深层次价值。

本案例文章主要采取案例分析法，结合《纽约时报》《泰晤士报》等案例，分析传播游戏理论的基本内涵。斯蒂芬森认为："与其将媒介视作改变受众的工具，倒不如把媒介视作自我取悦的玩具。问题的关键在于每个人自身对于媒介的主观态度。游戏理论表明，大众在面对媒介传播之时并不是机械呆板、毫无主动性的死物，换句话说就是媒介对于受众的影响只能是部分而非整体，影响的大小最终还取决于受众自我的主观意识。"❹

本案例文章首先质疑魔弹论。然后，介绍大众传播游戏理论的思想内涵。斯蒂芬森从人的主观性方面来讲，认为新闻阅读具备游戏的所有特性，并结合大量案例论证这一观点，分析受众转向网媒的原因。本案例文章从媒介进化的过程进行分析，探索"受众"从被动接受者变成网络媒介时代"富有生命灵性的自由人"的过程，由此强调传播的游戏理论。最后，本案例文

---

❶ 宗益祥.作为游戏的传播——威廉·斯蒂芬森的传播游戏理论研究[D].重庆：西南政法大学，2014：内容摘要.

❷ 宗益祥.作为游戏的传播——威廉·斯蒂芬森的传播游戏理论研究[D].重庆：西南政法大学，2014：49.

❸ 柯泽，宗益祥.媒体只是受众自我取悦的玩具——传播的游戏理论及网络语境下对传媒业的启示[J].新闻记者，2014（2）：46-50.

❹ 同❸。

章概括游戏理论对传媒业的启示。

本案例文章结尾将传播游戏理论与传统媒介理论进行比较，认为斯蒂芬森没有借传播的游戏理论来否定传播的信息理论的意图。因为关注主观性、个体性的传播游戏理论与关注客观性、整体性的信息理论并不矛盾，两者相互补充，相互借鉴。尤其是在传播媒介类型丰富的当下，更应该深刻认知传播的多种不同的功能，满足媒介用户的多样化需求。本案例文章的落脚点是解决了传播的游戏理论与传播的信息理论的二元对立的观点，以更准确地认知传播的游戏理论的思想精髓。

斯蒂芬森在半个世纪前就提出传播的游戏理论，关注受众的主体性、个体性、多样性的主观体验的研究视角与当时的主流学界迥异，却与今天的网络传播时代不谋而合。网络传播时代，尤其是自媒体传播时代，传统的传播理论日渐受到挑战，而斯蒂芬森的游戏理论更具有现实价值。其当下的价值还需要更多研究者继续深入探索。不应固守传统的经典理论，而限制了我们的学术想象力。

（四）科研训练

结合上述案例分析及下面延伸阅读文章的研究思路，选择不同自媒体作为研究对象，设计一个研究思路，检验传播的游戏理论。

[1] 柯泽，宗益祥.媒体只是受众自我取悦的玩具——传播的游戏理论及网络语境下对传媒业的启示[J].新闻记者，2014（2）：46-50.

[2] 宗益祥.作为游戏的传播——威廉·斯蒂芬森的传播游戏理论研究[D].重庆：西南政法大学，2014.

[3] 刘海龙.传播游戏理论再思考[M]//《新闻学论集》编辑部.新闻学论集（第20辑）.北京：经济日报出版社，2008：11.

[4] 付云霖.媒介的游戏理论研究[D].沈阳：辽宁大学，2016.

[5] 刘燕龙.大众传播游戏理论视角下的新闻游戏研究[D].保定：河北大学，2017.

后　记

书稿完成之际，我心存些许欣喜，能够将十年传播理论教学经验转换成这样一本小册子与学友分享是一件幸事！同时，我也深感紧张，将庞杂的传播理论浓缩成这一本小书，会否挂一漏万？对传播理论的解读会否造成误导？只能仰赖各位读者的评判啦！

20世纪80年代，传播学引入中国以来，传播理论专著众多，知识体系庞杂。而初学者容易忽视这些脱胎于西方传播媒体环境的传播理论在新媒体环境下的适应性与创新解读，以及在当下中国语境下的本土探索。同时，初学者往往只注重知识记忆，却很难与研究对象相结合。传播理论课程讲什么更有新意？怎么讲更有价值？我决定做一些探索：一方面，我带领学生读原著，探索传播理论的理论溯源，讨论传播理论的局限性以及新媒体环境下的创新解读，培养学生思考的习惯；另一方面，我带领学生分析经典学术论文，引导学生体会传播理论与研究对象结合的方式和路径，培养学生学术研究的习惯。在几年的课堂尝试中，同学们积极参与案例讨论，认真进行科研练习，总体学习效果较好。

我还尝试将这样的学习模式移到研究生的读书会上，同样深受欢迎。我们分头阅读、共同讨论，最终达成共识，真正是教学相长。也感谢邝丽、胡志宏、周燕梅、蒋美霞、黄瑜文、胡小芬、夏宇、钟艺璇、彭依凌、杨茜、祝琳、施海婷、吴佳佳等同学参与相关材料的收集和整理。

后　记

本书编写过程中，我借鉴了大量学术成果，并尽量通过脚注的形式标注引用。但难免有遗漏之处，在此一并致谢！更希望诸君不吝赐教，以期日后修订时改正。

感谢西南政法大学谢太平副教授有关学术性阅读的建议！感谢南昌大学新闻与传播学院领导和同事们的关心和支持！感谢知识产权出版社的认可和陈晶晶老师对本书出版所付出的辛勤劳动！

王亿本

2020 年 12 月

南昌大学新闻与传播学院